JIM MORRISON

Redbook

JIM MORRISON

★

Traducción de Josep Maria Pinto

MA
NON
TROPPO

LA HISTORIA DEL ROCK

LOS PROTAGONISTAS

Colección dirigida por Ezio Guaitamacchi

JIM MORRISON

A imagen de lo que habían hecho los poetas beat con el jazz y el Living Theatre con sus *happenings*, Jim Morrison fue el primero en asociar el recital poético con el rock y la teatralidad a sus actuaciones. Personaje controvertido, capaz al mismo tiempo de encantar y de suscitar resentimientos, quemó las etapas de su carrera hasta poner fin a su vida de modo rocambolesco y nada claro, hasta dar lugar a las hipótesis y a las conclusiones más fantasiosas. El presente libro recorre los cinco años de militancia con los Doors, pasando a través de sus álbumes y sus conciertos, pero analizando también los debuts de Venice, cuando Morrison y Manzarek coincidieron por casualidad y en tan sólo una tarde decidieron que se harían ricos y famosos, musicando las extraordinarias poesías de Jim para transformarlas en canciones. Naturalmente no faltan las cronologías, los análisis de los temas más famosos, su relación con Pamela Courson, los escándalos suscitados por Jim y las mil entrevistas surgidas como por arte de magia inmediatamente después de su período parisino, que concluiría la vida y la carrera de uno de los mitos más celebrados de la historia del rock.

SUMARIO

MÁS ALLÁ DE LAS PUERTAS DE LA PERCEPCIÓN

LA IMPORTANCIA DE LOS DOORS, EL CARISMA DE JIM MORRISON

por Roberto Caselli

C omo otras figuras carismáticas del rock, también Jim Morrison se debatió, en el curso de su carrera como líder de los Doors, entre extraordinarias cimas de genialidad y rotundas caídas, muy próximas a la canallada. Basta pensar, de un lado, al modo con que supo filtrar con extraordinaria habilidad todas sus influencias artístico-literarias en el ámbito de sus canciones, y del otro —tan sólo por citar el ejemplo más claro— al serio peligro al que sometió la carrera de los Doors en el curso de su exhibición cuanto menos extravagante en el escenario de Miami en 1969.

Ciertamente, la escena musical preeminente de aquellos años en Los Angeles y sobre todo en la vecina San Francisco se orientaba por completo a celebrar, con un candor que rozaba la ingenuidad, la utopía del «peace and love», que encajaba muy mal con la visión de la vida de Morrison, de cariz más bohemio; pero de ahí a desabrocharse los pantalones en público, ya fuera por desprecio o por exhibicionismo, había un buen trecho. Morrison no era un hippy: las chaquetas de colores vistosos y la sonrisa en los labios no eran su estilo, él prefería vestir pantalones de cuero negro, soltar en la cara al público su expresión hostil natural y hablar de las dificultades de la vida, que de flores en el pelo.

A causa de esta actitud intransigente, que a menudo se confundió con un aire arrogante, algu-

nos celebrados iconos de la psicodelia de la West Coast de la época, como Jerry Garcia y David Crosby, que por cierto no eran unos santos, se molestaron notablemente con las ostentaciones de Morrison, y se expresaron en términos tan poco lisonjeros para definirlo como «un gilipollas y un borracho».

En efecto, un borracho. Beber era un modo de «colocarse» que lo situaba ciertamente más en sintonía con los viejos *hobo* del pasado y con los existencialistas franceses, que negaban sus frustraciones en absenta, que con la nueva generación que se encontraba más cómoda con el uso del hachís o del LSD para «ampliar la conciencia».

Morrison, que por otra parte no desdeñaba sin duda los viajes lisérgicos, estaba más hecho a la europea que a la americana: había leído a Rimbaud y a Baudelaire, se había quedado fascinado con William Blake y Aldous Huxley; *El nacimiento de la tragedia*, de Nietzsche, como también su aproximación a Freud, lo habían trastornado. A partir de estos modelos escribía poesías, buscaba una forma expresiva que pudiera considerar propia. En la facultad de arte dramático de la UCLA de Los Angeles, Jim había leído todo lo que se había cruzado en su camino, recurriendo incluso a la enorme amplitud de la Biblioteca del Congreso, y se había construido un mundo propio que no casaba con el que interesaba a la gran mayoría de sus coetáneos *freaks*. De los Estados Unidos, siguiendo el ejemplo de Jack Kerouac y de sus amigos beat, lo fascinaban los grandes espacios, los viajes a través de las grandes ciudades y las praderas, en busca de una libertad siempre a punto de ser alcanzada, pero que nunca se llegaba a conseguir. Para intentar comprender aquella insatisfacción tan destructiva, intentó llevar a la práctica lo que Aldous Huxley había sugerido con su ensayo de 1954 *Las puertas de la percepción*, es decir, dilatar el pensamiento más allá de los límites impuestos por la mente humana. ¿Cómo hacerlo? El camino más simple era justamente el de confiar, además del alcohol, en la química: bastaba sustituir la mescalina de Huxley por el LSD (legal en el país hasta 1967) y dejarse guiar en una especie de viaje experiencial a través de sonidos e imágenes nuevas, imposibles de captar de otro modo. Materializaciones inesperadas que darían respuesta a sus inquietudes y al mismo tiempo lo transformarían en una figura algo mágica, equivalente a la del brujo, del chamán capaz de ejercer de mediador también para su público que, al seguirlo en los conciertos, esperaba una respuesta, una «curación». Aquella mediación que permitiría una nueva comprensión de la vida se manifestaría naturalmente a través de la música.

El encuentro de Morrison con Ray Manzarek en Venice y la posterior asociación con Robby Krieger y John Densmore para formar los Doors forma ya parte de la mitología del rock, y merecerá que nos detengamos con todo lujo de detalles a lo largo de la narración; por ahora bastará recordar que The Doors fueron los primeros en hacer efectiva en sus conciertos una convulsa mezcla artística entre música y literatura, en entremezclar sus canciones con auténticas lecturas siguiendo los pasos de lo que habían hecho los poetas beat con el jazz. Morrison recitaba sus poesías dejando a la banda el cometido de potenciar su efecto con un rock improvisado y disruptivo. Sus actuaciones eran algo imprevisible: cuando estaba lúcido lograba dar lo mejor de sí mismo y sabía transformar el espectáculo en algo extremadamente excitante y único, mientras que cuando estaba depresivo y confiaba al alcohol el cometido de llevarlo adelante, llegaba a ser capaz de caer en la miseria y de ser autodestructivo. De alguna manera, los Doors fueron un proyecto verdaderamente atípico para la época y el lugar en que actuaron, y representaron un fenómeno que necesitaría al menos unos diez años antes de encontrar epígonos significativos en las figuras de Patti Smith y Nick Cave. En la segunda mitad de la década de 1960, cuando los Doors comenzaron a dejarse oír, sólo Leonard Cohen, en un contexto totalmente diferente, se podía permitir alternar poesías con sus canciones, mientras que en el ámbito *maudit*, sólo Lou Reed tenía el coraje de afrontar temáticas todavía más crudas que las de Morrison.

Los Doors grabaron su primer álbum homónimo en 1967, el año en el que, desde el punto de vista musical, el rock se hizo adulto. En los textos de la mayor parte de las bandas de rock había todavía mucha banalidad, mientras que Morrison y sus compañeros estuvieron entre los pocos que podían exhibir un nivel de escritura no convencional. Temas como «Break On Through (To the Other Side)», «End of the Night» y «The End» no dejaban duda alguna sobre el alcance de sus temáticas. Los álbumes siguientes, salvo alguna excepción, no se quedaron atrás. Jim Morrison sentía la necesidad urgente de entender a toda prisa el misterio de la vida, y desde ahí partir a la conquista del mundo, pero no podía suponer ciertamente que el medio empleado para comprender su esencia también había de ser, paradójicamente, el objeto de su final. Se fue durante unas «vacaciones» parisinas con tan sólo 27 años, en una noche como las demás, pagando el precio de su ambición.

El tributo a la comprensión a toda costa y más allá de la condición humana resultó fatal. Ahora transmite esta enseñanza a todos los que lo van a visitar al Père-Lachaise y le dejan como homenaje una flor o una lata vacía de cerveza.

EDUCADO
PARA LA
REVUELTA

por Federico Scoppio

———————————— ★ ————————————

Los primeros años de la vida no fueron fáciles para el joven James Douglas Morrison. Hijo de un oficial de la Marina Militar, vivía sometido a una educación rígida. Como es sabido, los militares de carrera viajaban, y Jim se vio arrastrado de una punta a la otra de los Estados Unidos. Por resentimiento, declararía ser huérfano. Devoraba a los beats estadounidenses y a los existencialistas franceses, escuchaba blues y soñaba con hacer cine, y lo fascinaba Nietzsche. Intentaba aunar genialidad y pragmatismo. Con sus lecturas y sus audiciones, plantó las raíces de una revuelta personal que muy pronto sería colectiva.

Para describir a tipos como Jim Morrison se comienza por el fin. Por el fondo. Los meteoros brillantes, rebeldes y ruinosos. La apología del condenado se convierte, pues, en la hagiografía del santo, se confunden los límites, se explican las incertidumbres, se liquidan las dificultades de la existencia. Se barajan las cartas, y sin embargo todo vuelve. Fácil. Es verdad que, a veces, la vida real de algunas de estas esferas ardientes comienza donde termina la del cuerpo hombre materia. Entonces se construye y se alimenta un mito: acaso se inventa un presunto suicidio, una muerte violenta causada por un cóctel de drogas. Acaso se inventa una doble existencia, una segunda e imaginaria historia. Sí, el pequeño James Douglas Morrison debió encontrar algún fantasma en sus sueños o en sus viajes, acaso lo

«Intentaba sorprendernos. Decía cosas que sabía que nos incomodarían. Ninguno de nosotros lo entendía.»
LA ABUELA DE JIM

confundió con un chamán. Pero no resulta tan importante, se perdería todo lo demás. Una cosa sí es cierta: el sentido de la vida. Por condenada que haya sido. Jim Morrison tenía un destino particular, a pesar de que la cábala, los números, lo asocien con otros grandes héroes fulminados. Así que nada de cuenta atrás, anda de viaje de la muerte a la vida, billete de sólo ida. Mejor comenzar por un día de hace setenta y seis años para llegar a otro y, casi sin darse cuenta, han pasado veintisiete años.

Ese día era el 8 de diciembre de 1943, en Melbourne, Florida, en la zona vecina a Cabo Cañaveral, lo cual no era casual. Su padre era un oficial de carrera de la Marina estadounidense, un cuerpo temible pero a menudo ridiculizado en tiempos de guerra. Con un recién nacido de pocos meses, Steve decidió volver a la guerra, se tenía que reconquistar el Pacífico y hacer justicia, y Jim se pasó los primeros tres años de su vida con su madre Clara y los rígidos abuelos paternos en Clearwater, en el golfo de México.

En este punto se requiere un inciso. Steve era un hombre de bien, negado para el fútbol americano a causa de su pequeña estatura, que ingresó en la Marina y terminó con éxito la Academia Naval. Un tipo moreno, de ojos oscuros, muy serio, todo lo contrario que la joven rubia a quien había conocido en Honolulu, una tal Clara Clarke que incluso había vivido en una comuna. En cualquier caso, cuando el contralmirante George Steve Morrison volvió a casa en 1946, comenzó para su familia un período de viajes y cambios de domicilio: Washington D.C., luego Albuquerque, Nuevo México, donde ocupó el puesto de instructor en un programa sobre armas atómicas, luego Los Altos, California, y finalmente Claremont, a los pies de Los Angeles. En aquellos años la familia creció, con la llegada de Anna y luego de Andy.

La autopista entre Santa Fe y Albuquerque presentaba algunos tramos peligrosos, una calzada estrecha, algunas curvas muy cerradas. La familia Morrison viajaba tranquila, cuando de pronto se encontró ante una escena de película. O de pesadilla: un camión cargado de indios se había visto implicado en un accidente, y algunos de ellos yacían gravemente heridos en la cuneta, quizás alguno había perdido la vida. «Yo no era más que un niño, y me ordenaron que me quedara en el coche mientras mi padre y mi abuelo volvían atrás para ver. No entendía mucho lo que pasaba, sólo veía un extraño color rojo y gente alrededor, pero sabía que estaba sucediendo algo porque percibía las vibraciones de la gente a mi alrededor, y de repente entendí que mi familia no tenía más idea que yo de lo que estaba sucediendo.» Años más tarde, Jim referiría este hecho, añadiendo que las almas de los moribundos se apoderaron de él. Historias de fantasmas, acrobacias mentales.

En la universidad. Obsérvese el cigarrillo entre los dedos: el look de Jim comenzaba a ser decididamente sexy.

8 DE DICIEMBRE DE 1943

James Douglas Morrison nace en Melbourne, Florida, hijo de George Steve Morrison y Clara Clarke.

1946

Después de tres años pasados en casa de los abuelos en Clearwater, en el golfo de México, la familia Morrison se traslada a causa del trabajo del padre.

1947

Durante un viaje con sus padres y sus abuelos paternos entre Santa Fe y Albuquerque, el pequeño James imagina que se encuentra con las almas errantes de los indios.

1952

Steve, su padre, está en la guerra de Corea, la familia se desplaza de Claremont a Albuquerque y finalmente se instala en Alameda. James frecuenta la escuela local.

1957

Jim se matricula en las escuelas superiores y conoce a su compañero de correrías Fud Ford.

1958

Comienza a mostrar afinidad y amor por las artes. Otro traslado, hasta Virginia.

1959

Jim termina en la George Washington High School de Alexandria, Virginia, en un típico ambiente de clase media.

La canción

★

THE END

«The End» (escrita por los cuatro Doors) es una gran puesta en escena, para la que vale la regla de oro de toda representación: lo importante no es su grado de veracidad y de realismo, sino su capacidad de engañar y de aparentar verosimilitud. Justamente como si fuera una gran película, que va más allá de los géneros y de los estilos. Los Doors entran en el estudio en septiembre de 1966 para grabar su álbum homónimo, el primero. De todos modos, los temas ya cuentan con algún rodaje en directo. No hay más que imaginar que se encuentran en el escenario del Whisky a Go Go. En efecto, justamente en aquel escenario, pocos meses antes, Jim había dado una buena sacudida a la canción, añadiendo versos, un extracto del *Edipo Rey* de Sófocles. Resultado: despedidos al acto. En cualquier caso, la versión presente en el disco se parece a la de la segunda sesión de grabación,

con la técnica del directo, todo en toma directa, bien estudiado, en la que recitación, canto y composición se convierten en tres elementos inseparables. Una trinidad.

«Cada vez que escucho esa canción –contaría pocos años más tarde– adquiere un significado diferente: podría ser el adiós a un tipo de juventud y despreocupación, o bien la toma de conciencia de algo muy grande.» El tema, uno de los más recordados de la banda, se puede abordar según diferentes tipos de análisis. Hay un nivel metafísico y uno puramente musical. No están realmente separados, sino que más bien se cruzan y se conectan para dar vida a una de las obras maestras del rock. El meollo de «The End» se encuentra en las rimas edípicas. Pero hay otros elementos importantes. Naturalmente es una canción, pero merece ser interpretada y recitada, en buena parte, como si fuera una poesía. «El lamento de miedo, hipnótico y obsesivo, la carrera lírica en un extraño autobús azul, la imagen de una serpiente de siete millas de longitud, perdida en los salvajes páramos del dolor (donde los niños están locos), el mensaje de incesto y parricidio, eran las piezas de aquel mosaico», escribe Jerry Hopkins en una biografía. Así, pues, están el viaje, la muerte, el incesto, el dolor, la libertad, el chamanismo. Y está Jim Morrison. Se habla de «blue bus», y las posibles interpretaciones son dos: la primera, menos plausible, es la referencia a los autobuses de Santa Monica, Westwood y Venice, de color azul, gracias al cual se descubre también otra interpretación de «west in the best»; la segunda, más acreditada, es la referencia al autobús azul del gurú Meher Baba, muy querido por los músicos, como Peter Townshend y Bobby McFerrin. Interpretación esta última que nos vuelve a llevar a un análisis de tipo puramente musical. Meyer Baba remite a la música de matriz india. En realidad, aquí la guitarra de Robby Krieger desempeña un papel predominante: a veces parece cercana a la estética del flamenco, luego enraizada en el folk y en el rock'n'roll. De todos modos ahí queda un recuerdo de los drones y los ragas de origen indio, especialmente cuando John Densmore comienza a percutir los tambores como si fueran tablas. Pero lo que merece más la atención es la voz de Jim: hay poesía, tormento, evocación del pasado, métricas ancestrales, una especie de spoken word *avant la lettre*, un lamento psicotrópico y una pesadilla psicodélica. Realmente hay tanto que poca gente ha intentado reinterpretar la pieza, excepto Nico: como máximo, Marilyn Manson, que en la ver-

sión de «Five to One» situaba las conocidas cifras edípicas. Una obra total, que los Doors cantaban en el escenario, pero inmediatamente después se apresuraban a situar algo más rápido, bailable, pues de otro modo la conciencia del público corría el riesgo de perderse en el vértigo de la liturgia morrisoniana.

Más que la génesis de una canción parece, pues, el guion de una película, de una bella película. Vienen a la cabeza las imágenes del coronel Kurtz en Apocalypse Now: su viaje hasta los horrores de la vida, la aversión, no serían tan vivos en nuestros ojos sin aquellas notas y la garganta ácida de Morrison. Un ritmo progresivo, que comienza bajo tono, finge ser místico y estalla en el final convulso. Un rito de paso. Y Elektra lo situó al final del disco.

Federico Scoppio

Originariamente en: *The Doors* (1967).
Versiones alternativas: *Live at the Hollywood Bowl* (1987, en directo), *In Concert* (1991, en directo), *The Doors Box Set* (1997, en directo), *Bright Midnight Records Sampler* (2000, en directo), *Essential Rarities* (2000, en directo), *Live in Detroit* (2001, en directo), *Bright Midnight: Live in America* (2002, en directo).

DE EDIPO REY
A LOS DOORS

Desde niño, a Jim le gustaba leer. Lecturas dispares, aunque se concentraba en algunos autores en particular. Había aprendido mucha poesía del siglo XVIII y de los poetas malditos franceses, y tenía una intensa obsesión por Nietzsche. Mitos y teorías, filosofía y psicoanálisis se basaban por su parte en la obra de Freud. Así, cuando Morrison comprendió que se estaba convirtiendo en una figura de referencia para las nuevas generaciones, se sirvió de sus armas culturales. Entendió que la fractura entre los jóvenes y las instituciones ya era demasiado profunda, por lo cual fue hasta el origen, centrándose en el primer canal de instrucción y formación de los jóvenes, el más vigoroso, la familia, recordando una adolescencia que ciertamente no había sido feliz. Recorrió, pues, las enseñanzas de Freud, que integraban en el análisis psicológico tratados de etnografía y mitología antigua. Y el complejo de Edipo casi lo hizo enloquecer. Representada en la tragedia *Edipo Rey*, de Sófocles, la historia de Edipo, que mató a su padre Layo y se casó con su madre Yocasta, dio cuerpo al «complejo de Edipo», es decir, a un conjunto de aspiraciones de amor y odio que el niño experimenta frente a las figuras de sus padres durante la fase fálica. Se trata de una actitud ambivalente de deseo de muerte frente a los padres del mismo sexo, y de deseo de dominio exclusivo frente a los padres del sexo opuesto. Freud aplicó esta teoría también a nivel macrosocial, hasta llegar a una explicación en clave sexual del desarrollo de toda la civilización, contenida en *Tótem y tabú* (animal totémico igual a padre, exogamia igual a madre). Para los fines de la personalidad de Morrison es más importante recordar que para Freud las neurosis se originaban en los traumas infantiles, dependientes de las pulsiones sexuales. Pero también hay otro aspecto importante: la sublimación de la figura paterna por parte de Jim. Se trata de una desviación todavía más retorcida del complejo de Edipo. En la práctica existe el riesgo de identificarse tanto con el papel de la figura del padre como para querer sustituirlo matándolo, con el riesgo de querer matarse también a sí mismo. Existe el riesgo de replicar y reproducir la situación que genera trauma y dolor. De hecho, en el campo del arte hay numerosos ejemplos de gente que desea matar a su padre y fornicar con su madre. Uno resulta especialmente ilustrativo: la saga cinematográfica de *Psicosis*.

Federico Scoppio

Sigmund Freud, el primer investigador que elaboró la teoría psicoanalítica del complejo de Edipo, en la que se basa la canción de los Doors «The End».

Entre mito y realidad, nunca se sabe cuál se impone. Y sin embargo, algo que tenía que ver menos con la magia permaneció en la mente del pequeño Jim: el miedo a la muerte y la voluntad de compartir el dolor. Por lo demás, la cultura hippy redescubrirá

> ## «Me gustan los adolescentes porque todo lo que hacen, lo hacen por primera vez.»
>
> ### JIM MORRISON

pocos años más tarde el valor de la tradición india, y Jim compartiría con esto algo intenso.

Los primeros años de su vida fueron difíciles, marcados por los desplazamientos, pero también por una cortina de silencio que vagaba por la casa y lo hería: su padre recibía encargos secretos y no podía hablar de ello en familia. Por lo demás, los padres solían castigar a sus hijos con métodos militares, auténtica violencia psicológica, a la que Jim respondía encerrándose en sí mismo.

En 1952 fue destinado a Corea, otra guerra, y el resto de la familia se estableció en Claremont antes de volver, con Steve de nuevo en casa, a Albuquerque, durante dos años más, tras lo cual se trasladaron a Alameda, más al norte, una isla pequeña en la bahía de San

> ## «Sabía implicar al profesor en discusiones maravillosas, y nosotros nos quedábamos ahí sentados, asombrados.»
>
> ### BRYAN GATES,
> #### compañero de clase

Francisco, sede de la mayor base naval estadounidense en todo el mundo. Jim comenzó la escuela superior, como alumno del

1960
Las notas escolares de Jim son buenas, pero no excepcionales. Demuestra genialidad y un fuerte *feeling* con las materias artísticas.

1961
Es enviado a Clearwater, a casa de los abuelos paternos, con los que cultiva relaciones borrascosas. Es refractario a las reglas de la casa, a la iglesia y a las instituciones escolares. Termina la escuela en el St. Petersburg Junior College. Se matricula en el Florida State University College, eligiendo la especialización de arte dramático.

1963
Primeras apariciones en el teatro, sobre todo representaciones escolares; una en particular, *The Dumbwaiter*. Viaja hasta San Diego en automóvil y se reúne con sus padres: es el famoso recorrido siguiendo las etapas de Jack Kerouac.

1964
Después de varios intentos fallidos llega a Los Angeles, se matricula en la UCLA, en la facultad de arte dramático.

1965
Se licencia en arte dramático. Más o menos en aquellos mismos días visita Venice, y afirma a sus amigos que se va a vivir a Nueva York.

Alameda High. Con su amigo Fud Ford bebían los primeros vasos de ginebra, entre chistes y bravatas. Como todos los chavales, nada más. Ciertamente no era un misterio, pero su inclinación por el arte, la literatura y la poesía —siempre con estilos y autores muy rebuscados— corrió paralelamente a la separación de sus padres, al precoz abuso de drogas, la incontenible furia creadora y la voluntad de afirmación. Tras un año y medio de escuela superior,

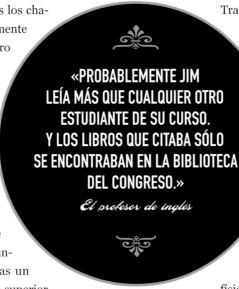

«PROBABLEMENTE JIM LEÍA MÁS QUE CUALQUIER OTRO ESTUDIANTE DE SU CURSO. Y LOS LIBROS QUE CITABA SÓLO SE ENCONTRABAN EN LA BIBLIOTECA DEL CONGRESO.»

El profesor de inglés

papá Steve fue llamado al Pentágono. Una vez más, todos al coche con las maletas llenas. Tras llegar a Virginia, Jim terminó en la George Washington High School. Los hijos de la clase media, *wasp*, poblaban el instituto, y en estos lugares era donde solían crecer los agitadores de masas.

Alguna referencia artística: le encantaban los desnudos de De Kooning y se enamoró de las terribles y visionarias pesadillas metafísicas de Hyeronimus Bosch, un mito desconocido (en el sentido que su vida estuvo envuelta en el misterio) de la pintura flamenca. Alguien que imaginaba y dibujaba diablos-hombres, monstruos-animales, paraíso-infierno. Jim devoró los libros de la beat generation con Jack Kerouac al frente. Su escritorio, en la habitación en el sótano de su casa, estaba lleno. Junto a textos de Rimbaud, Baudelaire, Blake, Camus, Balzac y otros, destacaban los primeros libros de psicoanálisis. Además le

Enero de 1964. Un Jim Morrison veinteañero visita a su padre a bordo del *USS Bon Home Richard*, donde este está destinado.

encantaba el blues y, en cambio, declaraba odiar el rock'n'roll.

En aquellos años, Jim seguía manteniendo relaciones turbulentas con sus padres, y también con sus hermanos mantenía –según opinión de estos– comportamientos ambiguos, extremos, excesivos. Con los profesores alimentaba el odio frente a las instituciones, pero por otra parte fue cimentando unas bases buenas en el campo artístico, en las materias que le seducían más. En efecto, se trataba de una auténtica seducción: la sensualidad y la sexualidad desempeñaban un papel determinante.

Misteriosamente enviado a Clearwater, a casa de sus abuelos paternos, la inquietud de Jim aumentó de forma brusca. Era la época de la universi-

APOLO CONTRA DIONISOS

El biógrafo Jerry Hopkins señala: «En la UCLA, Jim reunió a su alrededor a un grupo de tipos extraños [...]. A Morrison le gustaba Dennis Jakob porque, en su opinión, era la única persona que había leído más libros que él. Jakob y Morrison hablaban incesantemente de Friedrich Nietzsche. Ambos se identificaban con Dionisos, que carecía de semblante, al no ser más que la encarnación del dolor primordial y su eco primordial». Sin embargo, en el exceso, era un tipo que vivía dualidades fuertes, nunca resueltas. Obscenidad y androginia perturbadora, brujería popular y poses vulgares, clarividencia y voyeurismo, tragedia griega y groserías callejeras, felicidad y pesadilla. Apolíneo y dionisíaco. «Lo apolíneo y lo dionisíaco son dos impulsos, ambos necesarios para la producción artística, del mismo modo que el elemento masculino y el femenino son necesarios para la reproducción», escribía Nietzsche en *El nacimiento de la tragedia*. Aquí la historia se difumina con la mitología. A las dos divinidades artísticas de los griegos, Apolo y Dionisos les corresponde el contraste, por génesis y por objetivos, entre el arte figurativo apolíneo y el arte no figurativo de la música, dionisíaco. Son dos impulsos distintos pero que preceden uno junto al otro: viven una lucha continua y la reconciliación se produce sólo periódicamente (como Eros y Tánatos). Pero la disensión genera una excitación continua que permite que los dos impulsos avancen y superen la discordia sólo en la concepción del instante artístico y creativo. Sólo en la obra de arte completa, la tragedia, Apolo y Dionisos se unen. Las interpretaciones se acumulan desde Sócrates hasta Kant y Schopenhauer. Por su parte, Morrison reelabora la cultura trágica a fin de captar el eterno sufrimiento presente en el mundo, no sólo en el instante creativo en el escenario, sino también en el prisma de su vida.

Federico Scoppio

dad. Se matriculó en la Florida State University de Tallahassee, pero duró poco. En primavera se fue a ver a sus padres, que en la vorágine de desplazamientos se hallaban ahora en San Diego, y les comunicó su voluntad de cambiar de carrera. La idea, inmediatamente rechazada por sus padres, era una utopía: UCLA, Universidad de California, en Los Angeles, para estudiar cine. En Florida había participado en algunas representaciones teatrales, conjurando do el miedo escénico que lo atenazaba. En seguida dio muestras de ciertas cualidades: hedonismo perverso, exhibicionismo descarado, presencia magnética, un Yo enmascarado por un superhombre, capacidad de improvisar. En el viaje hacia la casa de sus padres recorrió las etapas que habían recorrido Sal Paradiso y Dean Moriarty (figura que coincidía en la realidad con Neal Cassady), los dos protagonistas de *En la carretera*. Pero Jim estaba ya en Los Angeles, y aquí comenzaba otra historia. En la facultad de arte dramático. En cualquier caso, sus padres no le pasaban dinero; por ello, tenía que utilizar el que había ahorrado de un seguro que su padre le había contratado cuando era niño. Encontró un pequeño apartamento cerca del campus de la universidad, un ambiente libertino, intelectual, en el que los jóvenes tomaban conciencia de la posibilidad de relacionarse entre sí. 1964 y 1965 fueron los años decisivos. Algo se movía, y Jim estaba ahí. Experimentó el alcohol, la marihuana y el LSD. Se cruzó con tres grandes directores: Stanley Kramer, Jean Renoir y Josef Von Sternberg. En la facultad también había un joven de origen italiano: Francis Ford Coppola. Jim se dio a conocer por su creatividad, su embriaguez, sus excesos. Y escribía, escribía, lo anotaba todo en su

> «ERA INTERESANTE TRABAJAR JUNTO A MORRISON. CADA VEZ TENDÍA A INTERPRETAR EL PAPEL DE MANERA DIFERENTE. ERA LA SENSACIÓN CONSTANTE DE QUE LAS COSAS ESTABAN SIEMPRE EN EL LÍMITE DE LA PÉRDIDA DE CONTROL.»
>
> *Keith Carlson, actor*

Una imagen juvenil de Jim.

diario. Años más tarde, muchas de las cosas escritas saldrían a flote, sus canciones también fueron el fruto de la recomposición de rimas juveniles. Rodó también una película, sobre el oficio de cineasta, como quien elige dónde posicionar la mirada, mirar el mundo y desde ahí recrearlo o emularlo. Y Jim apuntó su mirada hacia el nazismo, la comunicación imposible, la pornografía. Falsedad histórica: no lo suspendieron por la índole de sus ideas, sino por la realización, el montaje, la superficialidad de quien seguramente no se sentía tan atraído por el cine.

Vietnam estaba a un paso, también la *british invasion* de los Beatles, Bob Dylan y Joan Baez acompañaban a los movimientos contraculturales, antes de que naciera una especie de movimiento psicodélico que estaba destinado a hacer mucho ruido. California sería la tierra prometida. La filosofía –desarrolló conocimientos profundos en torno a Nietzsche– tenía que encontrar una vía de expresión. La genialidad debía encajar con el pragmatismo. En la búsqueda de algo, con una diplomatura en

JEFFREY MOREHOU

KATHLEEN MORGAN

JAMES MORRISON

Jim en 1961, cuando frecuentaba la George Washington High School en Virginia.

arte dramático, se dirigió a Venice. La playa le llevaba imágenes desoladoras. Gente durmiendo, eliminando el alcohol y las sustancias psicotrópicas. Luego, un día, caminando por la playa... Aquí termina la historia de James y comienza la de Jim Morrison. Para alejar los fantasmas, declararía repetidamente que era huérfano.

LOS ORÍGENES

por Roberto Caselli

--- ★ ---

Mientras que en San Francisco reina el flower power, los Doors dan voz al lado oscuro de las conciencias, con textos visionarios y pasionales que hablan de muerte y catarsis. Pero no siempre fue así. La banda nació sobre las cenizas de un conjunto formado por Ray Manzarek y sus hermanos, y durante las primeras actuaciones, Jim Morrison se muestra torpe y tímido. En el plazo de unas semanas, los cuatro músicos aprenderán a agitar, perturbar, asustar. Y seducir.

En las clasificaciones estadounidenses del verano de 1965 dominaba «Satisfaction» de los Rolling Stones, pero los primeros puestos del hit parade se los disputaban también los Byrds con su «Mr. Tambourine Man», los Four Tops con «I Can't Help Myself» y el «viejo» Presley con «Crying in the Chapel». Al cabo de poco llegarían Dylan con «Like a Rolling Stone» y Barry McGuire con la apocalíptica «Eve of Destruction». La ola hippy que desde San Francisco iba contagiando a toda California parecía no haber llegado todavía al resto de la Norteamérica juvenil, y sin embargo, grupos como Jefferson Airplane, Grateful Dead y Quicksilver Messenger Service, con sus espectáculos multimedia constituidos por light shows y trips lisérgicos estaban estallando literalmente. La vecina Los Angeles no iba a la zaga. Era difícil no uniformarse. La reciente protesta de los estudiantes de Berkeley parecía haberse recibido más como revolución de costumbres que no como un asunto estrictamente político. Las canciones hablaban sobre todo de vida personal, pero había algo que estaba cambiando y, al cabo de poco, un número cada vez mayor de artistas comenzaron a expresarse

> «De noche la luna se convertía en el rostro de una mujer. Encontré el espíritu de la música.»
> **JIM MORRISON**

también en el terreno social; naturalmente, Vietnam centraba las críticas y el malhumor juvenil. El riesgo de recibir una notificación de reclutamiento preocupaba a todos, por lo que era natural que los grupos menos alineados, los más alternativos, tuvieran bien claro lo importante de denunciar «el sucio juego de poder» que el gobierno estadounidense estaba persiguiendo.

En este marasmo variopinto, Jim Morrison se diplomó en la UCLA de Los Angeles, en arte dramático, su especialización era el cine, que según una visión muy personal suya se derivaba «de la brujería popular que regala la ilusión de impermeabilidad respecto al tiempo». No se relacionaba mucho con los otros estudiantes de su curso, aunque no faltaban mentes privilegiadas: entre otros, en aquellos años frecuentaba las clases de cinematografía un tal Francis Ford Coppola.

Jim era un tipo introvertido y exhibicionista, estudiaba a fondo los temas que le interesaban y

Morrison en 1966, fotografía de Joel Brodsky.

frecuentaba a pocos amigos, todos ellos excéntricos como él e interesados en los efectos de las drogas. Experimentaron con ácido y todo

«No estamos seguros de querer una biografía. El lugar del que procedemos es irrelevante para nuestra música.»

RAY MANZAREK

lo que pudieran engullir o inhalar. Su obsesión era el ensanchamiento de la percepción, que debía llevarse hasta el límite de las posibilidades. Como decía Morrison en aquellos días, inspirándose en la célebre frase de Aldous Huxley: «Existen cosas que conocemos y otras que ignoramos: lo que las separa es una puerta. Yo quiero ser aquella puerta».

En un muelle de Venice Beach.

5 DE JUNIO DE 1965

Jim Morrison canta por primera vez en público, con los Rick & The Ravens de Ray Manzarek. La canción es «Louie, Louie».

8 DE JULIO DE 1965

Encuentro entre Jim Morrison y Ray Manzarek en la playa de Venice Beach. Jim esboza los versos de sus primeras canciones, comenzando por «Moonlight Drive», que fascina a Ray. Deciden fundar a los Doors.

AGOSTO DE 1965

Morrison se traslada a casa de Ray y aprende a cantar en su banda, los Rick & The Ravens. Poco después reclutan al batería John Densmore.

2 DE SEPTIEMBRE DE 1965

Rick & The Ravens graban en los World Pacific Jazz Studios de Los Angeles seis canciones escritas por Jim Morrison: «Moonlight Drive», «Hello, I Love You», «My Eyes Have Seen You», «End of the Night», «Summer's Almost Gone» y «A Little Game».

OCTUBRE DE 1965

Los Doors firman un contrato discográfico de cinco años con Columbia, subordinado a un período de prueba de seis meses. Poco después, Rick y Jim Manzarek dejan el grupo, en su lugar entra Robby Krieger, y los cuatro comienzan a actuar con el nombre de The Doors.

10 DE DICIEMBRE DE 1965

Primera actuación en público de los Doors. En el Royce Hall Auditorium de la UCLA, los cuatro improvisan en acústico la banda sonora para un largometraje rodado por Manzarek.

ENERO DE 1966

El London Fog, en Sunset Strip, contrata a los Doors para una serie de conciertos. En su primera actuación el local está casi vacío, y las noches siguientes la situación no mejora mucho.

ABRIL DE 1966

Después de seis meses de inútil espera de una publicación por parte de Columbia, los Doors rescinden el contrato con la casa discográfica.

MAYO DE 1966

Después de haber sido declarado «reclutable de inmediato» y convocado por segunda vez para la visita médica ritual, Jim Morrison evita el servicio militar declarándose homosexual.

9 DE MAYO DE 1966

Los Doors superan una audición gracias a la cual tocarán en el Whisky a Go Go durante todo el verano (del 23 de mayo a finales de agosto), actuando también como teloneros de Byrds, Love, Captain Beefheart y Them.

12 DE MAYO DE 1966

Los Doors actúan por primera vez de teloneros para los Love, en el Brave New World de Hollywood.

10 DE AGOSTO DE 1966

Por insistencia del cantante de los Love, Arthur Lee, el presidente de Elektra Records, Jac Holzman, asiste a un concierto de los Doors.

No resultaba sorprendente, pues, que apenas finalizados los estudios, para cortar por lo sano con el ambiente que lo rodeaba, diera a entender que tenía que irse a Nueva York, pero en su lugar se refugiara en Venice, barrio al oeste de Los Angeles, conocido por su playa y por el aspecto bohemio de su área residencial, que fue también sede de grupos beatnik durante la década de 1950.

Se alojaba en casa de su amigo Dennis Jakob (al que Morrison apreciaba porque era el único que había leído más libros que él), conversaban juntos sobre filosofía, en particular sobre Nietzsche, y se inspiraba en las noches de luna gracias a su particular punto de observación. Y aquí coincidió casualmente con un compañero de curso, Ray Manzarek, un muchacho unos años mayor que él, que se había liberado ya de la obligación militar haciéndose pasar por homosexual, y cuya gran pasión, además del cine, era la música. Era hijo de obreros y procedía de Chicago, donde desde joven se había nutrido de la escena blues de la ciudad: había visto tocar a Muddy Waters y a Howlin' Wolf, y había quedado fascinado. Desde muy joven había estudiado piano, y aquellas nociones resultaron por entonces útiles porque tocaba en una banda con sus hermanos, un grupo que se hacía llamar Rick & The Ravens. Jim y Ray habían colaborado ya durante una fiesta en la UCLA; a Ray le faltaba un guitarrista en el grupo con el que tenía que actuar, y había pedido a Morrison que ejerciera aquel papel; Jim aceptó y en aquella ocasión ganó 25 dólares que, como luego afirmó, fueron los más fáciles que hubiera ganado jamás.

Los dos coincidieron por casualidad en la playa mientras Ray estaba paseando: se quedó asombrado al verlo ahí, pues pensaba que estaba en Nueva York. Se sentaron y comenzaron a charlar de las expec-

> «REALMENTE ÉRAMOS EXTRAÑOS: UN GUITARRISTA FLAMENCO, UN BATERÍA JAZZ, UN TECLISTA CLÁSICO Y UN POETA VISIONARIO. PEOR SURTIDOS NO PODÍAMOS ESTAR...»
>
> *Ray Manzarek*

Rick & The Ravens.

tativas, de su futuro, hasta que Jim le dijo que había escrito poesías y que quería seguir en aquella dirección. Ray sintió curiosidad e insistió para que le recitara una, y de este modo Morrison se puso a declamar *Moonlight Drive*, a la que siguieron otras, como *Summer's Almost Gone* y *My Eyes Have Seen You*. Aquellas estrofas se deslizaban rápidamente, eran como una corriente eléctrica que impactaron profundamente en Ray, que afirmó sin medias tintas que eran los textos rock más bellos que había escuchado jamás: si lograran musicarlos podrían ganar un montón de dinero. Jim, al que le gustaba la música, se dejó arrastrar, sabía que había escrito otras cosas buenas, y la idea de poderlas cantar en público lo estimulaba. Así que aceptó unirse a los Rick & The Ravens, en el papel de can-

tante. No tenía experiencias anteriores de canto, pero sabía que podía interpretar aquellas poesías de la manera adecuada, porque no tenía que inventarse nada. Aquellos escritos sobre su alma simplemente tenía que cantarlos de la misma manera que habían brotado.

> **«¡Formemos una banda de rock'n'roll y ganemos un millón de dólares!»**
> **RAY MANZAREK**

Por su parte, Ray lo invitó a ir a vivir a la casa que compartía con su novia, Dorothy Fujikawa, y comenzó a trabajar con el teclado para encontrar la música

Ray Manzarek y Dorothy Fujikawa.

adecuada que acompañara aquellos textos que había juzgado tan extraordinarios. Siguieron jornadas febriles de trabajo y, al final, aquellas poesías se convirtieron en canciones.

Justamente después de aquellos encuentros, Jim escribió una carta a su padre revelándole, además del lugar poco edificante en el que vivía, su idea de intentar ser músico. Para suavizar la píldora, le dijo que había buscado trabajo, pero que no lo había encontrado porque en el mundo del cine era difícil encontrar empleo, y que por ello había formado un grupo con amigos y quería comenzar a actuar. Su padre quedó trastornado por aquellas afirmaciones e intentó convencerlo para que cambiara de idea, incluso con palabras duras, que sin embargo surtieron el efecto contrario. Morrison no sólo decidió continuar con sus planes, sino que también interrumpió la correspondencia con sus padres.

Rick & The Ravens habían tenido cierta resonancia en la UCLA, e incluso habían logrado procurarse un contrato discográfico, pero las ventas eran un desastre y probablemente revelaban que no eran gran cosa como músicos. Los hermanos de Ray se desanimaron en seguida y decidieron dejar la música. Para los dos compañeros de escuela, aquello fue una suerte, ya que comenzaron a buscar a quienes pudieran sustituirlos con mayores resultados. Ahora tenían canciones preparadas, e incluso contaban con un nombre. Jim había sugerido The Doors, a partir de sus lecturas de Huxley y de aquella historia de las puertas de la percepción que lo fascinaba tanto, y Ray pareció entusiasmado. Encontrar a las personas adecuadas para completar la banda no era poca cosa, y la búsqueda duró un cierto tiempo.

La ocasión se produjo cuando Ray conoció, durante un curso de meditación transcendental, al batería John Densmore, quien se interesó por el proyecto siempre que pudiera traer consigo a su amigo guitarrista Robby Krieger, con el que mili-

> «Yo venía de la metafísica india, de la parte más alegre. Jim era próximo al pensamiento de Nietzsche, a la exploración existencial.»
>
> **JOHN DENSMORE**

taba en un grupo llamado Psychedelic Rangers. Ray frecuentaba aquellos encuentros (que se harían famosos al cabo de unos años, cuando los Beatles, después de haber conocido al Maharishi, viajaron a la India) porque estaba devastado por el uso del LSD. El ácido le abría la mente, lo enviaba al cielo, pero luego, en la fase sucesiva del trip, hacía emerger a la conciencia lo peor que ésta podía albergar, y vivía un auténtico infierno. Quiso encontrar algo más suave para viajar hasta más allá de las puertas de la percepción, y la meditación transcendental le pareció lo más adecuado a la hora de experimentarlo.

Densmore era un batería al que le gustaba el jazz, mientras que Krieger sabía usar con desenvoltura el cuello de botella en las piezas blues, y era un apasionado por el flamenco. Unidos a un teclista clásico y a un poeta, formaron un grupo decididamente heterogéneo y extraño: cada componente tenía una historia y una influencia propia, completamente diferente a la de los demás. En común sólo tenían el deseo de experimentar con la música y con las drogas. Extrañamente, sin embargo, las cosas funcionaron, aquel mix tan particular de personalidades logró crear sonoridades oscuras que eran perfectas para sostener los textos de Morrison. Aunque faltara un bajista y Jim todavía tuviera mucho que aprender como cantante, habían nacido los Doors.

El primer ensayo juntos se produjo en casa de su amigo Hank Olguin, e inmediatamente se dieron cuenta de que estaba a punto de producirse una especie de magia. Según Manzarek, desde el primer encuentro los Doors sentaron las bases de su futura grandeza: «El filo ya está forjado, sólo se requiere tiempo para templarlo bien», decía Ray. De este modo comenzaron una serie de ensayos largos y provechosos; se encontraban hasta cinco veces por semana en casa de Hank, hasta que los vecinos se cansaron de aquella locura de ruido que salía por la ventana y llamaron a la policía. No había solución: se tenían que ir. Afortunadamente, los padres de Robby los acogieron en el salón de su casa. Y allí Robby anunció que había escrito la primera estrofa de una canción espectacular. La tocó y la cantó con la guitarra y todos estuvieron de acuerdo a la hora de decir que la idea de base era buena, pero que tenía que desarrollarse más: así, Jim añadió la segunda estrofa y Ray se ocupó de la introducción, que parecía débil. Antes del atardecer, «Light My Fire» ya estaba lista. Los muchachos se sentían con plena confianza y decidieron apretar el acelerador. Con la idea de grabar una demo, se dirigieron a los estudios de grabación de la World Pacific Jazz, en la calle 3 de Los Angeles, y en tres horas grabaron, con un bajista improvisado, algunas de las piezas que luego se recuperarían para los discos de los Doors que hoy en día son famosos. Vieron la luz temas como «Hello I Love You», «Moonlight Drive», «End of the Night», «My Eyes Have Seen You», «Summer's Almost Gone» y «Go Insane (A Little Game)».

> «OIGO UN CONCIERTO ENTERO EN MI CABEZA, NO SOY CAPAZ DE TRADUCIRLO EN MÚSICA ESCRITA, LA ÚNICA MANERA QUE TENGO PARA RECORDARLO ES ENCONTRAR LAS PALABRAS PARA CANTAR SOBRE ESA MÚSICA.»
>
> *Jim Morrison*

La canción

★

LIGHT MY FIRE

as canciones de los Doors las solía escribir Jim Morrison. Si ya habían sido concebidas como poesías bastaba retocarlas, y si no era así, se comenzaba desde el principio. A menudo sólo eran esbozos que luego iban tomando forma a medida que la música aportaba las escansiones justas. Jim era el más creativo, y conocía los ingredientes para llegar al éxito. No tenía que inventar nada: su ansia existencial, la rabia social y la insatisfacción nunca calmada eran argumentos más que suficientes de los que extrapolar las palabras justas. En 1967, para el primer disco ya tenía listos algunos temas del calibre de «Break on Through» y «The End», canciones que promovían la discusión: la primera a propósito de ir más allá de las barreras de la percepción, la segunda, transgresora hasta el punto de crear escándalo. Canciones potentes, comprometidas y todavía bastante anómalas, escritas en un momento en el que la filosofía del «peace and love», que se estaba difundiendo desde San Francisco a todo el mundo, estaba en su punto más álgido. Pero para excitar la fantasía de los adolescentes, en el repertorio de los Doors faltaba algo capaz de transfigurar el significado convencional de la relación amorosa. Faltaba el sexo, el elemento capaz de marcar la diferencia. En este punto lle-

gó «Light My Fire», curiosamente no escrita por Morrison, sino por Robby Krieger, brillantísimo a la hora de confeccionar temas pop del calibre de «Touch Me» y «Tell All the People», pero que no había hablado nunca de sexo. Y de hecho, también «Light My Fire» tenía que cambiar de registro. Cuando los otros Doors la escucharon, entendieron que había algo bueno, pero que se precisaban ajustes para que fuera más intrigante. Inmediatamente Manzarek se dio cuenta de que la introducción era débil, y de este modo se aisló del grupo para crear en poco tiempo, con el órgano, una trama envolvente y barroca destinada a convertirse en una de las marcas de fábrica inconfundibles de los Doors. Fue justamente al oír esta intro cuando el presidente de Elektra, Jac Holzman, que los estaba escuchando en

Los Doors en el
Ed Sullivan show.

el Whisky a Go Go, intuyó la importancia de la banda y les propuso un contrato discográfico.

Jim se ocupó de terminar el texto añadiendo un par de estrofas con su vena de poeta maldito: «Ya no hay tiempo para dudar / Ni para chapotear en el barro / Intentémoslo ahora, sólo podemos perder / Y nuestro amor puede convertirse en una hoguera fúnebre».

La configuración rítmica se basaba totalmente en la batería jazzística de Densmore y en las notas esenciales de bajo que Manzarek obtenía con su teclado Fender; Krieger se libraba a un largo solo penetrante que alargaba desmesuradamente la canción y la lanzaba a los compases finales del último estribillo. Jim tenía el cometido de hipnotizar con su voz cálida y sensual y de subrayar la alusión sexual cuando cantaba: «Sabes que no sería verdad / Sabes que sería un mentiroso / Si te dijera / Chica, no podemos ir más fuertes / Venga, niña, enciende mi fuego».

En efecto, «Light My Fire» fue un éxito arrollador desde las primeras interpretaciones en directo en el Whisky, y en parte gracias a esta canción, Jim se impuso como sex symbol.

Cuando se incluyó en el primer disco de los Doors se convirtió en la canción que haría vender más de un millón de copias y permitiría que la banda escalara las clasificaciones.

En realidad, el tema, tal como fue concebido originariamente, era demasiado largo para los estándares de la época, y el productor Paul Rothchild tuvo que intervenir limitando de manera decidida la parte instrumental central. Pero en directo los Doors podían dar rienda suelta a toda su creatividad, y se jactaban de no interpretar nunca la pieza de la misma manera.

Cuando los invitaron al Ed Sullivan Show, la CBS estaba preocupada por algunas palabras del texto, como «higher», que en argot significa «colocado, flipado», que crearían incomodidad entre el público más conservador, y se pidió a Jim que prometiera sustituirla. Morrison aceptó, pero durante la actuación se saltó a la torera la promesa y cantó como en el original.

Nunca más se invitaría a los Doors a actuar en el célebre show.

ROCK A GO-GO

Sunset Strip es un tramo de calle de un par de kilómetros de longitud, que se encuentra en el Sunset Boulevard, en la zona que pasa a través de West Hollywood, en Los Angeles. Es un barrio muy conocido por las boutiques, los restaurantes y los clubs de rock, en el que se encuentran muchas celebridades del espectáculo. Es una costumbre que comenzó hace muchos años y que desde mediados de los años sesenta en adelante, es decir, desde que existe el rock, comenzó a incrementar su actividad en directo y asumió proporciones cada vez mayores.

El Whisky a Go Go, que se encuentra en el 8901 de Sunset Boulevard, se convirtió muy pronto en uno de los locales más atractivos de aquella escena rock. Sus propietarios, Elmer Valentine, Phil Tanzini y Mario Maglieri, que lo hicieron construir sobre las cenizas de una antigua comisaría de policía, tenían la intención de convertirlo en una sala de baile (no es casual que su nombre derivara justamente de la homónima primera discoteca parisina), que programara sólo música a partir de un disc jockey, pero ya desde su inauguración, que se produjo en enero de 1964, se invitó a Johnny Rivers para que actuara en vivo, y se comenzó inmediata-

mente a entender el impacto que generaba la música en directo en el público presente en la sala. Durante la actuación de Rivers también había un dj que tenía que cubrir sus pausas con una programación propia, una mujer que tenía su curioso emplazamiento en una jaula colgada al lado del escenario. En el momento en que, siguiendo el ritmo de las canciones de Rivers, la muchacha comenzó a bailar, el público pensó que formaba parte del espectáculo y apreció mucho la idea. Los propietarios instituyeron como atracción fija del Whisky a Go Go la exhibición de las «go-go girls» que bailaban en una jaula, y muy pronto este «número» se convirtió en la peculiaridad del local.

El Whisky a Go Go desempeñó en su época un papel importante también para la carrera de muchos grupos, que tenían su base en California, bandas como los Byrds, Buffalo Springfield, Love, Turtles y Monkees actuaron a menudo en el local y éste les aportó ciertamente ventajas y celebridad. Los Doors fueron la banda del local del 23 de mayo a finales de agosto de 1966, y ahí arrancaron su fulgurante aventura. Fueron varios los directos célebres grabados en el Whisky a Go Go, como por ejemplo los de Otis Redding (*Live at the Whisky*, 1966), los Humble Pie (1969) y los Flaming Groovies (1985).

En los años setenta, el Whisky acogió la escena punk y new wave, mientras que en los noventa cedió su espacio a la escena grunge. Cuando se estrenó la película *The Doors*, de Oliver Stone, que obviamente hablaba de los primeros conciertos de la banda en el local, se volvió a colocar el antiguo espacio publicitario sobre el techo con el anuncio de la película.

Roberto Caselli

En las fotos en color: el Whisky en los años setenta y hoy. Obsérvese la publicidad, el último disco de Bruce Springsteen.
En la foto en blanco y negro, las legendarias jaulas con las go go girls, que se convirtieron en marca de fábrica del local.

Ahora los chicos contaban ya con una demo y podían comenzar a llamar a la puerta de las casas discográficas para proponer su música, pero en realidad coleccionaron una serie de puertas cerradas, y durante un tiempo a nadie parecieron interesarle aquellas canciones.

La decepción fue grande, porque los chicos estaban convencidos de que contaban con buen material, pero supieron resistir hasta que su tenacidad tuvo premio. Una mañana, Jim recibió por teléfono una noticia por parte nada menos que de Columbia Records; Bill James, el responsable de desarrollo de los nuevos talentos, quería verlos. La demo que los Doors habían dejado en la portería había subido hasta su escritorio, y le había gustado. El encuentro fue provechoso, Bill les dijo que las canciones que habían grabado eran grandes, pero necesitaban a un productor experto que les diera una pátina profesional; también les dijo que al cabo de una semana podrían firmar un contrato. De este modo, los Doors se encontraron vinculados a la casa discográfica más prestigiosa del mundo, con un contrato de cinco años y el compromiso de publicar al menos dos sencillos. Aconsejados por un abogado, amigo de la familia de los Krieger, obtuvieron también una cláusula según la cual, en caso de incumplimiento, la Columbia pagaría mil dólares de compensación a la banda. Morrison, entusiasmado, llegaría incluso a pedir un anticipo, pero James le bajó los pies al suelo, ofreciendo en compensación la posibilidad de que la banda pudiera abastecerse gratuitamente de todos los instrumentos que necesitaran en la Vox, la empresa especializada en amplificadores recién adquirida por Columbia, que se encontraba a poca distancia. Los Doors estaban a

Los Doors en el London Fog, pequeño y descuidado local de Sunset Strip donde se produjeron sus primeras actuaciones.

punto de dar un salto de calidad, pero todavía sería necesario trabajar más en el terreno musical, Para llegar a la excelencia tenían que seguir ensayando y ensayando hasta encontrar al fin algún contrato que les permitiera pasar por la experiencia de tocar en directo. Entretanto, Ray y Dorothy habían alquilado una casita con vistas al océano, su jardín era de arena porque daba directamente a la playa. Jim quería ir a vivir a otro lado, porque en su opinión, «aquel platónico *ménage à trois*» lo comenzaba a incomodar. Se fue a compartir un apartamento con dos viejos amigos que eran más «salidos» que él, Felix Venable y Phil Oleno, y comenzó a consumir desmesuradamente alcohol y drogas. Fumaban y tomaban de todo, probaron el estramonio que —como dijo Ray Manzarek en *Light My Fire*, su biografía de los Doors— «abrió

la botella de su otro yo, haciendo emerger a un personaje llamado Jimbo. Un chaval de otra época. Un racista. Un gordito al que le gustaba el poder y el dominio. Un monstruo. Un monstruo de piel humana. La criatura que al final llevó a Jim a París y lo mató... Veía a Jim intoxicado, fuera de la realidad, no era él mismo. Lo perseguían sus demonios, pero todavía no lo poseían. Era demasiado rápido, el bueno de Jim Morrison —el poeta, el artista— todavía era demasiado fuerte para dejarse seducir por la negatividad, pero viviendo en aquella casa había plantado la semilla».

Cuando estaba con los Doors, Jim estaba contento, no había otras personalidades que lo amenazaran, y cada vez que se encontraban para ensayar nacían nuevas canciones, a menudo a partir de elaboraciones de otras. Así sucedió con «Back

Door Man», escrita por el gran Willie Dixon, y con «Alabama Song», que provenía del cancionero alemán de Brecht y Weill. Comenzaban a contar con un repertorio de canciones suficiente para poder actuar sin dificultades en los locales, y de este modo se pusieron manos a la obra, pero como había sucedido con la demo, también en este caso se encontraron con muchas puertas cerradas. Los propietarios de los locales querían bandas de versiones que interpretaran temas de moda, y además no querían a un grupo sin bajista, porque –decían–, si no hay bajo no baila nadie. Efectivamente, la falta de un bajista constituía un handicap nada menor, pero los Doors habían nacido como cuarteto, y cualquier otra figura adicional desnaturalizaría el grupo. El problema se resolvió cuando Manzarek descubrió el Fender Rhodes Piano Bass. Se dio cuenta de que apoyando el Fender Rhodes sobre el Vox era posible tocar con la mano izquierda todas las líneas de bajo, mientras que con la derecha podía ocuparse al mismo tiempo del otro teclado.

Después de una serie de contratos de poca monta, sobre todo en bares pequeños, fiestas privadas y bodas, los Doors lograron tocar una semana seguida en el London Fog, un local situado en Sunset Strip, no muy famoso, pero bastante frecuentado. Sus honorarios se encontraban al límite de la supervivencia, pero tuvieron la suerte de que durante la última actuación los viera una tal Ronnie Haran, que trabajaba como cazadora de talentos para el mucho más célebre Whisky a Go Go. Ronnie quedó impresionada con Jim, que entretanto había comenzado a cobrar confianza en el escenario y a actuar a su manera como auténtico líder, incluso tal vez se enamoró un poco de él, en cualquier caso sugirió a los Doors a los jefes del local para el que trabajaba. Pero en el London Fog sucedió también algo más importante para Jim, pues allí conoció a Pamela Courson, bellísima y desenfadada, que había venido por casualidad con una amiga del Orange County, una tarde del mes de abril, para beber algo fresco. El primero en quedarse impresionado fue John Densmore, que hizo todo lo posible para conquistarla, pero en el momento en que Pamela conoció a Jim ya no había po-

15 DE AGOSTO DE 1966
Holzman llama al principal agente discográfico de Elektra, Paul Rothchild, que viaja de Nueva York a Los Angeles para ver a los Doors tocando en directo. Será él, junto al ingeniero de sonido Bruce Botnick, quien produzca su disco de debut.

18 DE AGOSTO DE 1966
Los Doors firman un primer acuerdo de contrato con Elektra.

21 DE AGOSTO DE 1966
Los Doors son despedidos y expulsados del Whisky a Go Go después de una interpretación particularmente extrema de «The End», con Jim Morrison borracho y bajo los efectos del LSD..

FINALES DE AGOSTO DE 1966
La banda graba su álbum de debut, *The Doors*.

15 DE NOVIEMBRE DE 1966
Los Doors firman el contrato definitivo con Elektra. La casa discográfica los contrata para la publicación de siete discos.

1 DE ENERO DE 1967
La banda actúa por primera vez en televisión, como invitados del *Shebang* de la KTLA TV Channel 5 de Los Angeles. El tema elegido es «Break on Through», tocado y cantado en playback.

4 DE ENERO DE 1967
Sale *The Doors*, lanzado por el sencillo «Break on Through / End of the Night».

MORRISON
SEGÚN OLIVER STONE

Los rumores sobre la realización de una película sobre los Doors circulaban desde principios de la década de 1980, pero hasta 1991, con ocasión del vigésimo aniversario de la muerte de Morrison, el proyecto no llegó a las salas, de la mano de uno de los directores estadounidenses más prestigiosos y discutidos, originando consensos pero también duras polémicas de crítica y público e insospechadas reacciones por parte de los propios Doors aún vivos. Y sin embargo, parecía una buena premisa que fuera Oliver Stone (que en aquella época ya había ganado dos Oscar, por *Platoon* y *Nacido el 4 de julio*) quien asumiera la responsabilidad de esta traslación cinematográfica. Crecido en la cultura psicodélica de mediados de los años sesenta, superviviente de Vietnam y propenso a representar temas cinematográficos incómodos y dramas humanos, Stone era un fan desde siempre de los Doors, y al parecer, veinte años antes ya había intentado hacer llegar al propio Morrison una primera versión del guión. Si de un lado podía contar con la colaboración de John Densmore (autor de la autobiografía de referencia *Riders on the Storm*) y Robby Krieger (que al principio era más bien contrario a la idea de una película) se encontró en cambio con la repentina oposición radical de Ray Manzarek.

A pesar del título, *The Doors*, la película se basaba casi exclusivamente en la figura de Jim Morrison, pero según las críticas más acerbas, la imagen que Stone transmitía del Rey Lagarto era preferentemente la de un alcoholizado y drogado nihilista, autodestructivo y sexodependiente, por lo que le faltaba evidenciar lo suficiente la parte más amable y lírica del artista, la más divertida y efímera del poeta Morrison, más que la de estrella del rock víctima de sí mismo.

Oliver Stone, desde siempre un autor tortuoso y psicodélico, no optó por la historia cronológica objetiva de la epopeya de los Doors, sino que eligió más bien una revisión simbólica personal que intentaba expresar los demonios internos de la personalidad de Morrison. La banda sonora (obviamente todos los clásicos de los Doors) se convertía a menudo en el hilo conductor que dictaba el *pathos* de la película, mientras que una serie de metáforas mostraban la visión de Stone acerca de la naturaleza de Morrison, fuertemente influida por el chamanismo y la religiosidad pagana. Otros ejemplos eran el accidente de coche al que asistía siendo niño, en el que vio al anciano indio moribundo (sobre las notas de «Riders on the Storm»), la larga secuencia del «viaje químico» del grupo en el desierto (con «The End» de fondo), en el curso del cual

Morrison es conducido a la cueva del chamán, y que termina en la arrolladora actuación del tema en el Whisky a Go Go. O también la relación carnal con la periodista musical Patricia Kennealy, sacerdotisa pagana y bacante; la figura del anciano chamán o del guerrero indio que a menudo vuelven junto a Morrison en los momentos cruciales, como en Miami en 1969 o durante la fiesta en la Factory de Andy Warhol, o bien en la conmovedora secuencia en la que Pamela Courson descubre el cuerpo sin vida de Morrison en la bañera. La visión del director era apasionada, pero ciertamente personal, y no evitó las críticas debidas a presuntos episodios que nunca se habían producido o estaban distorsionados (como en el caso del espot publicitario con las notas de «Light My Fire» que desencadenó las iras de Morrison, ciertamente, pero que en realidad fue bloqueado antes de que se emitiera, contrariamente a lo que se muestra en la película).

Discurso aparte merecen los intérpretes: apreciado prácticamente de forma unánime, Val Kilmer en el papel protagonista (se consideraba en su origen la elección de John Travolta, Michael Hutchence e Ian Astbury, que tendría su oportunidad más tarde con los Doors 21st Century) demuestra ser capaz de reproducir de manera excelente tanto la increíble presencia escénica como la propia vocalidad de Morrison, afrontando personalmente las secuencias de las actuaciones, mientras que Meg Ryan, Kyle MacLachlan, Frank Whaley y Kevin Dillon resultan creíbles en los papeles respectivamente de Pamela Courson y de los tres Doors supervivientes, dos de los cuales (Densmore y Krieger, dada la negativa de Manzarek), además de consultores, aparecen en la película en un breve cameo, como también el propio Stone, como profesor de cinematografía en la UCLA. MacLachlan, en particular, encaja de maravilla en el papel de Manzarek, y con Whaley y Dillon trabajaría duramente en auténticas jam sessions orientadas a recrear de manera realista las actuaciones de los Doors. Otras apariciones destacadas son las de Billy Idol, del histórico

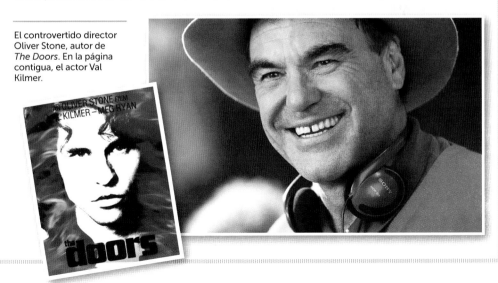

El controvertido director Oliver Stone, autor de *The Doors*. En la página contigua, el actor Val Kilmer.

productor de los Doors Paul Rothchild y de la auténtica Patricia Kennealy.

Aun teniendo en cuenta las críticas a la película por parte de innumerables fans, la obra de Oliver Stone tenía el mérito de haber introducido a toda una generación en la música y el mito de los Doors a principios de la década de 1990, volviendo a llevar a las clasificaciones de ventas los discos y los libros sobre los Doors (incluidas las obras literarias de Morrison), además de dar salida a la comercialización de recopilaciones y materiales varios, desembocando al final, quizás no por casualidad, en la aceptación del grupo en el Rock and Roll Hall of Fame en 1993.

Cristiana Paolini

sibilidad alguna para nadie más. Morrison había conocido a la mujer que se convertiría en la compañera que lo seguiría hasta el final de sus días.

El 9 de mayo de 1966 se produjo la actuación de los Doors delante de Elmer Valentine, propietario, junto a Phil Tanzini, del Whisky a Go Go, que se convenció inmediatamente de la potencialidad de la banda, y la contrató para todo el verano. Los Doors daban lo mejor de sí mismos, y comenzaron a ser conocidos en todo Los Angeles. En particular, Jim estaba asumiendo ya la figura del sex symbol guapo y maldito que atraía a todas las chicas que lo veían actuar. Musicalmente, el crecimiento era increíble, los Doors tenían que abrir los conciertos de las bandas famosas que tocaban en el Whisky a Go Go cada vez que visitaban el local, y muchas veces, incluso, al final de la velada se iniciaba una fantástica jam session entre el grupo protagonista y los que lo habían precedido, como

sucedió por ejemplo con los Them de Van Morrison. Pero Jim Morrison y sus compañeros prepararon el escenario de gente del calibre de los Byrds, Buffalo Springfield, Frank Zappa con sus Mothers of Invention, Captain Beefheart y muchos otros. Las cosas parecían funcionar al fin, aunque todavía faltaba el apoyo de una casa discográfica verdaderamente convencida de sus potencialidades. Las grabaciones con Columbia, a pesar de las promesas de Billy James, tardaban en realizarse, y los Doors descubrieron muy pronto que el sello estaba decidido a apostar por otros músicos, en definitiva, que los había dejado colgados. Jim se hizo cargo de la situación y pidió la rescisión del contrato con el fin de volver a disponer de libertad artística. Este movimiento, que a Densmore y a sus compañeros les pareció apresurado porque les hacía perder algunos miles de dólares de penalización previstos en el contrato, al final demostró ser clarividente, porque permitió unirse a Elektra, que los acompañaría durante toda su carrera. Entretanto, en el Whisky a Go Go comenzaron a hacer estragos, sus actuaciones encantaban a los espectadores, y cuando interpretaron

La casa en la playa donde los Doors se encontraban para ensayar las canciones que terminarían en su disco de debut.

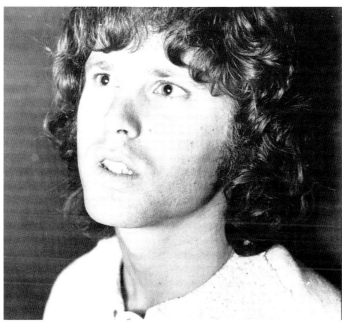

SEPTIEMBRE DE 1967

Los Doors, invitados en el programa de televisión *Ed Sullivan Show*, con la canción «Light My Fire». Jim Morrison desafía a la censura de la CBS violando la prohibición de cantar la palabra «higher» y se convierte en el ídolo de las adolescentes estadounidenses. Ed Sullivan enfurece y se niega a estrecharle la mano cuando deja el escenario.

OCTUBRE DE 1967

A principios del mes la banda graba una versión alternativa de «The End» para la CBS de Toronto. La actuación no se publicará hasta 2002, incluida en el DVD *Soundstage Performances*.

por primera vez «The End» aquello parecía el fin del mundo. Phil Tanzini, que probablemente no sabía siquiera qué era el *Edipo Rey* de Sófocles, se escandalizó frente a la manera de cantar explícita de Morrison, y despidió a la banda de mala manera. Entre Morrison y Tanzini nunca hubo buenas vibraciones, al propietario le molestaba la actitud insolente del líder de los Doors, e intentó varias veces deshacerse de «aquellos hijos de puta», aunque los volvía a aceptar inmediatamente después, bien consciente de lo que los Doors representaban para su local. Después de «The End», la suerte estaba echada, y fueron despedidos. En cualquier caso, los Doors debían mucho al Whisky a Go Go, porque a partir del momento en que comenzaron a tocar en el local, la prensa empezó a prestarles atención y a hablar de ellos en términos cada vez más halagüeños, sobre todo en lo relativo a su música. Lo que todavía sorprendía a los cronistas, respecto de aquellas actuaciones, era el caos escénico que reinaba en el escenario, donde faltaba una dirección que diera a los diferentes componentes del grupo un papel al que atenerse. En realidad, Morrison daba la

Jim con Pamela Courson.

línea improvisando en cada canción: la banda no hacía más que seguirlo en sus exteriorizaciones. Estaba demasiado empeñada apoyándolo para preocuparse por una posible escenografía.

Mientras toda California estaba concentrada celebrando su aventura hippy, los Doors representaban sarcásticamente la otra cara de la medalla. Cantaban su malestar existencial, intentando exorcizarlo con una visión desencantada de la vida que se sostenía en los eternos dualismos amor/muerte y sexo/catarsis. Jim Morrison, en particular, no evitaba ningún tipo de «trip» para intentar ponerse en contacto con una realidad que de otro modo quedaba cerrada por los límites de la psique. Los Doors eran indudablemente algo nuevo, capaz de asustar y fascinar al mismo tiempo.

EL ENTORNO
DE LOS DOORS

Frank Lisciandro era director, fotógrafo y escritor. Frecuentaba la UCLA (la misma universidad que Jim y Manzarek), pero estrechó amistad con Morrison en la época de los Doors; produjo para el grupo un cortometraje titulado *Feast of Friends*, realizado junto a Paul Ferrara (fotógrafo oficial de los Doors, estudiante también en la UCLA) y Babe Hill (técnico de sonido). Los tres formaron una pandilla unida, se definían a sí mismos «los manipuladores de los medios de comunicación», pero para Manzarek sólo eran «los falsos Doors», porque distraían la atención de Jim de su verdadera vocación, la música. En marzo de 1969 fundaron la Hwy Productions, con la intención de dar vida a los proyectos cinematográficos de Morrison. Proyectaron una película titulada *Hwy* (autopista), con Morrison como protagonista, que nunca se terminaría.

Lisciandro contaba su propia relación con Jim y describía los conciertos de los Doors en el libro *Jim Morrison: el espíritu y el cuerpo*. Morrison estrechó una intensa amistad con Babe Hill, al que tendría siempre muy cerca como amigo y compañero de juergas en los últimos años de su vida. Babe tenía el aspecto de un marinero: barba densa y rizada, cabellos aclarados por el sol, largos hasta los hombros, y un físico robusto. Trabajaba en barcos, en los equipos de seguridad, cuando conoció a Jim salía de un período confuso: se acababa de separar de su mujer e iba en busca de sí mismo. A Morrison le gustaban sus maneras francas, sus rápidas salidas verbales y su inteligencia aguda. En 1969 formaron un dúo inseparable: con él, Jim podía prescindir de su papel de estrella del rock excéntrica y culta, abandonarse al alcohol, a la diversión, a las bravatas, a las carreras en coche y a las peleas en las salas de billar.

Paul Rothchild era «el quinto Door» (Manzarek), es decir, el productor de la banda. De familia judía, nació en 1935 y creció en Nueva

El biógrafo Danny Sugerman y, a la derecha, el mánager de los Doors, Bill Siddons, único del entorno del grupo que asistió al funeral de Morrison.

Jersey. Su madre cantaba con la orquesta de la Metropolitan Opera, por lo que Paul recibió una sólida preparación musical clásica, estudiando dirección orquestal con Bruno Walter. Se apasionó por la música folk cuando vio a la descalza Joan Baez cantando en el famoso Club 47. Para mantener a su esposa e hijos comenzó a trabajar como agente de venta para una casa discográfica, luego se convirtió en el productor de referencia en el ámbito de la música folk (sería el productor de Janis Joplin). Tras la explosión artística de los Beatles y de Bob Dylan, Rothchild se orientó hacia la música rock, descubrió la banda de Paul Butterfield y la produjo para Elektra Records. Más tarde produjo el primer álbum de los Love de Arthur Lee. Rothchild era culto, poseía una excelente capacidad de conversación y de persuasión y era famoso por su capacidad por hacer porros perfectamente confeccionados, cualidades todas ellas que impactarían en Jim Morrison. Fue arrestado por posesión de marihuana en 1966; todavía en libertad condicional, por indicaciones de Jac Holzman, propietario de Elektra, voló a Los Angeles para asistir a una actuación de los Doors en el Whisky a Go Go. Nació entonces una larga y provechosa colaboración, que comenzó con la producción del primer álbum y no se interrumpió hasta poco antes de la publicación de *L.A. Woman*. Rothchild intuyó la fase de declive del grupo y no aceptó producir las nuevas canciones, que juzgaba estridentes y carentes de potencial. Los Doors decidieron autoproducirse con la ayuda del fiel técnico de sonido Bruce Botnick, también a su lado desde su debut discográfico. Paul Rothchild murió de cáncer el 30 de marzo de 1995: Manzarek, Krieger y Densmore dedicaron a su memoria *The Doors Box Set*, el cofre de rarezas publicado en 1997. Bill Siddons asistió al concierto que los Doors celebraron en el Avalon Ballroom el 12 de mayo de 1967 y se quedó fulminado por el carisma de Morrison (recordaba; «Tuve un susto de muerte»). En aquella ocasión se le ofreció el papel de *road manager* de la banda, cometido que comenzó a desempeñar oficialmente el 11 de junio en Nueva York. A continuación se convirtió en mánager oficial de los Doors. En julio de 1971 voló hasta París para certificar la muerte de Jim Morrison: se encontró ante un ataúd sellado, un certificado de muerte firmado y una desesperada Pamela Courson. Tras la muerte de Jim decidió dejar los Doors, que contrataron como mánager a Daniel Sugerman. En los años siguientes, Siddons se convirtió en mánager de Crosby & Nash y Pat Benatar, y fundó una agencia, la Music Manager.

Daniel Sugerman nació en Los Angeles en 1954, frecuentó la Westchester High School y se interesó por los Doors. Los vio por primera vez en concierto en 1967; se unió a la banda cuando contaba apenas catorce años, y al cabo de poco se convirtió en el factótum en su oficina de West Hollywood: respondía a las cartas de los fans y se ocupaba de la prensa. Jim Morrison propuso contratarlo como mánager asociado. Se dice que tras la muerte del cantante mantuvo una relación con Pamela Courson. Ray Manzarek lo nombró agente suyo y lo tomó bajo su protección. En 1980 escribió junto a Jerry Hopkins (periodista de Rolling Stone) el *best seller* *Nadie saldrá vivo de aquí*, sobre la vida de Jim Morrison y la historia de los Doors. Su asesoría para la película de *The Doors*, de Oliver Stone (1991) fue muy valiosa. Sugerman murió en enero de 2005, a la edad de 50 años, después de una larga lucha contra el cáncer que le devastaba los pulmones. «El tabaco acabó con él», dijo John Densmore, que definió a Sugerman como «el primer fan de los Doors».

Fabio Rapizza

BREAK ON

THROUGH

por Samantha Colombo

───────────── ★ ─────────────

Los Doors irrumpieron en la escena rock con un álbum de debut explosivo. Si los torbellinos hipnóticos del órgano de Ray Manzarek y la inquietante declamación poética de Jim Morrison le permitieron entrar en la historia del rock, el sencillo «Light My Fire» fue el que le aseguró un puesto en la clasificación. El futuro era luminoso para el cuarteto. Y pensar que antes de grabar el disco la banda había sido despedida del local Whisky a Go Go de Los Angeles y se había roto la relación con la discográfica Columbia.

orría el verano de 1966 cuando Jac Holzman, presidente de una pequeña casa discográfica a punto de echarse de cabeza en el manicomio del rock, decretaba: «Esta banda no tiene madera». El fundador de Elektra, antiguo productor de música principalmente rock-folk, acababa de asistir a la actuación de aquellos que, según un séquito cada vez más denso de fieles, deberían ser «los Rolling Stones de Norteamérica». De todos modos, los empresarios del negocio de la música no parecían compartir el eslogan acuñado por Ronnie Haran, que se ocupaba de organizar las veladas del Whisky a Go Go, y telefoneaba sin parar a discográficas y representantes de la industria musical para promover a los Doors. También Nick Venet, productor de los Beach Boys, y Lou Adler, mánager de los Mamas and Papas, se fueron de los conciertos sin el mínimo entusiasmo ni ningún interés por la banda.

Holzman era el elegido para viajar de nuevo a escuchar a aquellos chicos, espoleado no sólo por Haran, sino también por el líder de los Love, banda puntera de su pequeña casa discográfica, así como referencia del *underground* californiano. Y justamente durante una de estas ocasiones, el mánager de treinta y seis años se quedó hechizado, particularmente por un elemento: las caricias que Manzarek lograba imprimir a su órgano electrónico, para desembocar súbitamente en torbellinos hipnóticos, insinuándose en el arreglo de fondo para potenciar la voz de Morrison. Una vez se produjo la inesperada chispa, la oferta no tardó en llegar. Se propuso a la banda un contrato por un año, o en cualquier caso por un número mínimo de seis álbumes,

«Dejad que los niños vengan a mí...» Foto promocional para el primer disco de la banda.

que se tradujo en 2.500 dólares de anticipo sobre los royalties. Una perspectiva decididamente estimulante.

El grupo tenía a sus espaldas centenares de horas pasadas en estrecho contacto con el escenario y la sala de ensayos, entre todas la histórica a pocos metros de la Greyhound Station de Santa Monica, y luego en el London Fog donde, sólo unos meses antes, tocaban hasta bien entrada la noche. Justamente esta práctica confería a la banda uno de los rasgos más vitales, que se podía escuchar en el acompañamiento bajo las notas de lo que sería su primer trabajo en estudio, es decir, el carácter unitario. Una característica que encerraba en su interior presencias tan heterogéneas como no homologables de una manera bastante rara en la historia del rock. Justamente esta dicotomía entre la camaradería extrema y la notable aportación de cada uno propiciaría que la marca de los Doors fuera indeleble.

〜•〜

Las anteriores experiencias obligaban a ir con cautela. Apenas un año antes, Jim y Ray, embrión de lo que serían los futuros Doors, grabaron seis canciones en tres copias de un acetato, que llevaron de su propia mano de etiqueta en etiqueta, y que en todos los casos se rechazaron. Entre las grabaciones destacaban «Moonlight Drive», «My Eyes Have Seen You», «Go Insane», «End of the Night» y «Summer Almost Gone». Después de los primeros rechazos, llegó lo inesperado: Columbia, la casa discográfica de Bob Dylan, se encargaría de subirles los ánimos. Sucedió que ambos habían visto la foto de Billy James en algunas revistas de actualidad que solían leer. El personaje, ex actor y responsable de publicidad del propio Dylan, se había trasladado a California, donde el sol, un ritmo de vida excitante y un estilo de estrella del rock, así como la lejanía de las metrópolis de la Costa Este, le hicieron olvidar las relaciones con la *major*, hasta el punto que la propia Columba le confió el papel de buscador de nuevos talentos en el lejano oeste. Posición que, un día, lo llevó a encontrarse de frente con Jim Morrison y Ray Manzarek con su antigua prometida, y luego mujer, Dorothy Fujikawa, y el batería John Densmore, esperándolo junto al expendedor de agua en los pasillos de sus oficinas. Un par de días más tarde, James manda a su secretaria personal que los llame para confiarlos a un productor de Columbia, con un contrato de cinco años, incluyendo seis meses de prueba durante los cuales, si su talento o, en cualquier caso, una peculiaridad suya no llegara a emerger, quedarían liberados. Cosa que se produjo: la formación de los Doors se había completado con la llegada de Robby Krieger, los muchachos ensayaban cada día de la semana y celebraban conciertos en varios locales durante los fines de se-

> «CUANDO LAS PUERTAS DE LA PERCEPCIÓN SE ABRAN TODO PARECERÁ REAL Y SIN FIN.»
>
> *Jim Morrison*

En el Whisky a Go Go, en el escenario con los Them.

mana. De todos modos, durante estas actuaciones no exhibían sus piezas originales, en favor de temas más que conocidos, como «Louie Louie» o, generalmente, blues muy apreciados por su teclista, que por algo era originario de Chicago. Pero los productores de Columbia no parecían tener buenos motivos para tomarlos en consideración. De todos modos, el grupo se convirtió en una banda esta-ble del London Fog de Los Angeles con condiciones contractuales hoy impensables, tocando al menos seis veladas por semana y casi siempre cinco y a veces hasta más horas cada noche. En mayo de 1966 fueron contratados por el Whisky a Go Go, del que fueron repetidamente despedidos y aceptados de nuevo, hasta el 21 de agosto del mismo año: exactamente una semana antes de entrar en estudio y grabar *The Doors*. La causa de la despedida fue emblemática: justamente aquella noche, Morrison introdujo e interpretó los fatídicos versos edípicos («Padre, quiero matarte / Madre, quiero joderte») en «The End».

En cualquier caso, Jim, que se estaba despojando progresivamente de una cierta inseguridad para transformarse en el Rey Lagarto, estaba visiblemente tenso en el período que precedió a la firma del

Jac Holzman

contrato: no sólo consumió cantidades cada vez mayores de drogas, especialmente alucinógenos, sino que también se excedía con el alcohol. Pero los aspectos positivos de la nueva situación parecían evidentes. Para empezar, Elektra era una estructura pequeña, decididamente más reducida que Columbia, y esta peculiaridad permitía justamente la ventaja de un contacto más directo con los artistas, tanto a nivel de asistencia durante la producción artística como más tarde durante la promoción de los discos y la organización de los conciertos. El propio Billy James echó un vistazo al nuevo contrato y les aconsejó que se buscaran un abogado, a fin de evitar detalles y objeciones legales varios. Mientras proseguían los tratos, los Doors iban congregando a sus fans en el Whisky, o mejor dicho, a sus devotos, ofreciendo nuevos temas que se fueron concibiendo y perfeccionan-

do gradualmente, como «When the Music's Over», fruto de una improvisación extemporánea, y la ya citada «The End»: «Eres un vulgar hijo de puta y estás despedido», fue el comentario de Phil Tanzini, director del local, después de que expusieran el texto edípico. «¡Todos lo estáis! ¡Fuera! ¡Y que no se os ocurra volver!»

> «Eres un vulgar hijo de puta y estás despedido. ¡Todos lo estáis! ¡Fuera! ¡Y que no se os ocurra volver!»
> **PHIL TANZINI, WHISKY A GO GO**

En este punto, la banda estaba preparada para imprimir sus canciones en el vinilo. Holzman les asignó a Paul Rothchild, un productor treintañero que había crecido entre los cafés del Greenwich

La canción

★

BREAK ON THROUGH (TO THE OTHER SIDE)

«La mayor parte de los agentes modificadores de la conciencia no pueden consumirse si no es por prescripción médica, o bien ilícitamente, con un riesgo considerable. Occidente sólo ha permitido un uso sin restricciones del alcohol y el tabaco. Todas las otras Puertas químicas del Muro están clasificadas como Droga, y todo aquel que las use sin autorización es un Drogado». Son palabras del novelista y ensayista Aldous Huxley en *Las puertas de la percepción*, 1954. Jim Morrison leyó varias veces las páginas de este libro y, al mismo tiempo, intentó de algún modo ensanchar los horizontes de su mente y el poder de sus percepciones, con la ayuda de la hierba mexicana y del *white lightning*, ácido lisérgico puro y desgarrador, que salpicaba directamente al cerebro y dilataba el contacto con el mundo real. Esto es justamente lo que pretendía Morrison, atravesar el Muro, huir a la otra parte, ignota e inescrutable: «Cuando las puertas de la percepción se abran —repetía a menudo—, todo parecería real y sin fin.»

«Break on Through» era la primera pista del álbum del debut de los Doors, publicado en 1967, así como el primer sencillo que se emitió por radio, cada vez con mayor frecuencia en la zona de Los Angeles, sobre todo tras las demandas cada vez más apremiantes de los amigos y de los primeros fans, en buena parte conquistados mediante el boca a ore-

Los Doors en el tejado del Whisky a Go Go, a caballo del anuncio publicitario de su primer disco.

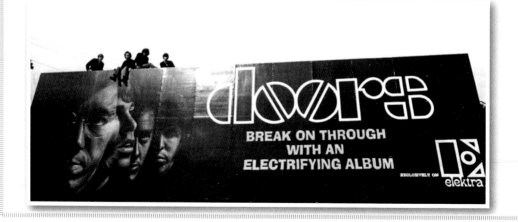

ja. En lo referente a los textos, Morrison se había inspirado en el libro *Ciudad de la noche*, de John Rechy, publicado en 1963. La profunda vocación literaria del poeta se revelaba sin incertidumbre, brillando en algunas imágenes como: «Sabes que el día destruye la noche / La noche divide el día», que identificaban la fuerza de la oscuridad. Procediendo sobre la estructura aparente de una canción de amor («He encontrado una isla en tus brazos»), la pieza procedía por contrastes tenebrosos: «Brazos que encadenan / Ojos que mienten». Debe observarse que, en base al texto original, Morrison habría tenido que cantar: «She gets high» («Ella se coloca»), pero la casa discográfica Elektra censuró la última palabra, con lo que el sonido resultante fue un «She gets uuggh» («Ella se desvía», más bien un lamento susurrante). De todos modos, la palabra de cuatro letras bajo sospecha podía oírse en las versiones en directo. La línea vocal que acompañaba a estos versos era una mezcla de dos pistas con la voz del cantante, con lo que todavía era más incisiva, y con un vago, persuasivo efecto de resonancia. La música era un crisol de influencias: las partes de guitarra encontraban su arquetipo en

«Shake Your Money Maker», de Paul Butterfield, mientras que John Densmore declaró haberse orientado hacia el ritmo particular de la canción después de haber escuchado atentamente la bossa nova de João Gilberto y Tom Jobim. Por otra parte, añadió el característico sonido de la batería percutiendo con las baquetas los lados del snare drum. Mientras el tema evolucionaba hacia el estribillo, la misma voz aportaba ritmo, para estallar en el grito que retomaba el título y se amalgamaba con la rítmica y la melodía.

La pieza era una de las seis que habían grabado los recién nacidos Doors en una demo para Aura Records, en 1965, mientras intentaban obtener un contrato, época en la que el guitarrita Robby Krieger todavía no estaba en la banda. Casi cuarenta años más tarde, en 2000, los supervivientes del grupo grabaron un episodio del programa de televisión VH1 *Storytellers*, acogiendo a varios artistas en el papel del líder desaparecido: Scott Weiland, cantante de los Stone Temple Pilots, ofreció una vigorosa interpretación de esta canción, versión que luego se incluyó en el tributo *Stoned Immaculate*.

Samantha Colombo

Village. Era el mismo productor que, interpelado por Holzman, había ido a verlos a un directo de los Doors y decidió llevarlos al estudio, comenzando las sesiones la primera semana de septiembre de 1966. Como ya se ha señalado, el carácter unitario era una de las características peculiares de los Doors. No era de extrañar, pues, que las grabaciones se realizaran casi totalmente en toma directa, recreando aquella atmósfera única aspirada a pleno pulmón en el Whisky a Go Go, clima impalpable que transportaba los versos de Morrison anotados a lo largo de los años de libretas llenas de filosofía y literatura. Oscilando entre la realidad psicodélica californiana y el barniz intelectual que cubría la realidad neoyorquina, los Doors fundían los mantras sonoros de la psicodelia, las estructuras redundantes de cierta música clásica y, a menudo, del teatro musical, junto con atmósferas de improvisación jazzística. Todo ello pese a que no poseían la técnica extraordinaria de los grandes concertistas, pero encontraban uno de sus puntos fuertes en la inmediatez de la expresión, como lo demostra-

Del dossier promocional del primer disco del grupo: James Douglas Morrison, nacido el 8 de diciembre de 1943 en Melbourne, Florida. Músicos favoritos: Beach Boys, Kinks, Love, Frank Sinatra, Elvis Presley. Actores favoritos: Jack Palance, Sarah Miles. Deporte: natación.

Del dossier promocional del primer disco del grupo: Robert Alan Krieger, nacido el 8 de enero de 1946 en Los Angeles. Músicos favoritos: Van Morrison, Jimmy Reed, James Brown. Actores favoritos: Marlon Brando y W.C. Fields. Deporte: surf.

ban muchos temas nacidos y perfeccionados directamente en el escenario. A ello se sumaba la figura de su líder, actor y autor al mismo tiempo, que atraía sobre sí y sobre el grupo la atención de

> ### «Esta banda no tiene madera.»
> ## JAC HOLZMAN, VERANO DE 1966

miles de fans, un número que aumentaba y se extendía a varias generaciones. Morrison tenía un carisma irrefrenable en directo, y una considera-

ble imagen sensual, rodeada de un barniz poético-literario que lo acercaba, ya en vida, más a un héroe mítico de los tiempos modernos que al icono rock tal como se solía entender. Todo ello se inspiraba en una actitud completamente diferente a la de sus contemporáneos de San Francisco, como los Jefferson Airplane o Country Joe and the Fish, con cuyos caminos los Doors tuvieron ocasión de cruzarse. Aquí, el componente poético y, en cierto modo, esotérico, cobraba importancia y contribuía a hacer que la banda, con la figura de Jim en primer plano, fuera inmortal de cara a su propio público.

Del dossier promocional del primer disco del grupo: Raymond Daniel Manzarek, nacido el 12 de febrero de 1939 en Chicago. Músicos favoritos: Muddy Waters y Jacques Brel. Actores favoritos: Marlene Dietrich y Orson Welles. Deporte: tenis y natación.

Del dossier promocional del primer disco del grupo: John Paul Densmore, nacido el 1 de diciembre de 1944 en Santa Monica, California. Músicos favoritos: Beatles. Actores favoritos: Charles Bronson, Peter Sellers y Claudia Cardinale. Deporte: tenis y baloncesto.

En su debut discográfico, datado en enero de 1967, se encontraban ya las matrices de lo que serían las peculiaridades de la banda de Los Angeles, tanto desde un punto de vista exquisitamente musical como a nivel poético y de imagen. En la formación y en las audiciones de los cuatro era omnipresente el impulso emotivo del rock-blues, evidenciado sobre todo en la rítmica y en los acentos lascivos de piezas como «Soul Kitchen». En perfecta alianza con éste, una reelaboración en clave personal de la psicodelia, bien evidenciada por Manzarek con el sello de su órgano, a veces por las cadencias swing, a veces perdido en cele-braciones concéntricas de las melodías, como la continua reiteración del leitmotiv de «Light My Fire». Por su parte, Robby Krieger contribuía con su pasión por ritmos considerados exóticos; en realidad era un amante del flamenco, como también de las sonoridades hawaianas, estas últimas bien presentes en el sonido de su guitarra. Y cómo no citar a John Densmore, batería de impronta jazzística que hacía de la improvisación su terreno de acción, a menudo subrayando y acentuando los textos de Morrison con tambores y platillos. Imposible finalmente no concentrarse en la personalidad de Jim Morrison: su misma voz, por

momentos sensual y por momentos desgarradora, el aura misteriosa de vate que rezumaba de cada gesto suyo y las visiones que tomaban cuerpo a partir de sus versos, le conferían un poder de atracción extraordinario. Era un poeta del alma humana, en unos años en los que el deseo de espiritualidad se encaraba con la fría crónica de actualidad transmitida por la radio y la televisión, un dionisos al que venerar y al que abandonarse ciegamente.

El álbum *The Doors* no aportó nada revolucionario en la historia del rock, pero tenía otro valor: evitaba las medias tintas para concentrar en un caleidoscopio que cambiaba continuamente su configuración. El sonido estaba saturado, chorreaba influencias propuestas con una fisicidad que desarmaba, trenzadas en versos de pura poesía, era sofocante y escarlata como la tierra en la que se había concebido, pero capaz de guiar con sim-

ples esbozos hasta las vísceras de las pasiones más oscuras.

«Break on Through (To the Other Side)» era el primer tema y fue el primer sencillo publicado en enero de 1967. Y no podía ser de otro modo, con la reiteración de una especie de manifiesto: «Abre un paso hacia la otra parte», para subrayar el ya bien conocido liderazgo espiritual de Morrison y la filosofía del grupo. A continuación, como en una desaceleración del ritmo, aparecía el blues-rock embriagador de «Soul Kitchen», en el que el dominio de la cotidianidad, justamente una cocina, se transfiguraba en invocaciones sulfurosas, mecidas por el swing del órgano eléctrico. La voz de barítono de Morrison acariciaba introduciendo los versos de «The Crystal Ship», cara B de la celebérrima «Light My Fire», fresco de inspiración arcana, compuesto años atrás, en el que la musicalidad de los propios versos mecían el tranquilo arreglo musical.

Volvían a aflorar de nuevo visiones oníricas en «Twentieth Century Fox», un tema en el que la aportación en estudio de Rothchild parece considerable. La necesidad de una rítmica más voluminosa y apasionante llevó al productor a tramar una de sus estratagemas: hacer caminar al grupo sobre una tabla de madera, a fin de crear un

trasfondo rítmico particularmente evidente durante las partes solistas de guitarra y el estribillo. En cualquier caso, la cultura humanística del líder emergía de manera manifiesta en «Alabama Song (Whisky Bar)», extraída directamente de la obra de Brecht *Ascensión y caída de la ciudad de Mahagonny*, y compuesta por Kurt Weill, una de las primeras canciones propuestas por los Doors, junto a viejos clásicos blues.

En los primeros tiempos de unión de los cuatro Doors fue Ray Manzarek quien alentó a todos para que mejoraran en la escritura de canciones, discurso válido tanto para las melodías como para los textos. Así, Robby Krieger, el último en llegar, propuso «Light My Fire», construida sobre la simple yuxtaposición estrofa-estribillo. Manzarek decidió conferir más gro-

American Bandstand, transmisión del 22 de julio de 1967.

> «Nuestro álbum estaba más o menos en el puesto noventa, y era todo lo que podía suceder. Luego llegó "Light My Fire".»
>
> **ROBBY KRIEGER**

sor a la estructura, inspirándose en una pieza de música clásica y reelaborando su reiteración en el órgano eléctrico, resultado que se convertiría luego en la típica firma sonora de los Doors. Debe subrayarse también la aportación rítmica de Densmore, que lo decoraba todo con un beat inspirado directamente por la bossa nova y subrayaba el inicio y final de los compases del canon en el órgano con golpes bien definidos, como para enmarcar su color. Cuando las emisoras de radio descubrieron la canción, presionaron para contar con una versión editada que pudieran emitir, y que estuvo lista en abril de 1967, depurada por la intricada elaboración del teclista, y que fue proyectada directamente a la historia, como lo testimonia Krieger: «Nuestro álbum era algo así como el noventa en la clasificación, y esto era todo lo que podía suceder, luego llegó "Light My Fire" y se subió al número uno.»

La pulsión que se había generado en este punto del álbum proseguía con «Back Door Man», blues de Willie Dixon, uno de los primeros temas que permitió apreciar plenamente las potencialidades

UN ÁLBUM QUE
REVOLUCIONÓ EL ROCK

Después de haber experimentado ampliamente su repertorio en locales de Los Angeles como el London Fog y el más renombrado Whisky a Go Go, los Doors recalaron finalmente en la sala de grabación. Habían firmado para Elektra y estaban listos para intentar el gran salto. Las sesiones se fijaron en el Sunset Studio de Los Angeles, y la fecha de inicio para el 4 de septiembre de 1966. Para la ocasión, la casa discográfica los confió al productor Paul Rothchild, conocido por su escrupulosidad casi maníaca en las grabaciones. Los Doors se dieron prisa, les costó sólo dos semanas confeccionar el álbum homónimo, constituido por once pistas. Para la mayor parte de los temas no fueron necesarias más de dos o tres tomas antes de grabar, porque eran parte integrante de sus espectáculos en vivo, que hacía meses que iban tocando. Por otra parte, Jim y sus compañeros se encontraron en la situación favorable de disponer de una cantidad de material superior al necesario para confeccionar un disco y, en consecuencia, de poder centrarse en los temas que el público apreciaba en mayor medida. Por su parte, Rothchild tenía la intención de captar la energía que fluía de la banda en el escenario y de lograr que *The Doors* fuera un documento sonoro reconocible en este sentido. Para ello, Rothchild tenía un método: no hacía repetir más de un par de veces seguidas los temas, para que no se produjeran vicios a causa de la reiteración, y en consecuencia cada día hacía ensayar varias canciones hasta que, al cabo de un cierto tiempo, se llegaba a un resultado satisfactorio. Un solo tema requirió un

«We are not a teen band», los Doors en el período de grabación del primer disco.

esfuerzo notable a la hora de grabarlo: «The End». En este proceso surgieron algunos problemas casuales, como la necesidad por parte de Krieger de cambiar de guitarra, y de Morrison de sustituir el micrófono, pero el auténtico problema era la poca concentración del propio Jim, que terminó embarullándose en los famosos versos edípicos y bloqueaba continuamente la grabación.

La primera sesión que la banda fijó para «The End» resultó ser un auténtico desastre: Morrison estaba hasta los topes de alcohol y de alucinógenos, y no lograba avanzar, a pesar de que Rothchild intentara ayudarlo. Jim se puso nervioso y de repente estrelló un televisor que tenía al lado contra el vidrio que separaba a los artistas de la cabina de realización. Todos se quedaron atónitos, pero entretanto había caído la noche y se decidió suspender la sesión.

Paul estaba preocupado por la condición de Jim, y le pidió a una groupie que después de la sesión lo acompañara a su casa, pero la cabeza de Jim viajaba por cuenta propia y, al cabo de unos diez metros del estudio, se abalanzó fuera del coche para volver a pie a lo largo de Sunset Strip.

La chica no logró detenerlo y avisó inmediatamente a Rothchild, que se precipitó al estudio, donde encontró a Jim descalzo y con el torso desnudo, afirmando que finalmente estaba en condiciones de grabar. Paul intentó tranquilizarlo y, al cabo de poco, logró convencerlo para que atravesara de nuevo la puerta exterior de los estudios. Lo acompañó a su casa y se pasó un rato con él escuchando discos de blues, luego, cuando parecía que todo estaba en orden, se fue a dormir. Pero la locura de Morrison todavía no había terminado y, al cabo de poco,

Rothchild recibió una llamada del propietario del estudio que, fuera de sí por la rabia, decía que alguien había vaciado un cenicero en el mezclador y había rociado los instrumentos con un extintor. El único indicio era un par de botas olvidadas en un rincón del estudio. Tras limpiar los instrumentos y cargar los daños a Elektra, en la tarde siguiente volvieron a intentarlo. Jim estaba en perfecta forma, no recordaba nada de lo que había pasado el día anterior, y en el segundo intento lograron concluir de manera satisfactoria la grabación de «The End». En este punto se convocó a un músico de sesión para grabar algunas partes de bajo que se introducirían entres canciones y, al cabo de poco, terminaron las sesiones.

A pesar de los berrinches de Morrison, en dos semanas se realizó uno de los discos más extraordinarios de la historia del rock, que vio la luz en enero de 1967, y se encaramó en las clasificaciones con unas ventas de cerca de un millón de copias. La epopeya de los Doors había comenzado.

Una foto promocional de los Doors.

vocales y concupiscentes del líder de los Doors. La versión original fue retocada, hasta el punto de que algunos versos se desecharon, y de ello surgió una pieza impulsada por el punteo del piano y embellecido por ligeros solos de guitarra, prácticamente en contraposición con el mood vaporoso de «I Looked at You», una especie de pausa ligera antes de la sombra de Céline, proyectada en «End of the Night»: «Coge la autopista hasta el fin de la noche / Haz un viaje hacia la esplendorosa medianoche». Balada de apariencia lineal, llena de citas literarias y articulada sobre la habilidad de Morrison en el uso de yuxtaposiciones y metáforas dibujadas con rasgos escasos y descarnados. Justamente, *Viaje al fin de la noche*, del escritor francés, fue la obra que inspiró a Morrison para su texto, combinando grotescas sensaciones con algunas influencias lingüísticas, como la adición de breves imágenes ásperas y evocadoras. A propósito de los influjos lingüísticos, cabe subrayar una pequeña pero significativa modificación aportada por el propio Jim durante la grabación de la canción: uno de los versos que habría tenido que citar en su versión original: «Haz un viaje hasta el fin de la noche», utilizando el término «trip». El líder encontró que esta palabra era banal y demasiado usada, hasta el punto de que se había vaciado de su significado, y la sustituyó por «highway», no sólo más musical, sino también más evocadora, utilizando como metáfora del viaje mental y físico la de una carretera, una vía en movimiento. Estos versos fueron anotados en libretas emborronadas en la época de Venice, y hay una versión de los mismos grabada por la banda antes de la llegada de Krieger, y luego se perfeccionó durante la primera e intensa actividad en directo. La pista fue también una cara B, en este caso de «Break on Through», y es imposible dejar de observar una referencia cruzada. «Take It As It Comes», penúltima del álbum, presentaba una orientación completamente diferente. De hecho, John y Robby aconsejaban cursos de meditación a su líder, que prefería la fisicidad de los alucinógenos y las enseñanzas que afloraban en sus libros antes que la sabiduría de la introspección. De todos modos, la meditación tuvo un efecto sobre Jim, que escribió estos versos en tributo a su instructor. El resultado es una especie de diáfana invocación, coagulada por la vehemencia de la línea vocal en el estribillo. Y de esta manera, el recorrido llegaba a su fin, con el leve arpegio de introducción de «The End», trama enigmática e indisoluble de imágenes musicales y arquetipos filosóficos. El tema se iba abriendo lentamente, con una calma despiadada, en un clímax que iba aumentando de grosor, en la creación de un auténtico drama

> **«Nuestro primer álbum, que mucha gente aprecia, tiene una cierta unidad de espíritu, una intensidad, porque ha sido el primero que hemos grabado.»**
>
> **JIM MORRISON**

musical, pintado entre el polvo del desierto. Poesía, ambigüedad y exploración del alma humana se fundían en un todo sobre un sutil acompañamiento musical, que se rompía en el instante de la propia revelación de la poesía. El tema se convirtió en un punto de referencia, fue repescado por Nico para su álbum de 1974 (titulado, precisamente, «The End») e inmortalizado por Francis Ford Coppola en *Apocalypse Now*. El mito de Edipo, que mataba a su padre y se acostaba con su madre, llamaba al escándalo, a denunciar la perversión, pero mientras que, por ejemplo, en la película, el grito: «Mother... I want to fuck you!» quedaba más que acentuado, en la versión original del disco fue sustituido por un «I want to...», seguido por un aullido casi inhumano del propio Morrison: «Es un overdub que no hemos utilizado durante la grabación del álbum», explicaba Rothchild durante una entrevista. «Si se escuchan atentamente los álbumes de los Doors, se encontrarán centenares de puntos con partes vocales similares, que se convierten en partes del ritmo subliminal de la canción». Perdición que se pierde y consume en el tumulto instrumental que estalla en la coda de la pieza, en un sensual bolero que, paradójicamente, parece no tener fin.

Dos años más tarde, el líder declaró a *Rolling Stone*: «Nuestro primer álbum tiene una cierta unidad de espíritu, una intensidad, porque ha sido el primer trabajo que hemos grabado. Lo realizamos en unas semanas, pero después de un recorrido de al menos un año de conciertos cada noche. Estábamos frescos e intensos, los álbumes siguientes son algo más duros, pero esto es natural».

The Doors es un viaje metafísico, una página de la historia de la música escrita a parte, y que no se ha repetido más.

Un manifiesto psicodélico del período.

STRANGE DAYS

por Maurizio Principato

--- ★ ---

Los Doors en el estudio de grabación. Después del álbum homónimo de debut, la banda entró en la sala para grabar cinco LP más. Con fortunas alternas. Desde las imágenes oscuras de Strange Days *al retorno al rock blues de* Morrison Hotel *y* L.A. Woman, *pasando por el caos de* Waiting for the Sun *y los arreglos algo kitsch para cuerda de* Soft Parade, *he aquí la crónica de las sesiones del cuarteto y una mirada crítica a sus temas más célebres.*

El 18 de agosto de 1967, los Doors actuaron en Alexandria, Virginia, la ciudad cuyo instituto había frecuentado Jim Morrison. El nombre de la banda era el más importante dentro de un programa que incluía a 12 grupos locales. En los días siguientes, los Doors volvieron al familiar Sunset Sound –que entretanto se había dotado de una grabadora de ocho pistas– para trabajar en el nuevo álbum. Mientras, un viento de tecnicolor inundaba las calles. La joven actriz Barbara Perkins, después de haber arrancar las lágrimas de los adolescentes estadounidenses interpretando el papel de Betty en la serie *Peyton Place* (junto a ella el jovencísimo Ryan O'Neal y la andrógina Mia Farrow), actuaba en la película *Valley of the Dolls*, donde llevaba vestidos de agresivas texturas psicodélicas, lanzando esta moda. En Broadway, el espectáculo de mayor éxito era *Tribal Love Rock Musical*, que llevaba a la escena, con una aproximación muy relativa, el estilo de vida hippie de los hijos de las flores. Mostrando las fotos de cinco atractivas mujeres desnudas –con el cuerpo pintado con flores y listas *optical*– la revista mensual *Playboy*, de Hugh Hefner, llegó a vender siete millones de copias.

Eran signos inequívocos de la normalización de la cultura hippie. Pero todavía había espacio para la pureza: el mundo de la música se veía arrollado por la llegada de *Sgt. Pepper's Lonely Hearts Club Band*. Publicado en el mercado estadounidense el primer día de junio, fue el álbum con el que los Beatles y su entorno fotografiaron, cristalizaron y enfatizaron temáticas, humores y deseos de la generación que quería vivir bajo el signo del amor (en sus múltiples formas) y de la paz. La compañía Elektra pidió a los Doors canciones según el estilo de *Sgt. Pepper's*. O cuanto menos la continuación –en términos de éxito comercial– de «Light My Fire». Las presiones aumentaban, y la espera por parte del público también: las reservas para el esperadísimo nuevo álbum de los Doors llegaron en breve tiempo a rozar las 500.000 copias. Morrison y Krieger, por su parte, habían superado ya de forma rotunda las posiciones de los Beatles y, en sus nuevas composiciones, tomaban distancia respecto de la efímera alegría de la *love generation*. Miraban, con estricta anticipación, así como con escalofriante conciencia, el declive del imperio americano y la agonía social que conducía al embrutecimiento antropológico o

Jim en el estudio. Las sesiones para *Waiting for the Sun* pasaron a la historia como «Waiting for Jim Morrison». El cantante, a menudo borracho, muchas veces ni siquiera se presentaba.

a la lucha fratricida (los «típicos» temas de Top 10). No eran los únicos que lo veían todo negro: el 6 de octubre de 1967, un grupo de actores hippies llamado Diggers, refractario ante el inminente aprovechamiento del movimiento por parte de la burguesía, escenificó la performance fúnebre *Death of Hippie* en el Buena Vista Park, ubicado en el distrito Haight-Ashbury de San Francisco. En ese mismo mes, en los guetos de Newark, Detroit y Cleveland, estallaba la revuelta, mientras que 100.000 manifestantes marchaban hacia el Pentágono y Abbie Hoffman intentaba en vano canalizar la energía de la multitud para hacer levitar el imponente edificio militar.

En el momento de comenzar el trabajo de grabación, las canciones de repertorio ya preparadas eran cuatro: «Moonlight Drive», «My Eyes Have Seen You», «Love Me Two Times» y la época «When the Music's Over». Jim Morrison, que en el período de exploración psicodélica que había pasado en la playa de Venice había llenado una miríada de cuadernos con pensamientos, intuiciones y tensiones, recurre a aquel material para escribir nuevos temas. Su visión no estaba en absoluto en sintonía con el verano del amor, sino que vivía de sensaciones que contrastaban entre sí y, en un primer momento, desorientaban. Todo el álbum estaba lleno de estos oscuros elementos. «El grupo y yo sabíamos que sería un disco experimental –diría a continuación Paul Rothchild– queríamos explorar nuevos sonidos, para ampliar el sonido de los Doors sin desnaturalizarlo. Ray tocaba también el clavecín, John usó las percusiones, Jim adquirió tonos más maduros y profundos. Teníamos toneladas de ideas continuamente, y las usábamos todas.»

La canción que abría el disco era «Strange Days». Jim Morrison hablaba de alegrías pasajeras que se rompían en pedazos, de placeres efímeros que se disolvían en la nada de la existencia. La posición frente al mundo era desapegada, como de observador glacial y desilusionado, que sólo en algunos momentos se rompía en el aullido liberador de quien se lanza o incita a lanzarse al vacío, superando certezas o hábitos. La voz aparecía filtrada de modo que resultaba semi-humana, doblada por un

> **«TENGO LA INTENCIÓN DE SEGUIR HACIENDO BLUES, ES LA MÚSICA QUE ME GUSTA MÁS. Y TAMBIÉN ES LO QUE LOS DOORS SABEMOS HACER MEJOR.»**
>
> *Jim Morrison*

La canción

★

RIDERS ON THE STORM

Era la última pieza del último álbum grabado por los Doors con Jim Morrison antes de su desaparición (*L.A. Woman*, de 1971). Considerando que sigue siendo una de las composiciones más célebres de la banda californiana (considerada entre otras cosas uno de los mejores trasfondos musicales para acompañar el consumo de sustancias que alteren la conciencia), existirían casi los presupuestos para considerarla un testamento de Morrison. Compuesta para el álbum que, poco antes, pretendía situar a los Doors en el fin del recorrido de su carrera, con un Morrison agotado física y mentalmente y deseoso de dar un giro totalmente diferente a su arte, «Riders of the Storm» fue uno de los primeros temas que se realizó para el disco, bajo la dirección de Bruce Botnick (antiguo ingeniero de sonido de los Doors), que después del abandono de Paul Rothchild se ocupó de la producción de la banda. El propio Rothchild había definido inicialmente las

primeras pruebas del tema como «un horrendo cóctel de jazz», mientras que Botnick recordaba que la primera versión grabada, carente todavía de los efectos que luego añadiría, resultaba mucho más ligera que la final. En estudio, también apareció junto a los Doors el bajista de Elvis Presley, Jerry Scheff, responsable justamente de las célebres líneas de bajo que, junto a la interpretación de Ray Manzarek a los teclados, realzaban la huella jazz y establecían el mood hipnótico y sutilmente amenazador de la pieza. Manzarek tuvo la excelente intuición de realizar con el piano eléctrico Fender Rhodes una alfombra sonora que reproducía el sonido de la lluvia, sobre la que proseguía sus largos solos, mientras que fue Botnick quien añadió el fragor del trueno, declarando que la intuición, en realidad, fue fruto de una afortunada casualidad: había recibido de Elektra una cinta con algunos efectos para utilizar en fase de

«Consideradnos políticos eróticos.»

JIM MORRISON

mezcla y, rebobinándola casualmente en el estudio durante la elaboración al tema, la cinta había arrancado reproduciendo el estruendo del trueno justamente en aquel punto exacto. La inquietud quedaba subrayada además por la sobregrabación, por parte de Morrison, del texto de la canción susurrada sobre su misma línea vocal, creando un efecto apenas perceptible de extrañeza que llegaba de lejos.

La inspiración para «Riders on the Storm» procedía de la canción de cowboys «Ghost Riders on the Sky», mientras que el texto era la reelaboración de una poesía de Morrison titulada *The Hitchhiker* (incluida en *An American Prayer*) y a su vez inspirada por la historia del joven asesino en serie Billy Cook, que aterrorizó las autopistas estadounidenses en la década de 1950. Los textos de Morrison eran como siempre, fuertemente evocadores, fundiéndose a la música para acompañar un viaje amenazador, probablemente metáfora de la existencia, en la que todos hemos «nacido en esta casa, arrojados en este mundo», posibles víctimas de un misterioso asesino en nuestro camino que amenaza con hacer desaparecer nuestros «dulces recuerdos».

El título del tema resultaría casi identificativo en el futuro para los propios Doors: *Riders on the Storm: My Life with Jim Morrison and the Doors* es el título de la autobiografía del batería John Densmore; también sería el título de una película prevista por Ray Manzarek; finalmente, se convirtió en el nombre de la encarnación de los Doors junto a Ian Astbury

El asesino en serie Billy Cook (en la imagen) que aterrorizó las autopistas norteamericanas en los años cincuenta, historia en la que se inspira parcialmente «Riders on the Storm».

del último período. Como prueba de hasta qué punto se recuerda el tema, citemos dos versiones diferentes realizadas en ámbitos musicales diametralmente opuestos a los Doors: el remix de Snoop Dogg, que rellenaba los largos intervalos instrumentales originales con textos rap, y la reciente «Rapture Riders», nacida de la fusión del tema con «Rapture» de los Blondie. Al principio se hablaba del testamento de Morrison: tras salir como sencillo, alcanzaría las clasificaciones estadounidenses casi al mismo tiempo que su muerte. A pesar de que había sido interpretado antes varias veces en directo por el cuarteto hacia finales de 1970, por desgracia no existe ninguna grabación del tema.

Originariamente en: *L.A. Woman* (1971).

Cristiana Paolini

«Jim Morrison escribe como si Edgar Allan Poe se hubiera reencarnado en un hippie.»

VOGUE

Un momento de desazón o de cansancio para John Densmore durante las sesiones de *Waiting for the Sun*.

Otra foto de las sesiones de *Waiting for the Sun*, julio de 1968. Ray Manzarek parece querer sugerir una idea a Robby Krieger.

contracanto álgido y pavoroso: no había toma de posición, ni intento de juzgar, sólo la constatación de que el mundo vivía –justamente– días extraños. La salvación no consistía en ponerse una corona de flores en el pelo, sino lograr encontrar el propio camino a través de los meandros oscuros de la existencia terrenal. De manera coherente con la atmósfera de los textos de Morrison, también los teclados de Manzarek –sobre todo en la intro que recordaba una cascada de agujas de acero– tenían un sonido espectral, mérito en parte del técnico de sonido Paul Beaver, que en aquella época era el mejor especialista de la Costa Oeste en lo referente a los sintetizadores Moog: con los Monkeys,

los Doors fueron el primer grupo de rock que utilizó este instrumento en un álbum.

> ## «La música de los Doors es repelente para las personas normales y puede tener efectos dañinos sobre los jóvenes.»
> ### J. EDGAR HOOVER, DIRECTOR DEL FBI

Aunque en *Strange Days* los temas los firmaban los cuatro –decisión tomada para dividirse a partes iguales los royalties–, en realidad no era así.

El guitarrista con pantalón corto: en el fondo eran buenos «chicos de playa».

El segundo tema, «You're Lost Little Girl», era fruto de la inspiración de Robby Krieger. Visto el tono nocturno y envolvente del comentario musical, Paul Rothchild, corroborado por el principio activo del cáñamo indio, insistió para que Morrison lo interpretara con romántica tranquilidad, sin forzar. Para favorecer el relax del cantante pensó pagar a una prostituta para que le hiciera una felación mientras entonaba los versos de la canción. Cuando nació esta fascinante idea, la esposa cósmica de Jim, Pamela Susan Courson, se opuso: aun sin ser una profesional del sector, quería ser ella quien tuviera la exclusiva en lo referente a las prácticas eróticas con Morrison. Entró en la cabina con

él y comenzó, mientras la grabadora iba corriendo. Resultado: nada utilizable, solo crujidos y siseos indistintos. La versión definitiva se realizó a continuación, sin la contribución de Pamela o de otra colaboradora. La canción proclamaba, sobre todo para las jóvenes fans, el sex appeal de Jim Morrison, a causa de lo cual todavía era menos

> «Fusionamos la música con la estructura del drama poético.»
> **JIM MORRISON**

querido por los colegas de las bandas de la época: él era guapo, y ello contribuía al éxito de los Doors. Qué envidia: pero basta pensar en las caras de los componentes de Kaleidoscope, Iron Butterfly o Buffalo Springfield... Durante la grabación de «You're Lost Little Girl», Krieger tenía dificultades para atinar en el solo y se equivocaba sin cesar. Intervino el «tío» Rothchild, que mandó salir a todos educadamente del estudio, encendió velas por todas partes y le dio al guitarrista un panecillo de hachís, con la precisa indicación de que se lo comiera todo. Resultado: a la primera toma el solo salió perfectamente.

«Love Me Two Times» era una pieza escrita por encargo por Robby Krieger. Y quien la había encargado era Ray Manzarek, que un año antes había interrumpido las pruebas diciendo: «Necesitamos temas nuevos, ¡todos a casa a componer!». El dócil guitarrista había elaborado esta canción y «Light My Fire» en una hora. Los riffs de guitarra eran perfectos, teclados y batería enriquecían el tema con acentos jazzísticos, Morrison lo cantó de forma arrebatadoramente erótica,

LOS INSTRUMENTOS
DE LOS DOORS

¿**Q**ué instrumentos utilizaron los Doors en el curso de su breve carrera?

John Densmore comenzó con una batería Gretsch (la marca más querida por los jazzistas de pura cepa), con un set esencial: caja, un goliat, un tambor, un charles, dos o tres platos. Esta configuración se refiere a los dos primeros álbumes de la banda. A partir de Waiting for the Sun, cambió y eligió una Ludwig, añadiendo un tambor. Los platos: Zildjian en los primeros tres álbumes, Paiste 605 en los siguientes.

Robby Krieger, impresionado por un concierto de Chuck Berry (Santa Monica, 1963), despachó su guitarra clásica y se procuró una Gibson SG Special negra de cola de golondrina. En 1964 trueca la SG por una Gibson Melody Maker. El nuevo instrumento lo contentaba, pero no era el único que apreciaba su sonido, ya que después de un concierto se lo robaron. Volvió a la SG Special, procurándose una de color rojo vino. De vez en cuando usaba también una Gibson Les Paul (por ejemplo cuando utilizaba el cuello de botella para dar vida a vehementes sonoridades hawaianas).

El primer teclado de Ray Manzarek fue un piano eléctrico Wurlitzer, luego pasó al órgano Vox Continental, auténtico artífice del sonido de los Doors. Sobre el Vox colocó al «bajista» del grupo, esto es, un Piano Bass Fender Rhodes (en su variante color negro y plateado). También usó un Gibson Kalamazoo. En cuanto a Jim Morrison, no se interesaba por ningún micrófono en particular, sólo le importaba tener algo con que cantar. Y con un soporte lo bastante robusto, para lanzarlo arriba y abajo.

Maurizio Principato

El Vox Continental, fundamental en la creación del sonido de los Doors.

La Gibson SG Special de Robby Krieger.

jugando con los contenidos maliciosos de los versos. Sin embargo, muchas radios consideraron poco apropiadas para los oyentes las ambigüedades del texto y renunciaron a emitir la canción para no divulgar presuntas obscenidades. «Ámame dos veces, me estoy yendo», rezaba el texto. «Unhappy girl» era una de las primeras canciones escritas por la banda, y la utilizaban para probar (inútilmente) a los nuevos bajistas que podrían integrarse al grupo. La versión de *Strange Days* era el punto de contacto entre el pasado y el futuro: Robby introducía el tema con el cuello de botella, mientras que Ray tocaba todas sus partes en sentido inverso. La ejecución del teclista fue invertida posteriormente e introducida en la versión definitiva del tema, con efectos extraños y —en las intenciones de Rothchild, que había tenido la idea— beatlesianos. «Horse Latitudes» se relacionaba con las pasiones literarias de juventud de Morrison, con la época en que sus lecturas viajaban sobre raíles paralelos y contrastantes: de un lado, la sátira loca e innovadora de la revista satírica *Mad*, del otro, las reflexiones sobre las diferentes aproximaciones a la vida (la apolínea, es decir, armónica y ordenada, contra la dionisíaca, esto es, instintiva y carnal) de Friedrich Nietzsche. «El título —explicó Morrison después de publicarse el álbum— habla de aquellos momentos en los que los barcos que se dirigían al Nuevo Mundo, pero encallados en un bajío, decidían liberarse de la carga, comenzando por los caballos. Que seguramente querían oponer resistencia dando coces pero luego terminaban en el mar, donde intentaban nadar y se ahogaban. Lentamente.»

El momento en que los Doors cobraron vida en la mente dinámica de Ray Manzarek se llamaba «Moonlight Drive», quinto tema en orden de aparición en este álbum. Los versos, nacidos en forma de canto en la mente de Jim Morrison en verano de 1965 y rápidamente transcritos en uno de sus cuadernos, hablaban de una invitación a nadar de noche, que culminaba en un final de doble lectura (acoplamiento acuático o suicidio, según se mirase). La pieza conquistó a Manzarek en la playa de Venice, convenció a Densmore a unirse al grupo y propició que también Krieger se enamorara del proyecto Doors. Tras convertirse en uno de los caballos de batalla durante los conciertos, había sido descartado durante las sesiones de grabación del primer álbum porque, una vez grabado, no satisfizo a ninguno de ellos. Pero en 1967, la banda realizó una excelente versión en estudio, en la que el acompañamiento vivaz del teclado encontraba un contrapunto en el ritmo casi marcial de la batería. El pegamento de todo ello era la voz de Morrison, que comenzaba con persuasivos tonos de barítono y luego, con el crescendo irresistible del tema, iba cobrando energía y terminaba gritando.

«People Are Strange» nació de un momento de profundo desasosiego de Morrison: escla-

SIN BAJISTA LA GENTE NO BAILA

En la época de su primer álbum, los Doors no tenían bajista. Un año antes, en 1965, durante la penosa búsqueda de un primer contrato y frustrados por las continuas negativas —muchos locales, desde el Galaxy hasta el Bito Lido's o el Gazzarri, les hicieron notar que «sin bajista la gente no baila»— habían probado a un par de bajistas sin llegar a nada en concreto. Un día, en un local de Westchester, donde muy a menudo tocaban los Turtles, Ray se fijó en un bajo de teclado (32 teclas que se tocaban con la izquierda, como en el boogie-woogie), posado sobre un órgano Vox Continental como el que usaba él. Ray encendió el amplificador y tocó aquella «cosa» para luego exclamar: «¡Hemos encontrado un bajista!». El Piano Bass Fender Rhodes venía a costar 250 dólares (facilitados por el padre de Krieger, a fondo perdido). En algunos temas del álbum de debut, los Doors se sirvieron de la colaboración de un músico de sesión, el bajista —no acreditado— Larry Knetchel, que trabajaba con la Phil Spector's Wrecking Crew. La elección, madurada por Manzarek y Rothchild, terminó con el aumento del grosor sonoro de los temas. Pero a Morrison, la idea de contar con un bajista fijo no le gustaba en absoluto, porque se sentía en fuerte sintonía con las líneas de bajo que Manzarek tocaba con la mano izquierda, sobre las que lograba improvisar danzas a medio camino entre lo exótico y lo poseído. Se contentaría en lo referente a las actuaciones en directo, pero en la sala de grabaciones siempre hubo un bajista, es más, serían más de uno, aunque se excluirían de las fotos de carátula y nunca se integrarían en el orgánico efectivo. ¿Pero quiénes eran, además del citado Knetchel, estos músicos en la sombra?

Para *Strange Days* se llamó a Douglas Lubahn, músico de fusión bajo contrato con Elektra (en 1967 tocaba con los

Clear Light, banda que tomó el nombre de una calidad de ácido particularmente potente), que a continuación crearía equipo con los Dreams de John Abercrombie y Michael Brecker. En *Waiting for the Sun*, además del siempre disponible Doug, se implicó a Kerry Magness, un oscuro músico de sesión del que no se tienen muchas noticias. *The Soft Parade* contó, por última vez, con la contribución de Lubahn, alternado con el poliédrico Harvey Brooks, ecléctico músico que presentaba influencias variadas (blues, folk, rock, jazz), y cuyo nombre figuraba en álbumes de John Cale, Bob Dylan o Miles Davies. Dos nombres nuevos se encargaron de las partes de bajo en *Morrison Hotel*, Ray Neapolitan (en cuyo currículum hay contribuciones para Leonard Cohen, Joe Cocker y otros) y el guitarrista rockabilly Lonnie Mack. La presencia de este último era casual (sustituyó en el último momento a Neapolitan y aceptó tocar el bajo tras propuesta de Bill Siddons) pero fundamental, porque inyectó en la banda una dosis congruente de energía. «Roadhouse Blues» era la prueba tangible de la importancia de Mack: Morrison estaba entusiasmado con su trabajo y lo animó más de una vez: «¡Venga, adelante, Lonnie, sigue así!» En *L.A. Woman* las partes de bajo se confiaban a Jerry Scheff, que antes de tocar con los Doors lo había hecho en los discos de Elvis Presley, Nancy Sinatra o Johnny Rivers y, después del paréntesis con la banda nacida en Venice, formaría parte de los Southern Pacific, grupo country-rock nacido de una, es más, de dos costillas de los Doobie Brothers (el guitarrista John McFee y el batería Keith Knudsen).

Maurizio Principato

En la página anterior: el bajista de *L.A. Woman* (¡y de Elvis! Jerry Scheff, y Ray Manzarek al teclado.

vo de las presiones que aumentaban a su alrededor día a día, notaba que había agotado su propio recorrido artístico y no veía futuro para la banda. Se confió a Krieger (era la primera vez que lo hacía), al que comunicó varias hipótesis de resolución, entre ellas el suicidio. El guitarrista lo convenció para que desistiera de propósitos autodestructivos. Morrison se fue a dar un paseo por Hollywood Hills, comenzó a ascender una carretera llamada Appian Way y, una vez arriba, ante el maravilloso panorama, encontró la calma. Bajando de nuevo hasta el valle escribió esta canción que hablaba de hasta qué punto el mundo puede parecer incomprensible cuando uno siente que se ha vuelto extraño a todo. Robby fue el primero en escuchar a Morrison entonando «People Are Strange», y le gustó inmediatamente. Al cabo de dos semanas, la pieza adoptó su forma definitiva. Fue elegida como primer sencillo, y salió mientras el álbum todavía no se había completado. «My Eyes Have Seen You» era otro de los viejos temas del grupo. Se trataba de una especie de reflexión sobre el voyeurismo y sobre observar a quien observa. No contenía tesis o intentos de explicación, sino evocación. El pop sin pretensiones pero aun así agradable de «I Can't See Your Face In My Mind» conducía a la grandiosa conclusión, «When the Music's Over», un tema estructurado en cinco partes. *Strange Days* resultó ser una obra maestra, pero al mismo tiempo era una obra demasiado poco convencional para recabar de inmediato el éxito que merecía. Se convirtió en disco de platino, pero sus ventas no fueron comparables a las de su predecesor. Este hecho desazonó a Morrison, que tuvo una crisis de identidad y comenzó a beber.

Los Doors en la televisión danesa, 1968.

El *Time* definió a los Doors como «los sacerdotes negros de la Gran Sociedad», mientras que Jim era «el Dionisos del rock». Según *Los Angeles Free Press*, «los Beatles y los Stones sirven para hacerte estallar la mente. Los Doors llegan más tarde, cuando la mente ya ha estallado».

En la carátula del álbum aparecían fotografiados unos payasos, malabaristas, enanos y un hombre forzudo en una calle de Nueva York. Idea extraña y fascinante: ninguna referencia visual o verbal al grupo.

1967 terminó llevándose consigo los restos del verano del amor. El año 1968 no fue un año fácil.

Los Estados Unidos se veían sacudidos por fuertes tensiones generacionales y por homicidios escalofriantes (Martin Luther King, Robert Kennedy). Las jóvenes generaciones que hasta hacía poco tiempo habían ondeado pañuelos de cuello de colores y ramos de flores iban cambiando de actitud: la paz dejaba su lugar a la rabia y a la protesta. Jim Morrison se convirtió —merecidamente, al menos por coherencia— en el rebelde de referencia.

En enero de aquel año, los Doors fueron proclamados la banda estadounidense más importante. Su cantante/poeta intentaba reunir fuerzas para concentrarse en la escritura de nuevas y durísimas canciones, pero se veía asediado: por la Elektra, por la prensa, por los indiscretos, por sus propios fantasmas. No logró resistirlo, y aumentó de modo considerable la ingestión de alcohol, convirtiéndose en un borracho imprevisible, insoportable o, peor todavía, peligroso. Era el principio del fin. En 1968, fumar hierba era *cool*, la cocaína era cosa de las estrellas de Hollywood, la heroína era para quien quisiera colocones más duros, pero el alcohol estaba totalmente pasado de moda, como también resultaba despreciable llevar una vida o tener comportamientos de borracho. A pesar de que Morrison se convirtiera en una especie de mina ambulante, se dio inicio a los trabajos de realización del nuevo disco. Los Doors intentaron alcanzar su cumbre expresiva que, en su opinión, *Strange Days* no había logrado. La compañía Elektra estaba muy feliz con este objetivo, que podría transformarse en ingentes ganancias. Pero las buenas intenciones de la banda se disolvieron ante la falta de tiempo. También se echó en falta un aspecto importante, esto es, la posibilidad de trabajar en los temas durante los conciertos, lo cual los hacía crecer noche tras noche delante de la gente, capturando las energías presentes en el aire y reconduciéndolas hasta el interior de cada canción. Los Doors eran esencialmente una banda de directo y, en la clausura del estudio, no llegaban a superar ciertos límites.

Waiting for the Sun nació bajo el signo de las prisas, de la obligación, del enfrentamiento entre los Doors y sus enemigos. En el interior del gru-

> «LA MÚSICA DE LOS DOORS ES LA MÚSICA DEL ULTRAJE. NO ES UNA SIMULACIÓN. EXPLORA LOS SECRETOS DE LA VERDAD.»
>
> *Los Angeles Free Press*

po se crearon divisiones netas: por un lado Manzarek, Krieger y Densmore con su hierba, del otro Morrison, las groupies y los amigos borrachos con sus cajas de cerveza, vino y alcoholes fuertes. Y sobre los cuatro se iba cerniendo la sombra de la frustración: lo que tenía que ser el tema principal del disco, hasta llegar a ocupar toda una cara, «The Celebration of the Lizard», no llegó a llevarse a término. Las sesiones de grabación procedían con dificultades, ya que Morrison a menudo estaba en estado de embriaguez y no lograba cantar; a veces perdía el hilo después de una sola frase. Rothchild mantuvo los nervios bajo control y efectuó un trabajo de edición complicado y extenuante. El resultado fue un disco que contenía tanto temas logrados como otros de relleno.

«Hello I Love You» era la canción que abría el disco, y procedía del pasado remoto de los Doors: era uno de los primeros temas escritos por Morrison. Lo recuperó para la banda Adam Holzman (hijo de Jac), que no se sabe cómo conoció el texto y sugirió a los cua-

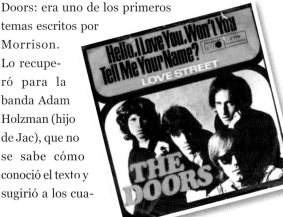

En el desierto, en los alrededores de Los Angeles durante las sesiones fotográficas para la carátula de *Waiting for the Sun*.

tro que no lo abandonaron. Con alguna adición y un arreglo rebuscado (el teclado ejecutaba partes elegantemente vivaces y barrocas, mientras que la guitarra efectuaba divertidas intervenciones con sonido distorsionado por el efecto fuzzbox, la batería se liberaba de cualquier finura jazz y golpeaba duro como en el rock más canónico), los Doors realizaron un sencillo de éxito inmediato y muy amplio. Los fans más antiguos fruncieron el ceño y acusaron a la banda de haberse vendido. Los nuevos estaban extasiados, y se pasaban el día cantando «Hello I Love You» o acribillando a la radio con sus llamadas telefónicas.

«Love Street» no sólo era el título de la segunda canción que aparecía en *Waiting for the Sun*, sino que existía de verdad: era Laurel Canyon, la calle que partía de Sunset Strip y conducía hasta Fernando Valley, donde Morrison vivió durante un corto tiempo con Pamela Courson. Allí vivían muchas otras estrellas del rock: Frank Zappa, Roger

McGuinn, David Crosby, Danny Hutton, Jimmy Greenspoon. El texto era aparentemente ligero y ocultaba la visión del final inminente de una atmósfera efímera de paz y amor. El acompañamiento musical, a pesar del efecto música de ascensor, era delicado y agradable. «Not To Touch the Earth» era el único fragmento del largo «Celebration of the Lizard» que llegó a grabarse. Contenía referencias al ensayo *La rama dorada*, del antropólogo escocés J.G. Frazer, cuyos estudios sobre las danzas primitivas entendidas como punto de origen de todas las formas de arte dramático habían influido en el modo de ubicarse en el escenario de Morrison. «Summer's Almost Gone» era un tema blues en el que el texto, de forma inexplicable, afrontaba un tema ingenuo: el final del verano. Ingenuo, ciertamente, a menos que se leyera como un final cósmico del verano, en vista a un invierno de la humanidad, constituido por dramas, violencias y guerras. Robby Krieger era el autor de la tierna e inocente «Wintertime Love», que hacía morir de risa a los detractores de los Doors, seguros ya de que Morrison y sus compañeros habían comenzado a chochear. No era una pieza indigna, pero no aguantaba la comparación con las canciones escritas anteriormente por el guitarrista.

Una de las cumbres creativas de «Waiting for the Sun» era un himno de protesta contra la guerra de Vietnam y contra todas las guerras en general:

«Unknown Soldier». El tema —declaradamente politizado— nació en el Fillmore Auditorium de San Francisco el 16 de noviembre de 1967 (los Doors actuaban junto a Procol Harum), y describía la experiencia de la muerte en la guerra vista en la televisión. Con el tiempo, la canción se transformó en una mini-suite con su dosis de fusilamiento final. El inciso central lo cantaba Jim Morrison con la voz rasposa, sufrida, desesperada de quien lanza el último grito al cielo antes de apagarse para siempre. Los Doors escribieron y rodaron también el vídeo de este tema, un vídeo rudimentario, esencial, pero extremadamente eficaz: comenzaba con poéticas imágenes de la banda paseando por la playa —con Jim llevando un ramo de flores—, culminaba con el asesinato de Morrison, que caía al suelo escupiendo sangre sobre las flores, y concluía con cruentas filmaciones de archivo ambientadas en los campos de batalla. La obra maestra antibelicista «Unknown Soldier», eliminada de las radios convencionales como ya había sucedido con «Love Me Two Times», fue programada con insistencia por las radios *underground* del recién nacido panorama de la FM. El FBI vigilaba de muy cerca los movimientos de este grupo de provocadores. J. Edgar Hoover, el inflexible director del FBI no se andaba con chiquitas: «La música de los Doors es repelente para las personas normales y puede tener efectos dañinos sobre los jóvenes».

«Spanish Caravan» era, sustancialmente, un pequeño ensayo de guitarra flamenca a cargo de Krieger, que musicalmente no encajaba nada (o casi nada) con el resto del álbum. A pesar de ello, resultó ser un tema influyente en el ámbito del rock progresivo y el heavy. Las largas horas pasa-

«Nos escondemos en la música para revelarnos.»
JIM MORRISON

das en la sala de grabación comenzaban a desalentar a los Doors, que se inventaron «My Wild Love», canción descarnada y esencial, cercana a los antiguos cantos espirituales. El texto de «Five To One» era escalofriante y tenebroso, y Morrison nunca llegó a explicar el sentido del título. El ritmo de la batería nacía de una demanda específica

del cantante, atendida de mala gana por Densmore. La tensión rítmica estimulaba a Krieger a desarrollar una melodía que pasaba de fraseos contenidos a solos cortantes. Manzarek sostenía la melodía y la robustecía. «Five To One» era una pieza en la que las evocaciones y las provocaciones, las tomas de posición y los hermetismos inescrutables se sucedían con rabiosa linealidad. Y que cerraba de modo imprevisible el álbum más pop de los Doors, es decir, con el tormento de quien siente que el fin se acerca pero no se rinde: «Ellos tienen las armas, nosotros somos muchos. Venceremos nosotros, sí, tomaremos el mando».

Los meses restantes de 1968 transcurrieron para los Doors de manera no muy alegre. Se comenzó a trabajar en el nuevo álbum, *The Soft Parade*, en los Elektra Sound Studios. La banda intentaba sobrevivir, no sin dificultades, a la nueva encarnación (el poeta alcoholizado) de Jim Morrison. Los conciertos a menudo eran angustiosos, a causa de las caídas de lucidez de Morrison que, cada vez más imprevisible e insatisfecho con la nueva dirección creativa –pero sin nuevas ideas consistentes– en noviembre de 1968 desapareció de la circulación. Se dijo que había volado a Londres para recuperar a su novia en crisis (ella había telefoneado desesperada y él, asustado, había ido inmediatamente a buscarla): ¿sería verdad? Sí, en efecto, así estaban las cosas, pero para Jim no resultó un paseo precisamente: le costó algunos días convencer a su «esposa cósmica», que entretanto había cambiado de idea y no quería saber nada más de él. Pero a final de mes ambos estaban de nuevo en Los Angeles. Morrison se dirigió a la oficina del grupo y descubrió que Manzarek, Krieger y Densmore habían vendido «Light My Fire» a la General Motors para una campaña publicitaria de Buick. El cantante –ilocalizable– no se había visto implicado en la cuestión. En su lugar había firmado el abogado Max Fink. Y así, finalmente, todo el país pudo oír los conmovedores versos «Come on Buick, light my fire!». Morrison no estaba dispuesto a aceptar

pasivamente esta acción desconsiderada, pese a ser tan rentable. Lo invadieron la rabia y el dolor: «Siempre lo hacemos todo juntos. ¿Por qué me habéis hecho esto? ¡Idos todos a tomar por saco! Pensaba que éramos hermanos». Pero Ray le dijo que, tranquilo, Jim, somos hermanos y no ha cambiado nada. «Todo ha cambiado –contestó Morrison– *todo*... porque ahora ya no me fío de vosotros. Ya no sois mis compañeros, sois mis socios en el negocio.» Y con esta nueva concepción del grupo, la vida de los Doors siguió adelante. El sonido del grupo perdió la eficaz esencialidad de los primeros álbumes, en favor de la colaboración de una sección de instrumentos de cuerda y de una de instrumentos de viento. Los trabajos del cuarto álbum, *The Soft Parade*, duraron un período muy largo: de noviembre de 1968 a julio del año siguiente. Morrison perdió todo interés por la música. Prefería escribir poesías o relatos y comenzó a acariciar la idea de trabajar profesionalmente como actor. Alternaba las pulsiones artísticas con la vida frenética y un progresivo abandono físico: comenzó a lucir barriga, se dejó crecer la barba, tenía un aspecto desaliñado y se arrastraba literalmente al estudio sin convicción, Los Doors parecían acabados aunque, cuando *The Soft Parade* alcanzó su forma definitiva, un fragmento del espíritu de los viejos tiempos parecía volver a sobrevolar sobre el

Robby y Jim en Phoenix en 1968.

grupo. «Nos faltaba todavía una canción para terminar el álbum —diría más tarde Morrison— y de este modo comenzamos a improvisar libremente. Estuvimos tocando durante una hora, pasando revista a todas las formas del rock, o a casi todas, llegando hasta la música latina. Di un nombre a esta jam session: "Rock Is Dead". Por una infame coincidencia, la jam no quedó grabada del todo: la cinta terminó en el momento más bonito e inspirado.»

> ## «Me interesa todo lo que tiene relación con la revuelta, el desorden, el caos.»
> ### JIM MORRISON

De la mejor parte de «Rock Is Dead» —en base a lo que declararía Ray Manzarek— se perdería todo rastro para siempre. En el texto improvisado, Jim cantaba, entre otras cosas: «No estoy hablando de revolución, no estoy hablando de protesta, estoy hablando de la muerte del rock'n'roll. Nosotros estamos muertos. ¡El rock ha muerto!», y alternaba el pesimismo con el retorno de recuerdos horrendos: «A mamá no le gusta cómo me porto, papá le dice que me pegue y me pegue. Estoy realmente mal, realmente mal, realmente mal».

The Soft Parade comenzaba con «Tell All the People», tema de Robby Krieger que llegaría en el momento menos indicado en la vida de Morrison. Él, que ya no podía ser o sentirse una estrella del rock, no tenía intenciones de que nadie le siguiera. Estaba trabajando en su película *Hwy*, acababa de publicar, en una editorial importante (Simon & Schuster) una recopilación de poesías, se estaba emancipando del personaje engorroso del Rey Lagarto. Era reacio a cantar esta canción porque la encontraba altanera y banal. Aceptó cuando se le aseguró que los créditos se atribuirían únicamente a Krieger. «Touch Me», el sencillo publicado antes de la salida del álbum, habría tenido que titularse originariamente «Hit Me». La pieza nació de una idea de Krieger, que permitió que se cambiara el título: si no lo hubiera hecho, Morrison no lo habría cantado. El líder de los Doors manifestaba en cada ocasión su confianza en las cualidades de arreglador de Ray, pero ya no le dolían prendas para expresar intolerancia, cuando no repulsión, por las nuevas piezas de Krieger (no debía excluirse una pizca de rivalidad entre ambos).

La fácil carrera de la que hablaba Jim Morrison en «Easy Ride» era una especie de mirada dirigida al futuro, en la que el cielo ya no presentaba nubes amenazadoras, que de todos modos acabaron llegando: no mucho tiempo más tarde, el 7 de marzo de 1968, los teletipos de la United Press International daban la noticia: «Muerte de Jim Morrison, seguirán detalles». «No importa, ya estoy muerto», dijo el cantante cuando lo pusieron al corriente del bulo. Un regimiento de amigas (¿místicas? ¿cósmicas? ¿proto new age?) de Morrison consultaron el tarot y el oráculo I Ching y, a la luz de las velas, lo tranquilizaron: no estaba muerto (realmente, la adivinación no se equivoca nunca), pero tenía que estar atento: era una advertencia del destino. Y Jim, empeñado en encontrar su lugar en el mundo, soltó una carcajada.

«Wild Child» formaba parte del grupo de canciones al estilo antiguo. El texto contenía referencias –no inmediatamente identificables– con el poeta francés Arthur Rimbaud. Por su parte, «Runnin' Blue» era un homenaje a Otis Redding, a quien los Doors habían dedicado una actuación al día siguiente de su desaparición, en invierno de 1967. Uno de los momentos más logrados, en lo referente a la fusión pop & orquesta, fue «Wishful Sinful», una canción romántica hasta la médula en la que los arreglos alcanzaban niveles de lirismo elevadísimos. El tema apasionó a muchos fans de los Doors, entre ellos a un jovencísimo Arthur Barrow, que luego sería un bajista excelente que trabajó en muchas de las bandas de Frank Zappa.

Jim se desvanece en el escenario durante un concierto en Amsterdam.

El largo tema «The Soft Parade» cerraba en belleza el disco más flojo de toda la discografía de los Doors. Era un momento de improvisación –musical y verbal– en el que la banda seguía el camino indicado por Morrison. Y si él penetraba en territorios intransitables o peligrosos, el grupo lo seguía.

Después de los hechos de Miami, parecía que el viaje de los Doors estaba a punto de concluirse. El 1 de mayo de 1969, Jim Morrison presentó su nuevo poema *An American Prayer* en el Sacramento State College. La lectura la dirigió el poeta y com-

Pam, Jim y Michael McClure.

pañero de juergas Michael McClure. Se repitió dos días más tarde, en el Cinémathèque 16 de Hollywood. Además de la lectura se proyectó la película de los Doors *Feast of Friends*, así como *I, A Man*, de Andy Warhol. Entre los presentes estaba Robby Krieger, que se unió a Morrison e improvisó con él un par de blues. En los meses siguientes, los acontecimientos de mayor peso fueron los judiciales y financieros (la banda casi no tenía dinero).

En noviembre de 1969 comenzaron a trabajar en el nuevo álbum, provisionalmente titulado *Hard Rock Café*. En este punto, la carrera de los Doors corría riesgo, si no estaba prácticamente acabada. Tanto la banda como el productor, Rothchild, estaban seguros de que ya no querían instrumentos de cuerda y de viento en el nuevo disco, en favor de un sonido más descarnado, directo e incisivo. Nada de divagaciones psicodélicas, imágenes abstractas o refinamientos gratuitos: los nuevos Doors volvían a bajar a la calle. Todo claro, pero nadie sabía cómo hacer renacer a la banda de sus propias cenizas. ¿Y quién salvó la situación? El poeta visionario, el borracho demente, el provocador temerario, el experimentador incansable, el erotómano cínico, el rey de los inconstantes, el guía espiritual de los Doors, él: Jim Morrison. Fue él quien impugnó la causa del

grupo y decidió dar un brusco giro en el recorrido, alejándose a años luz de los barroquismos de *The Soft Parade*. Aparecería en cada tema −como compositor o coautor− del nuevo álbum, dando forma, texto tras texto, a un viaje de aventuras a través de lugares reales y espirituales de la nueva Norteamérica. Los dos lados del disco constituirían otras tantas suites: los seis temas de la cara A se reunieron idealmente bajo el título de *Hard Rock Café*. La cara B (compuesta por cinco canciones), se titularía *Morrison Hotel*.

El primer gesto artísticamente asombroso del rey Lagarto fue el de poner sobre la mesa su «Hwy 9», que a continuación adoptaría el título de «Roadhouse Blues». Se trataba de un recorrido en la noche bajo el cielo estrellado, en la tortuosa Topanga Canyon boulevard. Jim explicó de este modo la pieza a sus compañeros: «Es la una y media, más o menos, y no conducimos demasiado rápido, pero tampoco muy despacio. Tenemos seis botellas de cerveza en el coche, algún porro, y escuchamos la radio, conduciendo hacia la vieja Roadhouse. ¿Os situáis?». La canción se basaba en un solidísimo shuffle rock-blues obra de Densmore y del guitarrista/ bajista Lonnie Mack, y poseía la frescura de las piezas que nacen bien y se resuelven todavía mejor. La voz de Morrison era sincera, con un deje de borracho, que en esta ocasión casaban a la perfección. Manzarek (en el órgano y el piano) y Krieger hicieron lo que tenían que hacer, contribuyendo de manera funcional a la robustez del conjunto. También había una parte de armónica, tocada por el fantasmagórico G. Pugliese, que en realidad era John Sebastian de los Lovin' Spoonful. Quien prefirió mantener el anonimato.

Las sesiones de grabación del álbum *Waiting for the Sun* eran un recuerdo triste y confuso, como también la pieza homónima, que en aquella época todavía no había llegado a su digna conclusión. Repescado de la despensa de los trabajos incompletos, se incluyó en el disco. No encajaba en absoluto con el espíritu rock-blues de los nuevos Doors, era oscuro y, por momentos, inerte (sobre todo en lo relativo a la interpretación de Morrison), pero tenía el poder de dar impulso a la banda. «You Make Me Real» recorría una vez más los caminos del blues. Ray de nuevo al piano. El texto de Morrison se dirigía a su compañera. No a Pamela Courson (su esposa cósmica), sino a Patricia Kenneally (su esposa céltica: se unieron en matrimonio con un rito estilo Valhalla en junio de 1970), la mujer con la que el cantante

«AQUELLA FUE LA PRIMERA VEZ EN LA QUE TUVE LA SENSACIÓN DE QUE NO HABÍAMOS PROPORCIONADO UN SOPORTE MUSICAL ADECUADO A LAS PALABRAS DE JIM.»

John Densmore sobre «Queen of the Highway»

instauró una relación beneficiosa, profunda y sincera. Krieger no era sólo un guitarrista de rock o flamenco: por sus venas corría también sangre funk, como demostró en la ardiente «Peace Frog». Las partes de teclado eran perfectamente acertadas, y añadían toda la vitalidad de la danza en la música. El texto de Morrison, añadido en un segundo momento, formaba parte de las páginas de cuaderno tituladas *Abortion Stories*: una nación inundada por ríos de sangre, mientras el mundo se hundía en el caos y en la confusión. También había referencias al célebre episodio de los indios escuálidos, que Jim vio siendo niño en la carretera que va de Albuquerque a Santa Fe (a Oliver Stone le encantaba esta historia). «Ship of Fools» era otro de los seis temas en los que Morrison y Krieger unieron dos sentimientos prácticamente opuestos. El cantante hablaba de la locura humana que llevaba a la autodestrucción (volvían las temáticas ecologistas que habían aparecido por primera vez en «When the Music's Over»), el guitarrista escribió una melodía alegre y vivaz. «Ship of Fools» era una pieza con el corazón «verde» (entendido en sentido político), y el álbum en el que se incluía salió en los Estados Unidos el 22 de abril de 1970, el mismo día en que se celebraba el Día de la Tierra (que fue convocado inmediatamente después de haber recibido, desde el espacio, la primera fotografía del planeta: hoy

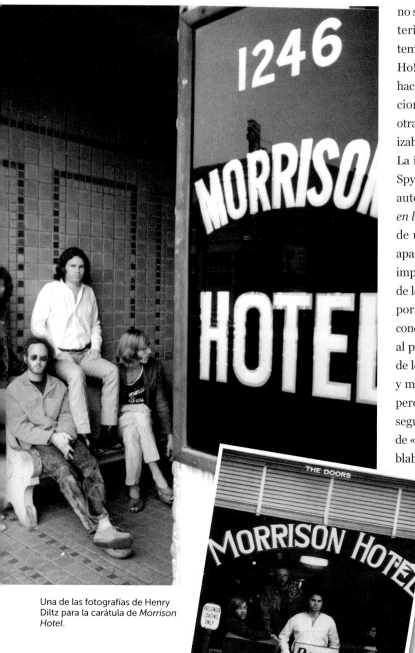

Una de las fotografías de Henry Diltz para la carátula de *Morrison Hotel*.

no se le ocurre a nadie, pero anteriormente no existían). El tema del mar volvía en «Land Ho!», en la que texto y música hacían pensar en las típicas canciones que los marineros de otras épocas entonaban cuando izaban el ancla.

La inspiradora del blues «The Spy» era la escritora Anaïs Nin, autora de la novela *Una espía en la casa del amor*. Se trataba de un tema esencial, sencillo, apasionado, de cadencia lenta e implacable. Se convirtió en uno de los temas más interpretados por la banda en los siguientes conciertos (con Ray una vez más al piano). Poseía la fascinación de los Doors de 1970, cansados y marcados por la experiencia, pero conscientes del camino a seguir. El texto autobiográfico de «Queen of the Highway» (hablaba de manera romántica de la relación de Jim y Pamela) recabó de inmediato los favores de la banda, que en cualquier caso optó por un acompañamiento musical de un estilo poco acorde, donde no faltaban incluso pasajes de saloon rock que prácticamente no encajaban.

John Densmore dijo: «Aquella fue la primera vez en la que tuve la sensación de que no proporcionamos a las palabra de Jim un soporte musical adecuado». También se hablaba de amor –con una convicción que sonaba a inercia– en «Indian Summer». Aquí, el acompañamiento musical se aproximaba a los ragas indios. Densmore tocaba el goliat como si fuera una tabla, y Krieger imaginaba que estaba tocando un sitar.

Cuando, en el concierto de la Universidad de Michigan de Ann Arbor, en 1967, a causa de la embriaguez de Morrison, los Doors recibieron silbidos y lanzamiento de objetos, Ray y Jim habían intentado improvisar: sobre un acompañamiento de blues, el cantante entonaba frases como: «Miss Maggie McGill, she lives on a hill...», pero la audiencia, obviamente, no se había calmado. La figura de Maggie volvía a aparecer durante la realización de *Morrison Hotel*, y de ahí nació un tema blues visceral e intenso, en el que la banda dio lo mejor de sí misma y que se convertiría en otro de los nuevos caballos de batalla en los futuros conciertos. El nuevo álbum de los Doors fue

Hard Rock Café, donde se realizaron las fotos de la carátula interior.

recibido con gran entusiasmo. El tema «Roadhouse Blues» se convirtió en un nuevo clásico, tanto para los amantes del party rock como para quien deseara una banda sonora para recorrer la carretera de noche. Las cosas parecían ir bien, a pesar de los procesos pendientes que demolerían el espíritu, ya frágil y debilitado, de Jim Morrison. Volviendo al álbum, la carátula de *Morrison Hotel* era esencial y carente de artificios: una foto obtenida por Henry Diltz, con la banda posando más o menos en el interior de un Morrison Hotel que Manzarek descubrió en el nº 1246 de South Hope Street (en el centro de Los Angeles). En realidad, nadie había autorizado al fotógrafo para que realizara aquellas fotografías, pero aprovechando la momentánea ausencia del recepcionista, los cuatro tomando posiciones detrás de un vidrio con la enseña, y Diltz, desde la calle, los había inmortalizado. Luego, a propuesta de Morrison, fueron todos a beber algo al Hard Rock Café. Y aquí nacieron las fotos de la carátula interior del álbum. Realmente, aquello era capturar el instante.

18 de septiembre de 1970: el guitarrista y cantante Jimi Hendrix fallecía. 20 de septiembre de 1970: concluía el proceso contra Jim Morrison por los hechos relativos al show de Miami del 1 de marzo

de 1970. El cantante fue declarado culpable de haber exhibido los genitales y haberse pronunciado de modo grosero. 4 de octubre de 1970: fallecimiento de la cantante Janis Joplin.

El desenlace del proceso y la desaparición de las dos estrellas del rock citadas más arriba, sumado a una crisis personal serpenteante acentuada por el abuso de alcohol y a las ya insostenibles presiones de Elektra (que quería otro gran álbum), provocaron una gran desazón en Jim Morrison. El tratamiento que le reservó la prensa en lo concerniente al famoso episodio de Miami era ofensivo, y tendía a retratarlo como a un payaso. A pesar de las opiniones contrarias, el ex Rey Lagarto no perdió el ánimo, y declaró, al *Los Angeles Free Press*: «Tengo la intención de seguir haciendo blues, es la música que me gusta más. También es lo que los Doors saben hacer mejor... sano y simple blues».

Cuando los Doors se volvieron a reunir en su oficina-sala de ensayo (el Doors Workshop), Jim trajo los textos que, transpuestos en música, se convertirían en «Riders on the Storm», «L.A. Woman», «The Changeling» y «L'America». Robby Krieger puso sobre la mesa lo que sería el primer sencillo, «Love Her Madly». Pero el trabajo avanzaba con una lentitud exasperante. La banda parecía vacía y desmotivada. Así que, al cabo de un mes, Paul Rothchild se despidió: «Me habéis hartado. Sois unos pelmazos. Yo me voy. Si queréis este disco

os lo producís vosotros solos». El técnico de sonido Bruce Botnick sería, pues, ascendido al papel de productor y firmaría los créditos del álbum con los mismos Doors. La «partida» de Rothchild, en lugar de poner fin a algo, estimuló al grupo a trabajar con mayor empeño. Renacía así un auténtico espíritu corporativo entre los cuatro que, con la ayuda de un dinámico y capaz Botnick, escribieron de nuevo juntos el material que grabarían, como en los viejos tiempos. Todo iba bastante bien, e incluso Jim era menos de fiar que en el pasado. Aunque, cuando casi habían terminado el trabajo, manifestó la intención de dejar Los Angeles para instalarse en París, diciendo: «Hasta la vista, gente, yo estoy fuera». Para realizar el disco, los Doors trasladaron su equipo desde el estudio hasta su Doors Workshop.

La canción con que comenzaba *L.A. Woman* era «The Changeling». Se trataba de un tema escrito por Morrison en 1968, y hacía referencia al credo de algunos pueblos según los cuales el *changeling* era una criatura sobrenatural que se dejaba en el lugar del recién nacido raptado por espíritus malignos o por el propio Diablo (un tema oscuro y fascinante retomado en la década de 1990 por el dibujante de cómics Mike Mignola, en el cómic *Hellboy-The Corpse*). El humor de Morrison

mientras grababa la canción estaba por los suelos. En cambio, la sección rítmica aparecía dinámica y vivaz, el Hammond de Ray era vibrante, y también Robby parecía en estado de gracia. Según muchos aficionados, justamente con canciones como esta se entiende que Morrison había dicho adiós ya a los Doors (en realidad no era así).

La energía de «Love Her Madly» era la de los mejores Doors. Todo funcionaba en este tema fantástico en el que el autor Krieger cambiaba su propia visión de las historias de amor: no estaba la alegría del principio o el dolor del final, sino un desapego que inducía al amado rechazado a sentir claramente sus propios sentimientos en el momento en que la mujer se iba. Nada de desesperación, sólo lúcida conciencia. Justamente escuchando esta pieza, Rothchild había decidido mandar al grupo a hacer puñetas. En fin, incluso los grandes a veces meten la pata. En las sesiones de prueba estaba presente Bruce Gary, posteriormente batería de los Knack (los de «My Sharona»), que se quedó impresionado por la camaradería de los cuatro. Y se fue feliz como unas pascuas porque Densmore le regaló las baquetas que había estado usando durante toda la tarde.

Una de las obras maestras de este álbum era el título que daba nombre al álbum. La ciudad se contemplaba como un lugar en el que cualquier cosa, para bien o para mal, era posible: sueños maravillosos o pesadillas sin fin, medio o alegría, dependiendo del estado de ánimo. El tema tenía un groove realmente potente: desde la primera nota llevaba a quien lo escuchaba hasta la atmósfera lanzada de una carrera a través de una ciudad en la que se podían experimentar sensaciones extremas, en positivo y en negativo. El inciso central de la canción se caracterizaba por una brusca ralentización del tempo. Morrison entonaba varias veces la estrofa: «Mr. Mojo Risin» (anagrama de su nombre con explícitas referencias a la erección del miembro masculino) y, después de algunos compases, el ritmo aceleraba hasta volver al frenesí inicial.

«L'America» era tal vez la pieza más extraña de *L.A. Woman*. A día de hoy cuesta entender qué tenía que ver con el resto del álbum. Debe decirse que nació para formar parte de la banda sonora de *Zabriskie Point*, de Michelangelo Antonioni. El simpático director la rechazó tras haberla escuchado. Una suerte para los Doors: en los Estados Unidos la crítica hizo trizas esta película. Y la fueron a ver unas treinta personas, que no lo dijeron a nadie. «L'America» (el título era una contracción de *Latin America*) también fue el tema que costó más a los Doors, en términos de trabajo de estudio. «The Wasp (Texas Radio & The Big Beat)» nació en 1968 como preludio a «Love Me Two Times» para su interpretación en los conciertos. Aquí hallaba una forma completa y se convertía a un homenaje al «misterioso ritmo» de Texas.

L.A. Woman se cerraba con una obra maestra, «Riders on the Storm». La canción abordaba todos los temas tan queridos por Jim: el amor, la muerte, el asesinato, la familia, el destino. A pesar de que hayan pasado muchos años, todavía hoy conserva toda su magia y mantiene viva la memoria, la fuerza, la unicidad de los Doors.

CUATRO
CONTRA
TODOS

por Maurizio Principato

———⟨∗⟩———

Los Doors en directo. Entre virtudes y defectos, altibajos, prestaciones fenomenales y exhibiciones para olvidar. Porque si bien es cierto que Jim Morrison sabía ser un intérprete arrollador y que el grupo contribuyó a modelar el concierto rock como lo conocemos hoy en día. También es verdad que en una actuación el cantante podía parecerse a un zombie y que Ray Manzarek, John Densmore y Robby Krieger nunca fueron instrumentistas excelentes. Postales on the road, *historias de locura ordinaria, momentos de éxtasis: desde 1966, cuando los Doors dieron sus primeros pasos, hasta finales de 1970, cuando se produjo su disolución.*

¿Innovadores o canallas? Ambas cosas: entre iluminaciones milagrosas y desconcertantes caídas de motivación, los Doors inventaron la performance rock. Aún hoy, decenas de bandas tienen como referente su enfoque en directo, documentado por álbumes de calidad.

Los Doors fueron una de las bandas en directo más importantes de la historia del rock. Dilataron y ampliaron las posibilidades del concierto, combinando la habitual ejecución de temas con la introducción de elementos que se inspiraban en las disciplinas artísticas más dispares (literatura, teatro, cine, pintura, escultura). Y en directo nunca entendieron la canción como un capítulo terminado, sino más bien como un contenedor siempre abierto en el que podían confluir elementos nuevos o extrapolados de otros temas (por ejemplo, la versión «Moonlight Drive» que forma parte de *Alive She Cried* contiene fragmentos de «Horse Latitude». En cerca de seis años de carrera —hablamos de los Doors con Jim Morrison— realizaron poco más de 200 conciertos (que no son muchos). ¿Todos fantásticos? No, no todos. Cada vez era una incógnita, porque su líder era simplemente imprevisible. En las noches buenas sabía guiar al grupo hacia el cielo, pero en las que no lo eran, las cosas terminaban mal. Y por desgracia fueron justamente estas las que arrojaron el descrédito sobre los Doors.

La presencia escénica de los Doors nació concierto a concierto a partir de marzo de 1966, cuando obtuvieron una actuación de prueba en el London Fog, garito maloliente que intentaba evocar las atmósferas del Swingin' London. Interpretaron sus mejores temas («Hello I Love You», «Light My Fire», versiones de «Little Red Rooster» y «Gloria»). El público enloqueció. El gestor del local los contrató: cuatro conciertos cada noche, seis noches a la semana. La experiencia acabó siendo fundamental, pero los Doors no querían detenerse en el London Fog. Gracias a la iniciativa de Ronnie Haran (una novia de Morrison), obtuvieron una actuación en el Whisky a Go Go. El propietario, Elmer Valentine, los contrató al vuelo: 500 dólares por semana. Comenzaron el 23 de mayo de 1966 y, en tres meses y medio, se transformaron en una banda de rock increíblemente enérgica, inquietante, oscura, erótica. «Nuestras canciones evolucionaban noche tras noche —explicaba Morrison en 1967—. Comenzábamos con la estructura base de una canción, luego la música se estabilizaba en un río sonoro hipnótico. En aquel punto me sen-

> «EN DIRECTO LAS CANCIONES SE CONVERTÍAN EN UN RÍO SONORO. EN AQUEL PUNTO ERA LIBRE DE HACER LO QUE ME VINIERA A LA MENTE. ERA EL MOMENTO DE LA EXHIBICIÓN QUE ME GUSTABA MÁS.»
>
> *Jim Morrison*

CUANDO ED SULLIVAN
INTENTÓ CENSURAR A
JIM MORRISON

El 17 de septiembre de 1967, los Doors estaban invitados en el Ed Sullivan Show, programa de televisión de música en directo, seguido, en los momentos de mayor éxito, por 70 millones de estadounidenses. Cantaron «People Are Strange» y «Light My Fire». En las mesas de mezcla se sentaron Rothchild y Botnick. Los cuatro Doors estaban en los camerinos haciendo el tonto, a la espera de entrar en escena cuando entró el gran Ed, que se congratuló por su alegría: «¡Reíd también esta noche! ¡No estéis tan serios siempre!» Luego cedió la palabra a su yerno Bob Precht, productor del show: «Chicos, no podeis cantar el verso "girl, you couldn't get much higher", no es adecuado hablar de drogas. Tenéis que cambiar la palabra "higher" por otra cosa, ¿de acuerdo?. Jim: «Vete a la mierda». «¿Qué has dicho?». Jim: «¿Quieres que cambiemos la palabra? Ok. ¿Qué propones?» Pero a Precht no le venían ideas razonables, así que decidió confiar en la creatividad de la banda. No era la primera vez que Sullivan censuraba a sus invitados. En enero del mismo año había obligado a los Rolling Stones a cambiar «Let's Spend the Night Together» por «Let's Spend the Time Together». Morrison estaba furioso. Primero pensó en reemplazar la frase en cuestión justamente por «let's spend the night together», luego tuvo la idea de blasfemar en directo, sólo para calentar la atmósfera. Por temor a que se pasara de la raya, nadie se atrevía a hablar. Después de cantar «People Are Strange» con la misma vitalidad que un zombie en reanimación, Morrison atacó «Light My Fire». Y dijo «higher» dos veces, con naturalidad y un velo de desapego (y no con el tono de desafío de Val Kilmer/Jim Morrison en la película de Oliver Stone). Krieger presenta una expresión más divertida, aunque contenida. El solo central se vio bruscamente acortado, como en la versión del tema publicada en 45 rpm. Al término de la canción, Morrison –camisa blanca y traje de piel negra– se detuvo con las piernas cruzadas, en una postura plástica perfecta: Jim Morrison haciendo de Jim Morrison.

En los camerinos, después del minidirecto, llegó Precht jadeante y muy enfadado, y comunicó a la banda que la intención de invitarles seis veces más había quedado anulada: nunca más los invitarían al Ed Sullivan Show. «¿Y qué?», respondió Morrison. «Acabamos de estar ahora. Una vez nos basta.» La indumentaria de Morrison no pasaría desapercibida: Elvis Presley, en su retorno de 1968, llevaría chaqueta y pantalones de piel negra (pero sin la camisa blanca de intelectual decadente).

Maurizio Principato

NOVIEMBRE DE 1966

Los Doors obtienen un contrato de un mes en el Ondine de Nueva York. El público
los encuentra interesantes, la
prensa alternativa los aprecia.
Andy Warhol y su caravana
los adoran (con la excepción
de Gerard Malanga, que
acusa a Morrison de haberle
robado el look cuero y los
movimientos sensuales).

6-15 DE ENERO DE 1967

Contrato para tocar dos fines
de semana en el Fillmore de
San Francisco. Los tres primeros conciertos van muy bien.
En el cuarto, Morrison no se
presenta (había quedado con
una chica de Sacramento).

9 DE ABRIL DE 1967

En el Santa Monica Pier se
presentan en cartel los Doors
y los Jefferson Airplane. Morrison está motivado, se pone
en el borde del escenario
donde improvisa una camina-
ta de equilibrista en escena.
Cae desde dos metros y medio de altura, sobre un grupo
de muchachas extasiadas.

12 DE AGOSTO DE 1967

Los Doors actúan
como telone-
ros de Simon &
Garfunkel en el
Forest Hills Ten-
nis Stadium, en
Queens. Duran-
te la ejecución
de «The End», la
gente se va al bar
o al baño. Morrison
exterioriza su rabia
gritando y rom-
piendo el soporte
del micrófono. Paul
Simon reprenderá al
público.

En septiembre de 1968, los Doors hicieron una breve gira europea junto a los Jefferson Airplane. Esta foto realizada en Copenhague, Dinamarca, documenta una de aquellas escalas.

tía libre de hacer lo que se me pasara por la cabeza. Este
es el momento de la actuación en público que me gusta
más... La música me da una especie de seguridad, hace
que resulte mucho más fácil expresarme».

A finales de 1966, los conciertos de los Doors se convirtieron en un evento imperdible para muchos habitantes
de Los Angeles. Algunos periodistas musicales locales

Anuncio psicodélico de los Doors en el Fillmore.

En el Ondine de Nueva York.

miraban a los Doors con una mezcla de curiosidad y suspicacia. Faltaban parámetros que permitieran comprender las intenciones reales de la banda.

Por ejemplo, Pete Johnson escribió, en *Los Angeles Times* del 17 de julio de 1966: «Los Doors son un cuarteto de aspecto famélico, con un sonido interesante y original, pero con la que probablemente es la peor imagen en escena de cualquier grupo de rock'n'roll en actividad. El cantante escenifica emociones con los ojos cerrados, el pianista toca con la cabeza gacha sobre su instrumento como si leyera palabras misteriosas en el teclado, el guitarrista vaga al azar por el escenario, el batería parece perdido en un mundo suyo aparte.»

> «Los Doors son un cuarteto de aspecto famélico, con un sonido interesante y original. Pero tienen la que probablemente sea la peor imagen de escena entre todos los grupos de rock'n'roll en activo.»
>
> ### *LOS ANGELES TIMES*

También había quien perdía la cabeza por los Doors, y veía en sus conciertos una liberación de los instintos más profundos. Tom Robbins, en aquellos tiempos redactor del semanario *underground Helix*, escribió, justo después de los conciertos de Seattle del 23 y 24 de julio de 1967: «Jim Morrison es una combinación electrizante de un ángel en gracia de Dios y un perro en celo [...] Los Doors son carnívoros de la música en una tierra de vegetarianos, y gritan en la oscuridad de la sala lo que todos los del *underground* susu-

14 DE OCTUBRE DE 1967

Concierto en la Susquehanna University de Selinsgrove. La banda toca bien pero el público está inerte o disgustado. Los cuatro están al borde del agotamiento nervioso.

1 DE DICIEMBRE DE 1967

Durante la interpretación de «Light My Fire» en el Memorial Coliseum de Portland, Morrison salta desde el escenario y se pone a gritar que la policía tiene las armas, pero la gente tiene el poder. Se apaga la corriente.

9 DE DICIEMBRE DE 1967

Antes del concierto en el New Haven Arena, Morrison se va al baño con una chica. Un policía los importuna, el cantante reacciona mal y lo «tranquilizan» con gases lacrimógenos en los ojos. Después de recuperarse, sube al escenario y cuenta lo sucedido, arengando a la multitud y escarneciendo a los agentes del orden. Se produce un tumulto, la policía irrumpe en el escenario y arresta a Jim.

MARZO DE 1968

Gira por el Noreste. Los Doors están en una forma asombrosa, son los mejores conciertos de su carrera.

25 DE MAYO DE 1968

Jim intenta sacudir al público (escaso) de Salt Lake City: «¡Eh! ¿Estáis muertos? ¿Por qué habéis venido?». La banda toca cuatro temas y luego abandona el escenario disgustada.

La canción

★

THE CELEBRATION
OF THE LIZARD

«The Celebration of the Lizard» es una suite imperfecta y, formalmente, incompleta, estructurada en siete partes o movimientos. La versión documentada en el directo oficial *Absolutely Live* (procedente de los conciertos en el Aquarius Theatre del 21 de julio de 1969) es aceptable. Pero «La celebración del lagarto» (traducido al español suena a fiesta campesina) es un título que encierra numerosas historias, relativas a otros tantos intentos, logrados o abortados. Por ejemplo, «The Celebration of the Lizard» tenía que ser el título del tercer álbum de los Doors: la suite estaba destinada a ocupar toda una cara. Pero la intención decayó cuando Paul Rothchild, Manzarek, Krieger y Densmore decidieron no introducir el tema en el disco, porque en realidad no estaba listo (sólo la parte titulada «Not To Touch the Earth» llegó a incluirse en el álbum). Jim Morrison lo aceptó de mala gana, pero recibió un regalito: en la versión del disco que se podía abrir se imprimió el texto de la larga poesía. «The Celebration of the Lizard» también era el título de una recopilación de versos y otros textos, escritos por Jim Morrison entre 1965 y 1968, que constituían un corpus único, una única balada épica y rebelde que narraba el viaje del Rey Lagarto y de sus compañeros a través de un desierto sin fin y sin confines. Vista la naturaleza del texto, su autor

lo imaginaba como la performance definitiva, entendiendo «definitiva» en sentido morrisoniano: no una composición/exhibición cerrada, cristalizada, esclerotizada, sino un contenedor en cuyo interior, salvaguardando la estructura, podía entrar y salir de todo. Sin previo aviso, sin premeditación, sin cálculo. Un enfoque tan creativo como arriesgado, donde entraban el coraje, la inconsciencia y la casualidad. Al principio hemos señalado que la versión de la suite contenida en *Absolutely Live* es aceptable −aunque no excelente− porque es poco homogénea y próxima a la desestructuración, a causa de una trama desligada y más bien difícil de seguir. Pero, en tanto que parto de la mente de Jim Morrison, es un ejemplo espléndido de discontinuidad, de alternancia entre momentos de interlocución y pasajes arrolladores.

En el primer movimiento, «Lions in the Street (and Roaming Dogs in Heat)», el Rey Lagarto abandona la osamenta de su madre bajo el sol de desierto y comienza su viaje. En «Wake Up!», una serpiente se aparece en sueños al Rey. Tiene visiones, en el espejo del baño se materializan figuras inquietantes. Y luego sangre y serpientes de agua que se deslizan. Sexo y terror. «A Little Game» es la reescritura de «Go Insane», tema contenido en la primera y poco madura demo grabada por los Doors, mientras que «The Hill Dwellers» plantea la pregunta:

¿qué se oculta detrás y dentro de la tranquilidad somnolienta de una periferia suburbana anónima? El mal, que va en busca de almas inocentes para poseerlas y consumirlas. En «Not To Touch the Earth», el Rey Lagarto prosigue su viaje, pero el horror se vuelve a presentar ante sus ojos. La hija del ministro se enamora de él, que no cede a la quietud e invoca, con toda la fuerza que tiene en el cuerpo, la fuerza del Sol, de la Luna, del fuego (a fin de que este envuelva todo el planeta). En el sexto movimiento, «Names of the Kingdom», los nombres de las ciudades del desierto van pasando delante nuestro. Carson, Springfield, Phoenix. El viaje parece llegar a su fin. Jim Morrison declara: «Soy el Rey Lagarto. Puedo hacer cualquier cosa». La suite concluye con «The Palace of Exile», relato de los siete años de permanencia en el Palacio del Exilio, donde el Rey Lagarto se distrae con varias muchachas. Pero el cierre invita al reposo, en vista de una nueva partida: «Ahora volved a vuestras tiendas y a vuestros sueños / Mañana entraremos en la ciudad en la que nací / Quiero estar listo».

Originariamente en: *Absolutely Live* (1970). Versiones alternativas: *Live at the Hollywood Bowl* (1987); *The Doors Box Set* (1997) ; *Live at the Aquarius Theatre : The Second Performance* (2001) ; *Boot Yer Butt* (2003); *Legacy : The Absolute Best* (2003).

Maurizio Principato

La carátula de *Absolutely Live*, el primer disco en directo de los Doors, publicado en 1970, que contenía «The Celebration of the Lizard».

rramos más delicadamente en nuestros corazones: queremos el mundo y lo queremos... ¡ahora!». Caramba.

En el escenario, la banda, desde el principio, actuaba de modo poco habitual. La dirección se confiaba a Morrison, al que le interesaba escenificar performances que se articularan con la música y la usaran como trampolín para desarrollos inéditos y, a ser posible, sorprendentes. Fue uno de los pocos en intuir las enormes posibilidades del directo, y rechazó la concepción común de una gira entera constituida por conciertos fotocopiados. Por esta razón, Jim no se limitaba a usar

Jim Morrison en plan turista.

la voz, sino que trabajaba con todo el cuerpo, expresándose a través de danzas tribales, estrepitosas caídas al suelo o eternos momentos de inmovilidad silenciosa. Pero no era un punto de

> «Jim Morrison es una electrizante combinación de un ángel en gracia de Dios con un perro en celo.»
>
> **TOM ROBBINS**

referencia estable y racional. Es más, estaba sujeto al humor, era rebelde, extravagante y provocador. Ciertamente, creía en lo que hacía y, al menos entre 1965 y 1968, también creía en los Doors. Pero no tenía un carácter fácil. A los otros elementos del grupo les tocó el arduo cometido de mantener consolidada (o reconstruir en tiempo real) la estructura general de la actuación. Y, por si fuera poco, soportar el hecho de que Morrison no sabía gestionar sus energías y, después del concierto, vivía intensamente todo tipo de experiencia. Por ello, al cabo de dos o tres días ya no estaba para nada y necesitaba descanso. Solución: tocar los fines de semana, de viernes a domingo.

Póster del concierto en el New Haven Arena.

En concierto en el Hollywood Bowl, 1968.

5 DE JULIO DE 1968
Concierto en el Hollywood Bowl de Los Angeles delante de 18.000 personas. Presentes, Mick Jagger, Marianne Faithfull y Jimmy Miller. Por causas no precisadas, el líder de los Doors permanece prácticamente inmóvil durante toda la actuación.

SEPTIEMBRE DE 1968
Gira europea. Todos los conciertos son memorables. Y probablemente son los últimos en los que los Doors tocan como un grupo de verdad. En los meses siguientes, diferentes vicisitudes e insidiosas divisiones internas pondrán fin a la cohesión de la banda.

24 DE ENERO DE 1969
En el Madison Square Garden de Nueva York, los Doors reciben el apoyo de tres instrumentos de viento, una sección de cuerda y Harvey Brooks al bajo.

ENERO DE 1970
El Roadhouse Tour muestra el total desapego respecto a las sinfonías de *The Soft Parade* y también de la teatralidad del pasado.

22-23 DE AGOSTO DE 1970
En California (Bakersfield y San Diego), los Doors celebran dos conciertos que duran más de tres horas cada uno. La banda está concentrada y llena de una energía casi furiosa. Jim consume varios litros de cerveza durante cada una de las actuaciones.

¿Significaba esto que Jim Morrison era un inconsciente y sus otros compañeros eran serios? No. Ninguno de los cuatro contaba con una concepción personal y propia del proyecto Doors. Morrison vivía diariamente la dolorosa dicotomía entre el deseo de búsqueda/descubrimiento y las ganas de divertirse como un despreocupado irresponsable (sexo, drogas, alcohol y rock'n'roll), no sabía fingir y, si no estaba inspirado en el escenario, todo el mundo se daba cuenta. Manzarek soportaba al cantante, trabajando como un gregario iluminado. Krieger se dedicaba a proponer cada vez más canciones (a ser posible buenas). Finalmente, estaba Densmore,

30 DE AGOSTO DE 1970

Show en el festival de la isla de Wight, en Gran Bretaña. Morrison llega de Miami donde está sufriendo las diferentes fases del juicio por los presuntos actos obscenos. Está física y psicológicamente tocado. Según Robby Krieger, es una de las peores actuaciones de los Doors.

12 DE DICIEMBRE DE 1970

En Nueva Orleans, Jim pierde fuelle al cuarto tema. Durante «Light My Fire» deja de cantar y se arrastra hasta la plataforma de la batería. No logra ponerse en pie para volver a cantar. John Densmore le asesta una patada en la espalda. Morrison se levanta temblando y estalla en un triste y furioso ataque de ira. Rompe en pedazos el soporte del micrófono. El público está asustado. Es el último concierto de Jim Morrison con los Doors.

que quería tocar y nada más. No le importaban nada las provocaciones de Morrison, es más, vivía en el terror de que este último armara alguna de las suyas (el pobre batería llegó a tener una erupción cutánea debida a la acumulación de ansia y tensión).

> «No eran grandes intérpretes, musicalmente hablando. Eran apasionantes, teatrales y enérgicos, pero como músicos dejaban que desear.»
>
> **PAUL ROTHCHILD**

En su primera encarnación, los Doors fueron la banda que usó el concierto para renovar el concepto de canción pop-rock, ampliando sus confines estructurales y expresivos. Una vez alcanzado el éxito, los Doors vivieron la transición –la que llevaba del tranquilo anonimato a las trampas del éxito– modificando gradualmente su fórmula expresiva. Hicieron de la necesidad virtud: en vista de que Morrison se perdía en las galaxias alcohólicas, los otros tres intentaban nuevos caminos, con los que les costaba acertar la propuesta. Y los conciertos con frecuencia adoptaron caminos incómodos o grotescos: ningún músico de la banda lograba asumir la dirección de la actuación, y el borracho Morrison andaba a tientas cansinamente en la oscuridad. Una vez superado este largo *impasse*, los Doors se convirtieron al blues y volvieron al camino recto. Renacieron. Pero el extenuante proceso posterior a los hechos de Miami apagó el espíritu del Rey Lagarto y el telón terminó por caer.

La audición de los directos de los Doors o la visión de las filmaciones que los muestran en directo, permiten observar las frecuentes interacciones de Jim Morrison con el público. A veces hace bromas y la gente ríe a carcajadas. Otras veces reacciona mal a la frialdad o a la mala educación de quien tiene delante, y comienza a lanzar sus rayos verbales («¿No te gusta lo que estamos haciendo? ¿No? ¿Entonces por qué has venido?», «¿Has fumado buena *mierda* últimamente?» «¿Por qué no largas de una vez?»), o bien apunta hacia las primeras filas con cigarrillos encendidos. Otras veces intenta mantener la atención porque siente que no es el momento de bromas, pero todos los presentes tienen que estar sintonizados con lo que va a suceder en el escenario, sin distracciones y sin

> «¿No te gusta lo que hacemos? ¿No? ¿Pues entonces por qué has venido?», «Has fumado buena *mierda* recientemente?», «¿Por qué no te largas de una vez?»

JIM MORRISON AL PÚBLICO

interrupciones («¡Eh, escuchad! Quiero contaros una historia sobre mí. Tengo que deciros un par de cosas, si no os disgusta... No sé dónde estoy ni cómo he llegado aquí, ¡pero aquí estoy!»).

El diálogo entre Jim y una fan al final de «Roadhouse Blues» (contenido en el directo *In Concert*) resulta hilarante.

Morrison: «No sé cuántos de vosotros creéis en la astrología...».

Una chica entre el público: «¡Tú eres sagitario!».

Morrison: «Sí, soy sagitario, el signo más filosófico de todos...».

Chica entre el público: «Te quiero. Yo también soy sagitario».

Morrison: «Pero lo que pasa es que yo no creo en este rollo».

Chica entre el público: «¡Eh, yo tampoco!».

Morrison: «Para mí son chorradas... pero dejadme decir esto... quiero divertirme antes de que este lugar arda en llamas».

Jim Morrison en concierto

ABSOLUTAMENTE LIVE:
LOS DIRECTOS OFICIALES

Absolutely Live

(Elektra, 1969)

El primer álbum, en su origen publicado en doble LP, que muestra las potencialidades de la banda en directo. El productor Rothchild revisó innumerables cintas grabadas y seleccionó lo mejor de lo mejor. Que de todos modos es, metafóricamente, una fotografía tomada mientras el sol ya está en su ocaso. Los fans quedaron estupefactos: ¿pero dónde está «Light My Fire»? ¿Y «The End»? Para compensar, hay una versión de «The Celebration of the Lizard» que, lejos de ser perfecta, contiene momentos emocionantes. A propósito del disco, Jim Morrison, en una de las entrevistas concedidas en 1970, dijo: «Es un testimonio lo bastante fiel del sonido del grupo en una actuación bastante buena... Hemos cortado pasajes ejecutados por primera vez en el escenario que tenían algún defecto pero... cuando tocas en directo, sólo tienes una posibilidad». Según Paul Rothchild, en cambio: «*Absolutely Live* nunca debió salir. Era difícil capturar a los Doors en directo, en la cinta... Los Doors no eran grandes intérpretes, musicalmente hablando. Eran excitantes, teatrales y enérgicos, pero como

músicos dejaban que desear. Había demasiada incoherencia, demasiada música mala. Robby estaba terriblemente desafinado respecto a Ray. John perdía las entadas. Los micrófonos se usaban mal y Jim... no se oía.»

Alive, She Cried

(Elektra, 1983)

Los fans de los Doors saludaron con alegría la salida de este álbum que contenía la versión en directo de muchos éxitos (desde «Light My Fire», interpretada de manera un poco aburrida por Morrison pero con un gran solo de teclado, hasta «Love Me Two Times», pasando por la arrolladora «Moonlight Drive»). La calidad media es buena, los Doors estaban en forma, pero no hay momentos asombrosos.

Live At The Hollywood Bowl

(Elektra, 1987)

Un buen disco que restituye una adecuada imagen de los Doors en directo. Comprende fundamentalmente los éxitos de la banda.

In Concert

(Elektra, 1991)

Doble CD que ensambla los tres álbumes anteriores (aunque de *Live at the Hollywood Bowl* sólo había algunas canciones), con alguna adición que se agradece (la espectacular «Roadhouse Blues»).

Bright Midnight: Live In America

(Rhino, 2000)
Bright Midnight fue una especie de comité que quería salvar a todos aquellos fans de los Doors que se habían castigado irreparablemente el oído escuchando *bootlegs* aparentemente grabados en cinta aislante. Formaban parte de este comité originario Manzarek, Krieger, Densmore, el malogrado Danny Sugerman y Bruce Botnick. Los trece temas contenidos en esta recopilación son de excelente calidad (desde todos los puntos de vista). Se grabaron después del incidente de Miami, en el dramático período en el que los Doors formaban parte de todas las listas negras de los Estados Unidos. Este álbum es un buen punto de partida para descubrir a los Doors en directo.

Live At The Aquarius Theater: The First Performance

(Bright Midnight, 2001)
Grabación íntegra del primero de los dos conciertos que se celebraron el 21 de julio de 1969 en el Aquarius Theatre de Hollywood. Es una interesante fotografía del período de transición que llevó a los Doors hacia la

fase blues de su carrera. Sólo se puede comprar online en la página www.thedoors.com.

Live At The Aquarius Theater: The Second Performance

(Bright Midnight, 2001)
Grabación íntegra del segundo concierto del 21 de julio de 1969 en el Aquarius Theatre de Hollywood. A día de hoy, este es el mejor directo de los Doors en circulación. La banda está cálida y enérgica, toca durante más de dos horas sin el mínimo bajón. «When the Music's Over», «Gloria» y «Light My Fire» están espléndidas. Francamente ineludible. Sólo se puede comprar online en www.thedoors.com.

Live In Hollywood: Highlights From The Aquarius Theatre

(Bright Midnight, 2001)
Una síntesis torpe de los dos conciertos anteriormente citados. Los temas más significativos entre los ejecutados en concierto (sobre todo uno: «Light My Fire») no están en la recopilación. En fin. No se entiende por qué se concibió ni a quién podría interesar. Si se quiere se puede comprar en www.thedoors.com.

Maurizio Principato

MIEDO
Y DELIRIO
EN MIAMI

por Fabio Rapizza

———— ★ ————

Un delirante episodio de embriaguez molesta se transformó en el momento más controvertido de toda la carrera de los Doors. Frustrado por la dirección que estaba adoptando su carrera, inspirado por el teatro de vanguardia y cargado de alcohol, Jim Morrison subió al escenario del Dinner Key Auditorium de Miami y la montó gorda. Fue sometido a juicio y condenado por blasfemia y actos obscenos en lugar público. Los mojigatos se manifestaron contra él. El FBI lo espiaba. Fue el principio del fin.

WANTED

IN THE COUNTY OF DADE

For: Lewd and Lascivious Behavior in Public
by Exposing His Private Parts and by Simulating
Masturbation and Oral Copulation. A Felony

El concierto en Miami del 1 de marzo de 1969 fue fundamental para los Doors: fue la fecha de la ruina, el Waterloo del grupo californiano. En el Dinner Key Auditorium, en el Dade County de Miami, Florida, la banda realizó una de las peores –y más célebres– actuaciones de la historia del rock. Esta vez Morrison superó todo límite. Posteriormente, en una entrevista a *Rolling Stone*, declararía: «Pienso que fue el punto culminante, en cierto sentido, en nuestra carrera arrastrando a las multitudes. En aquel concierto estaba inconscientemente animado por la voluntad de ir más allá, de reducirlo todo al absurdo. Y funcionó a la perfección». De manera claramente intencionada, o quizás tras llegar a un límite excesivo, el cantante se liberó de su propia imagen pública, echándola al fango, para reinventarse como poeta, director y artista. Terminó procesado –el estado de Florida contra James Douglas Morrison– acusado de lenguaje blasfemo y embriaguez, pero sobre todo de ultraje al pudor, por haber expuesto sus genitales y haber simulado una masturbación. Todos los conciertos de los Doors fueron anulados. La prensa estaba indignada. Fue el inicio de una larga retahíla de audiencias, testigos controvertidos y pruebas inciertas, para una acusación que nunca llegó a constatarse, que pendería todavía sobre la cabeza de Morrison en el momento de irse a París, hasta el día de su muerte.

Para comprender las razones que llevaron a la estrella del rock a los gestos desconsiderados de Miami es necesario dar un paso atrás, hasta los primeros meses de 1969: el ápice de una fase crítica para los Doors. La banda acababa de grabar el cuarto álbum en estudio, *The Soft Parade*, cuya gestación había sido larga y laboriosa, entre exigencias de perfeccionismo y veleidades de experimentación por parte de los músicos. Entre diciembre de 1968 y enero de 1969, el grupo actuó en el L.A. Forum de Inglewood, en California, y en el Madison Square Garden de Nueva York, ante un público de 18.000 y 20.000 personas. Para poder tocar en directo algunos temas de *The Soft Parade* (álbum que no se publicaría hasta unos meses más tarde), los Doors acogieron en el escenario a un sexteto de cuerda y un conjunto de viento. El público pareció no apreciar las innovaciones propuestas por el grupo, y durante los conciertos pidió a voces los temas de mayor éxito, en particular «Light My Fire», silbando durante los arreglos orquestales y vociferando durante los intermedios poéticos de Morrison.

La frustración del cantante era tangible, y se estaba acumulando ya desde hacía meses. Se encontraba atrapado en la trampa del éxito, en la

«MIAMI FUE LA CUMBRE DE NUESTRA CARRERA ARRASTRANDO A LAS MULTITUDES. ME ANIMABA INCONSCIENTEMENTE LA VOLUNTAD DE IR MÁS ALLÁ, DE REDUCIRLO TODO AL ABSURDO. Y FUNCIONÓ DE MARAVILLA.»

Jim Morrison

El ángel de la muerte en concierto, en el Dinner Key Auditorium de Miami, la noche del escándalo.

SEPTIEMBRE DE 1963

Primer arresto de Jim Morrison, en Tallahassee, Florida. Se le acusa de embriaguez pública, perturbación del orden público y resistencia a la autoridad. Es condenado a 50 dólares de multa.

ENERO DE 1965

Después de un viaje a México, con dos amigos de la UCLA, Morrison afirma haber matado a un compañero y haberlo sepultado en el lecho de un río. El padre denuncia a Morrison, que es detenido. Las acusaciones caen cuando el chico vuelve de México sano y salvo.

21 DE AGOSTO DE 1966

Los Doors son despedidos del Whisky a Go Go después de que Morrison, bajo el efecto del LSD, añada el final edípico a «The End».

9 DE JUNIO DE 1967

En el Fillmore de San Francisco, Jim hace rodar el micrófono y golpea en la cabeza al promotor Bill Graham, mientras se abre paso entre la multitud conminando a la gente a no protestar.

17 DE JUNIO DE 1967

El concierto más breve de la historia de los Doors. En Long Beach, Morrison se pone el micrófono dentro de la boca y comienza a emitir sonidos extraños. Los otros miembros del grupo lo ayudan a abandonar el escenario.

SEPTIEMBRE DE 1967

En el Ed Sullivan Show, a pesar de que el productor del programa le haya rogado que no lo haga, Jim canta la palabra «higher», contenida en «Light My Fire». Los Doors serán vetados del show.

La canción

★

ROADHOUSE BLUES

El público impaciente llama a la banda a voces. El tumulto de la multitud parece el de una bestia de respiración cansina, hasta que el presentador, entusiasta e inquieto, pronuncia su anuncio: «Ladies and Gentleman... from Los Angeles, California... The Dooooors!». Así comienza la versión en directo de «Roadhouse Blues», grabada durante la gira estadounidense de 1970, con la banda californiana en espléndida forma, potente y compacta. También Jim ofrecía lo mejor de sí mismo en su traje de vocalista blues. Contenida en el álbum *An American Prayer* y en la recopilación en directo *In Concert*, la versión en directo de este tema se utilizó para el videoclip propuesto en el vídeo *Dance on Fire*, recopilado a partir de las caóticas imágenes de la gira de 1968 y con las secuencias de la detención de Morrison en New Haven. Además de ser una de las canciones de los Doors más conocidas y un clásico del repertorio para las bandas de rock-blues de todo el mundo, «Roadhouse Blues» es uno de los temas más representativos del segundo período de la historia de la banda, posterior al concierto de Miami. Los álbumes *Morrison Hotel* y *L.A. Woman* se distinguían por sonoridades blues, por la voz profunda de un Morrison barbudo, más gordo, que no llevaba pantalones de cuero. Justamente «Roadhouse Blues» abría también *Morrison Hotel*, planteándose en neto contrapunto con el sonido rebuscado y contaminado del anterior *The Soft Parade*. La intención de Manzarek y sus compañeros era clara: «Nada de metales. Nada de cuerda», declaraba el teclista. «Sólo los Doors. Doors en estado puro. Puramente rock, blues, jazz, soul y amor. Amor puro. Puro y con cuerpo». La versión en estudio contó con la participación del guitarrista Lonnie Mack (que tocaba el bajo) y John Sebastian a la armónica, aunque registrado en la carátula con el seudónimo G. Pugliese. Caracterizan a esta grabación el solo de guitarra de Robby Krieger, las inter-

En los tiempos de «Roadhouse Blues», Morrison aparecía en el escenario más gordo, con la barba larga y muy poco de su antiguo sex appeal.

venciones al piano de Manzarek, la batería lineal de Densmore. También los textos de Morrison intentaban atenerse a los viejos cánones del blues, manteniéndose en temas como el viaje, el alcohol, la vieja posada, el sexo. De todos modos, Jim cantaba un texto surgido de episodios de vida vivida: en realidad, el bungalow del que se hablaba en la canción era un pequeño apartamento que el cantante alquiló para su novia Pamela Courson en Topanga Canyon, a poca distancia de Los Angeles, situado exactamente en la parte trasera de un restaurante. La invitación a la transgresión («Déjate ir, chica / Toda la noche»; o bien «Etérea señora / Renuncia a tus votos / Salva nuestra ciudad») se acompañaba con elementos de estilo típicamente morrisoniano, como los célebres y proféticos versos finales, extremadamente autobiográficos, que hablaban de una vida siempre al límite, dominada por la incertidumbre y por el espectro de la autodestrucción: «Cuando me desperté esta mañana / Me tomé una cerveza / El futuro es incierto y el final siempre está cerca».

Originariamente en *Morrison Hotel* (1970). Versiones alternativas: *An American Prayer* (1978); *In concert* (1991).

Fabio Rapizza

imagen pública que se había construido, la del bello Adonis tenebroso, vestido con cuero negro. Los Doors actuaban ahora en los Forums y en los auditorios, frente a plateas que acogían a decenas de miles de adolescentes ruidosos: un público profundamente diferente a la élite que los seguía con atención durante sus debuts en los pequeños clubs de Los Angeles.

Jim comenzó a odiar a la multitud que acudía alborotada a los conciertos y se divertía provocán-

> «Beber hace la vida más tolerable, amortigua el dolor y ayuda a liberar mi parte artística.»
>
> ## JIM MORRISON

dola, a veces con ironía, a veces con violencia. En algunas ocasiones se concedía largas pausas de silencio delante del micrófono, otras veces pronunciaba mal las palabras, producía versos primitivos (o eructos) en el micrófono, o bien regañaba al público y le conminaba al silencio. En otras ocasiones estaba jovial y amable, inspirado y arrollador: bailaba en el escenario como un chamán poseído y, al finalizar la actuación, se arrojaba entre la multitud, lanzándose desde escenarios de varios metros de altura (Morrison fue el auténtico inventor del *stage diving*). Otras veces estaba simplemente demasiado borracho para cantar. En Amsterdam, en septiembre de 1968, la banda se vio obligada a exhibirse en trío, dado que Morrison estaba ingresado en el hospital tras haber consumido una gran cantidad de hachís. Cuando los Doors volvieron de Europa, la situación siguió empeorando. Los excesos de Jim cada vez eran

20 DE OCTUBRE DE 1967

En Ann Arbor, Michigan, Morrison insulta al público, y luego canta el resto del concierto con una molesta voz de falsete.

9 DE DICIEMBRE DE 1967

Acusado de desórdenes públicos, Jim es detenido en el escenario durante el concierto de los Doors en New Haven, en Connecticut. En el *backstage* se enfrenta con un policía. Saldrá libre tras pagar 5.000 dólares de fianza.

29 DE ENERO DE 1968

Morrison y su amigo periodista Robert Gover desencadenan desórdenes con el servicio de orden en la entrada del Pussy Cat a Go Go de Las Vegas. La policía interviene y lo detiene por embriaguez y vagabundeo.

15 DE SEPTIEMBRE DE 1968

Los Doors están de gira en Europa. Morrison consume una gran cantidad de hachís. Pierde el sentido en el escenario y es ingresado en un hospital. Los Doors suben al escenario sin él, con Manzarek cantando.

1 DE MARZO DE 1969

Controvertida y tristemente famosa exhibición en Miami, que concluirá con un proceso contra el cantante.

11 DE NOVIEMBRE DE 1969

Después de un turbulento vuelo, Jim y el actor Tom Baker son detenidos en el aeropuerto de Phoenix con la acusación de embriaguez, conducta molesta y molestias a la tripulación de vuelo. Tras ser liberados al pagar fianza, serán exculpados.

Morrison se suelta con una felación a la guitarra, que ni siquiera Jimi Hendrix se había atrevido a hacer. Durante sus primeros conciertos en la década de 1970, David Bowie imitaría esta postura.

más frecuentes y peligrosos. El batería John Densmore recordaba: «El grupo entero estaba fuera de control. Jim estaba loco. Yo quería escapar del miedo cada vez mayor de que todo aquello no fuera más que el principio. Cuando empezábamos, nuestros conciertos eran grandiosos e impresionantes el noventa por ciento de las veces. Ahora, nuestras actuaciones eran un fracaso el cincuenta por ciento de las veces; casi siempre por culpa de Jim. Mi rabia contra él aumentaba. Su falta de fiabilidad estaba arruinando cada vez más

Los Doors durante las tomas de *Feast of Friends*.

nuestras actuaciones en directo y me estaba llevando a la locura. ¿Por qué estropear todo lo que
habíamos creado? Quería convencer a Ray y a
Robby de que detuviéramos nuestra actividad en
directo. Jim se estaba destruyendo a sí mismo y
al grupo».

Justamente a finales de 1968, Morrison anunció
a sus compañeros la intención de querer dejar la
banda. Confesaba que estaba al borde de una crisis de nervios y que necesitaba un cambio de dirección. También su físico denotaba algunos signos de cambio: su barriga estaba más hinchada a
causa del abuso de alcohol, y llevaba una espesa
barba, que se había dejado crecer para que los

admiradores no lo reconocieran. Después de una
larga discusión, Ray Manzarek obtuvo una pró-
rroga de un año por parte de Jim: los Doors no
podían detenerse ahora que estaban en la cumbre
de su éxito, ahora que eran como un tren en plena
carrera del que era imposible bajar.

Morrison iba en busca de nuevos estímulos inte-
lectuales. En los primeros meses de 1969, junto a
Frank Lisciandro, Babe Hill y Paul Ferrara, produjo el cortometraje *Feast of Friends* y fundó la
compañía de producción cinematográfica Hwy.
Por otra parte, se dedicó a la publicación de sus
propias poesías (*The Lord and the New Creatures*)
y a su grabación en cinta.

TEATRO SIN REGLAS

A partir de la década de 1960, en los Estados Unidos y en Europa, junto al teatro más convencional, se desarrollaría un teatro de experimentación cuyas actividades se agruparían en la definición de «vanguardias teatrales». Inspiradas y formadas a partir de la lectura de los ensayos de Artaud y Brecht, se proponían renovar —si no refundar— las convenciones del espectáculo, con el objetivo de ofrecer una forma de arte total que involucrara al espectador en todos los sentidos. La nueva forma de espectáculo total propuesta por algunas vanguardias era el happening, un evento que englobaba acciones diversas en cada representación, libres de un texto dramatúrgico definido, abiertas a modificaciones y que a menudo conllevaban la implicación en primera persona del espectador. Con este propósito innovador y reformador nació el Living Theatre, fundado en 1947 en Nueva York por Judith Malina (1926-2015) y Julian Beck (1925-1985). Desde sus inicios se propuso como una experiencia de continua innovación: más que una compañía de actores, era una tribu o una familia ampliada. Una de las representaciones más controvertidas fue Paradise Now, que debutó en el Festival de Aviñón en 1968, y que se presentaba como un recorrido ascensional para alcanzar el paraíso, es decir, el redescubrimiento de la alegría y del dolor incondicionados, obtenidos al pasar por la revolución cultural y sexual hasta la transformación permanente y la liberación absoluta. Las representaciones eran incendiarias e incontrolables, y adoptaron fuertes connotaciones políticas. El aspecto revolucionario se agudizó sobre todo en los Estados Unidos, adonde el Living Theatre regresó en septiembre de 1968 tras un exilio voluntario en Europa. La compañía estuvo del 16 al 28 de septiembre en la Universidad de Yale, en New Haven. En el relato de Judith Malina, el espectáculo teatral parecía asumir las desordenadas y festivas tonalidades de un concierto rock: «Los estudiantes habían invadido el escenario durante la representación de Paradise Now, y habían participado gozosamente. Luego salimos a representar la última escena por la calle. Caminamos a lo largo de York Street, los estudiantes a hombros

Julian Beck, uno de los fundadores del Living Theatre.

de los actores, las actrices a hombros de los estudiantes, tocados por la gentil ebriedad del paraíso. Y en el fondo de la calle había un coche de la policía esperándonos. [...] Pasamos aquella noche en la cárcel. Luego nos hicieron un proceso muy teatral y completamente absurdo durante el cual nos preguntaron las cosas más cómicas acerca de la mayor o menor exposición de nuestras partes íntimas». Las coincidencias con la experiencia de Jim Morrison eran muchas: también él había sido arrestado en New Haven (ciudad que representaba un núcleo importante en la red de los grupos revolucionarios, y en la que nació el movimiento de los Black Panthers) la noche del 9 de diciembre de 1967, y en Miami sufriría un largo y absurdo proceso, acusado de haber expuesto sus genitales. De hecho, los caminos de Morrison y del Living Theatre, que compartían intenciones, inspiración e ideas, se cruzaron definitivamente en febrero de 1969, cuando Jim, en lo más alto de su carrera, asistió a una representación del Living en la Universidad de Los Angeles.

Fabio Rapizza

Por otra parte, cuando asistió a la actuación del Living Theatre, un grupo de teatro de vanguardia, que se celebró en la última semana de febrero en el Bovard Auditorium de la UCLA, recibió una auténtica iluminación. Jim presenció los espectáculos de todas las veladas en cartel, se sentó en primera fila y, al finalizar las representaciones, invitó a su casa al agente de la compañía, Mark Amatin. El propio Amatin recordaba su encuentro: «Yo llevaba lo que consideraba que era una misión espiritual y política, [...], y esto era justo lo que quería descubrir Jim. Su trabajo había sido una experiencia religiosa, pero se había convertido en entretenimiento, y él se sentía profundamente insatisfecho. El Living Theatre estaba constituido por personas que habían venido a verlo y ya no se habían podido marchar, y Jim quería entender aquel entusiasmo. Decía que que-

> «Jim era realmente el nuevo Baco dispuesto a dirigir la nueva orgía. Y se llamaba rock'n'roll.»
>
> **RAY MANZAREK**

ría encontrar la manera de incluir un mensaje político en lo que hacía, pero no sabía cómo hacerlo ni desde dónde empezar. Tenía la sensación de que la gente estaba a la espera de que hablase, dispuesta a ejecutar cualquier orden, y esta era una terrible responsabilidad; pero Jim no sabía qué decir.»

El espectáculo que más impresionó la sensibilidad de Morrison fue *Paradise Now*, en escena el viernes 29 de febrero de 1969. Los actores se mezclaban con los espectadores y recitaban algunas frases catárticas y de fuerte protesta contra las limitaciones a la libertad individual: «No me permiten viajar sin pasaporte» o «Las puertas del Paraíso están cerradas para mí», hasta implicar al público en una experiencia de masa, en la que todos se ponían en pie y gritaban sus propios sentimientos de desazón. En un cierto punto del espectáculo, además, los actores comenzaban a desnudarse en señal de protesta contra los límites y las reglas impuestas por la sociedad, prohibiciones que impedía, justamente «entrar en el Paraíso». Aunque los intérpretes del Living se quedaron aquel vier-

JIM CONTRA JIMBO

Según Ray Manzarek, el Jim Morrison alcohólico se había materializado antes del éxito de los Doors, cuando entre las palmeras de Venice Beach ambos habían comenzado a abrir las puertas de la percepción mediante el uso de LSD. Pero el intento de romper el velo de la percepción volvió vulnerable a Morrison. Manzarek dijo que el alter ego borracho del cantante, Jimbo, comenzó a vivir cuando un Jim particularmente «abierto» a la recepción de los estímulos exteriores comenzó a frecuentar a un tal Felix, sujeto alcoholizado, negativo, destructivo, ávido y manipulador. En rea-

lidad, el largo flirt del chamán químico con la botella había comenzado ya en la adolescencia, pero luego las dificultades de la vida, los conflictos relacionados con su figura de estrella del rock y con el éxito no hicieron más que reforzar, a lo largo del tiempo, aquel alter ego. Era el lado de sombra del Morrison libre e indómito, el que lo llevaría gradualmente a la deriva. Como solía explicar él mismo: «Me gusta beber porque rompe las barreras y estimula la conversación. Además, cuando la presión es

excesiva, me ayuda a soportarla. Beber hace que la vida sea más tolerable; amortigua el dolor y ayuda a liberar mi parte creativa, que de otro modo se quedaría atrapada entre sus espiras». Tal como escribió en *As I Look Back*: «Estar borracho es una buena máscara. Bebo, así puedo hablar con los gilipollas, incluido yo mismo». En cuanto a las drogas, Jim no desdeñaba los efectos de la marihuana y del

ácido. Testimonios controvertidos refieren también el uso de otras sustancias (cocaína, anfetaminas, heroína), sobre todo durante las incursiones neoyorquinas, pero lo que es seguro es que Morrison era un alcohólico, no un yonqui. Y luego tenía un miedo cerval a los picos. Pamela era heroinómana, y Jim estaba muy preocupado a este respecto: fue justamente por esta razón que le propuso la estancia en París, un *break* para «reencontrarse» a sí mismos y a su alma. Los amigos del local Rock'n'roll Circus, de la ciudad, juraron que el cantante no usaba nunca drogas duras, aunque corrieran en el ambiente. Pero ya era demasiado tarde. Jim murió de un ataque cardíaco provocado por sus abusos, pero no a causa de una sobredosis. Jimbo había ganado la partida. Pamela se fue unos años más tarde, ella sí, víctima de una sobredosis de heroína.

Barbara Volpi

New Haven, 9 de diciembre de 1967, los policías interrumpen la actuación de Jimbo, el alter ego «maléfico» de Jim Morrison, considerada demasiado lasciva e inmoral.
En la foto de la derecha, la ficha policial de la detención.

nes en ropa interior, la performance fue interrumpida por las fuerzas del orden. El intento del Living Theatre era precisamente agredir a los espectadores, implicarlos, provocarlos, catalizar sus miedos y sus desazones poniéndolos frente a límites y convenciones naturales y primordiales, como las de la comunicación y de la desnudez. Estos objetivos interesaban al cantante de los Doors, que a su vez tenía la intención de implicar cada vez más al público y aceptar un nuevo desafío para el siguiente concierto. La oportunidad se presentó en la siguiente actuación, el 1 de marzo de 1969, con ocasión del concierto en el Dinner Key Auditorium de Miami, en Florida.

«En el Dade County, en Florida, la noche era cálida, típica del sur y de las obras de teatro de Tennessee Williams. Había quince mil personas hacinadas dentro de un hangar desmantelado de la Marina, cuya capacidad era de tan sólo 10.000 personas. El público estaba irritable y nervioso. El aire era húmedo y ligeramente fétido. Olía a estancado. A podrido. La multitud estaba agitada.» Así recordaba Ray Manzarek aquella fatídica velada. Los Doors aceptaron tocar en Miami por unos honorarios de 25.000 dólares. Era el primer concierto de la banda en Florida, el estado en el que Jim había vivido durante dos años y medio y en el que había asistido a la universidad. Las entradas se vendían a 6 dólares en preventa y a 7

> **«El público de Miami estaba irritable y nervioso. El aire era húmedo y ligeramente fétido. Olía a estancado. A podrido. La multitud estaba agitada.»**
> **RAY MANZAREK**

dólares en la entrada. El promotor del concierto, Kenneth Collier, liquidó muchos más billetes de lo previsto, eliminando asientos para aumentar el aforo. La gente estaba hacinada y nerviosa, el grupo llevaba una hora de retraso respecto al horario de inicio previsto. Para Morrison había sido una jornada interna. Según lo que estaba programado, habría tenido que llegar a la ciudad de Miami en com-

TO: THE DADE COUNTY SHERIFF'S OFFICE

I. **LEWD AND LASCIVIOUS BEHAVIOR (FEL)**
II. **INDECENT EXPOSURE (MISD)**
III. **OPEN PROFANITY (MISD)**
CHARGE IV. **DRUNKENNESS (MISD)**

Defendant **TO BE ARRESTED**

JAMES MORRISON
Name of Defendant   69- 23.55

Address   Phone

Race **W**   Sex **M**   Age

Business Address   Phone
Member of musical group (The Doors)
Occupation or Business

Height   Weight

Hair   Eyes

3/1/69   **Dinner Key Auditorium**
Date of Offense Location of Offense

Complexion
Marks or
Features

REMARKS: **Booking Agent for "The Doors" is**

Ashley Famous Agency, 1301 Ave. of the

Comments

FILED
MAR 5 1969

Americas, New York City, New York

Complainant (s) (Note: If filed by an officer, both the name of the victim and of the department are shown below)

Bob Jennings, 495 NW 93rd St.
Name   Address   Phone

Theodore Seaman, NFD

ASSISTANT STATE ATTORNEY: **ALFONSO C. SEPE**   alc

201.01-s

Jim saliendo de la sala del tribunal de Miami, octubre de 1970. Abajo, una copia de la orden de captura.

pañía de su novia Pamela, dar el concierto y partir junto a ella hacia Jamaica, para una semana de absoluto relax. Pero incluso antes de llegar al aeropuerto de Los Angeles, ambos tuvieron una dura pelea, Jim perdió el vuelo y envió a su novia a casa. El cantante, acompa-

ñado por el mánager Bill Siddons, alcanzó un vuelo con escala en Nueva Orleans. Mientras esperaba para embarcar, durante el vuelo y en los trámites de la escala, Jim no dejó de consumir bebidas de alta graduación. Así, cuando llegó a Miami, estaba visiblemente borracho y deprimido. Ciertamente su humor no mejoró con las noticias de la pésima organización del concierto, ni tampoco cuando subió al escenario, que era precario e inestable, en una sala cálida y que apestaba, con mucho más público del que su capacidad permitía.

A pesar de todo, Morrison estaba firmemente convencido de llevar a escena su versión del Living Theatre. Manzarek recordaba: «Robby, John y yo no sabíamos qué programa tenía Jim para aquella noche. No dije siquiera una palabra acerca de un "enfrentamiento" con el público de Miami. No dijo, desde luego, que quisiera quitarse la ropa». El testimonio de Densmore es el siguiente: «No miré a Jim a los ojos porque yo estaba nervioso. Estaba tan fuera de mí que lo podría haber cosido a puñetazos, y al mismo tiempo tenía miedo de decirle algo hostil.

Estaba preocupado por él. Sabía que mis malas vibraciones iban dirigidas hacia su autodestrucción, pero también sabía que ninguno de nosotros habría hecho nada para detenerlo.»

«No miré a Jim a los ojos porque estaba nervioso. Estaba tan fuera de mí que lo podría haber cosido a puñetazos. Sabía que ninguno de nosotros habría hecho nada por detenerlo.»

JOHN DENSMORE

El cantante mostró escaso interés a la hora de interpretar las canciones. El grupo tocó «Break on Through» y «Backdoor Man», pero él cantó con una dicción horrenda, desfigurando intencionadamente la pronunciación y la entonación de los versos. En la sección central de «Five to One» se dirigió al público con aire insolente: «¡Sois un puñado de jodidos idiotas! ¡Dejadme que os diga lo que hay que hacer! ¡No dejéis que os di-

Un divertido Jim Morrison asiste desde el anfiteatro a los incidentes entre policía y espectadores durante el concierto de Miami.

rijan a toque de pito! ¿Cuánto pensáis que podrá durar? Quizás os gusta que os manden. ¡Quizás os gusta que os metan la cara en la mierda!». La agitación del público era cada vez más evidente, pero él proseguía su discurso: «¡Eh! No estoy aquí para hablaros de re-

EL CHAMÁN DEL ROCK

El chamanismo es una de las formas de espiritualidad ritual más antiguas, ajena a los dogmatismos de las religiones institucionalizadas y adecuada tan sólo para llevar el estado de conciencia ordinario a un nivel transpersonal, donde puedan activarse experiencias colectivas extáticas y taumatúrgicas. Su tradición, generalmente transmitida de modo oral, desciende de la de los pueblos indígenas americanos, en los que el chamán asumía el papel de «medicine man» y ejercía de mediador entre la tribu y el mundo de los espíritus. Cayendo en un estado de trance inducido por reiteraciones rítmicas circulares y percusivas, por danzas particulares (también circulares y generalmente efectuadas en torno a un tótem) y por el uso de sustancias psicoactivas, el sacerdote precristiano asumía el papel de catalizador de la catarsis

volución. No os estoy hablando de manifestaciones. No os estoy diciendo que bajéis a la calle. Estoy hablando de divertirnos. Hablo de amar a quien tienes al lado... hasta que duela. Hablo de amor».

> **«¡Sois un puñado de jodidos idiotas! ¡Dejadme que os diga lo que hay que hacer! ¡No dejéis que os dirijan a toque de pito!»**
> **JIM MORRISON AL PÚBLICO**

El grupo, sorprendido e incómodo, pero acostumbrado a los excesos del cantante, atacó con «Touch Me», pero él los detuvo, espetando: «¡Esperad un momento! ¡Esto es una mierda! No tengo intención de continuar. ¡Dan ganas de cagar!».

El concierto continuó con una pésima ejecución de «Love Me Two Times». Pero en la sección instrumental de «When the Music's Over», Morrison continuó su panegírico, haciendo una referencia explícita a la experiencia del Living Theatre: «Escuchad, en una época pensaba que todo era

colectiva orientada a la curación de los males del alma comunitaria.

Jim Morrison fue uno de los últimos chamanes contemporáneos, al encarnar la transferencia liberadora de toda una generación. Su «llamada» se produjo al parecer en Nuevo México durante la famosa excursión en coche de Albuquerque a Santa Fe con su familia. La iniciación se perfeccionó posteriormente a través de profundas crisis existenciales, momentos de fuerte soledad y visiones que encontraban su canal expresivo en la música, en el arte y en la poesía, en una búsqueda de un equilibrio nunca cumplido entre el aspecto apolíneo y el dionisíaco de la vida. Durante sus conciertos, Morrison intentaba instintivamente recrear, de forma actualizada, los antiguos rituales en los que la trascendencia respecto de la dimensión ordinaria conducía a la audiencia, a través del sacrificio emblemático del intérprete en el escenario, a un estado de éxtasis místico. De ahí sus exhibiciones magnéticas y desenfrenadas, hipnóticas hasta el límite del hechizo, sus danzas circula-

res en torno al micrófono convertido en el nuevo tótem, la provocación continua que llevaba a una exasperación de los límites psicológicos propios y del público, con el fin de superarlos. Jim creaba la apoteosis de su fisicidad transmutándola en una mera fuerza de la naturaleza, ya fuera ésta un sonido, un movimiento espasmódico al borde del colapso, un aullido de animal herido o la simulación del abandono final. Como explicó él mismo a Lizze James en la revista *Creem*, la estrella del rock se había convertido en el moderno chamán, el cordero del sacrificio. La audiencia proyectaba en él sus fantasías y miedos inconscientes y luego lo condenaba por haber tenido el coraje de escenificarlos. Ciertamente, sin su exasperada representación de los males de la nueva alma del mundo, toda una generación habría perdido la posibilidad de crecer. Como el de un nuevo Cristo pagano, el sacrificio de Morrison marcaría la transición colectiva a un diferente nivel de conciencia. El rock habría sido su cruz.

Barbara Volpi

«NO NOS IREMOS DE AQUÍ HASTA QUE NO LO HAYAMOS DADO TODO»
Jim Morrison

una broma. Pensaba que todo daba risa. Pero en las últimas noches he conocido a gente que hacía algo. Intentan cambiar el mundo y yo quiero hacer como ellos. Quiero cambiar el mundo. ¡Lo primero que haremos será asumir el control de las escuelas!» Las reacciones del público eran contradictorias: carcajadas, aplausos, insultos por parte de los menos tolerantes. Morrison arengaba a la multitud para

que se reuniera con él en el escenario. Bromeó con un policía, cogió su gorra y la lanzó a la platea. El clima cada vez era más tenso, las canciones sonaban de manera distorsionada e irreconocible, hasta que la actuación desembocó en «Light My Fire». Durante el solo de guitarra, Morrison se arrodilló delante de Krieger: para algunos, simulaba un acto de coito oral, mientras que según las posteriores declaraciones de la

30 DE OCTUBRE DE 1970

La sentencia del proceso de Miami declaró a Morrison culpable de blasfemia manifiesta y de actos obscenos en público. Fue condenado a seis meses de trabajos forzados que debía cumplir en la cárcel del Dade County. La defensa presentó un recurso.

12 DE DICIEMBRE DE 1970

Nueva Orleans, último concierto de los Doors con Jim Morrison. El cantante está inmóvil. Golpea el soporte del micrófono contra el escenario hasta romperlo.

banca, se agachó «para observar de cerca el intricado trabajo de dedos del guitarrista». La anarquía reinaba en el escenario: Lewis Marvin, amigo vegetariano de la banca con convicciones pacifistas, se subió al escenario y entregó un cordero vivo a Jim. «Me lo tiraría –dijo el cantante al público– pero es demasiado joven.» Otro espectador vertió una botella de champaña sobre la cabeza de Jim. Al finalizar el tema, Morrison, acalorado y borracho, se quitó la camiseta y quedó con el torso desnudo. El público estalló en una ovación, que empujó al cantante a pre-

guntar si querían ver más. En este punto los testimonios son discordantes: hay quien asegura que mostró el pene a los espectadores; Manzarek sostiene que Jim se burló de todo el mundo, introduciendo en escena a un stripper e instigando una especie de «alucinación colectiva». En la práctica, según Ray, el público creyó ver lo que quería ver. En este punto, el entusiasmo estalló y los espectadores tomaron al asalto el escenario, que osciló peligrosamente y dio signos de ceder. El promotor del concierto pidió al público que se calmara, o alguien podría salir dañado. Morrison prosiguió: «¡Bueno! ¡No nos iremos de aquí hasta que lo hayamos dado todo!» En el subsiguiente desorden, Jim, arrojado a la platea por un miembro de la seguridad, improvisó una danza de la serpiente en medio de la multitud y un gran número de personas se puso a bailar con él. Entretanto, el grupo dejó de tocar y abandonó el escenario. También Morrison salió del cortejo y se retiró al camerino, antes de que el escenario se derrumbara y la sala quedara despejada.

Los daños en la estructura fueron ingentes, pero no hubo ningún herido grave. En el suelo de la sala había prendas íntimas esparcidas: acumuladas por el servicio de limpieza formaron un montón de un metro y medio. Los Doors consideraban que habían concluido una velada confusa y desordenada, como tantas había habido en la gira anterior de 1968. Incluso bromeaban en el camerino con los policías locales destinados a la seguridad. Después de una noche en el hotel, al día siguiente se fueron una semana de vacaciones a Jamaica.

En Jamaica, sin Pamela, Jim Morrison vivía momentos oscuros. Al contrario que Robby y John, no le interesaban los deportes acuáticos, y se pasaba el día encerrado en su alojamiento, solo, fumando porros grandes como cigarros y escribiendo poesías en sus cuadernos (algunos versos rezaban: «Tengo que irme de esta isla totalmente consagrada a nacer de la negritud»).

Entretanto, en Miami, se iban formando nubes negras para los Doors. En las páginas del diario *Miami Herald* aparecieron artículos furibundos contra el show de Morrison y compañía, en los que se daba a entender claramente que el cantante había mostrado sus genitales. El proceso «Estado de Florida contra James Douglas Morrison» se registró el 5 de marzo, cuando Robert Jennings, un fiscal de veinte años, se propuso como parte civil contra Morrison acerca de los hechos del espectáculo de Miami. Las acusaciones eran de comportamiento público obsceno y lascivo (delito de primer grado) y tres delitos menores: exhibición indecente, lenguaje blasfemo y embriaguez. Jim Morrison, estrella del rock peligrosa en la entonces intricada escena social y política estadounidense, fue investigado también por el FBI. La famosa operación Cointelpro del FBI tenía en aquel período el objetivo de naturalizar a críticos y presuntos enemigos del gobierno Nixon (entre los blancos estaba John Lennon, que había efectuado declaraciones indignadas sobre la política del presidente). El dosier del FBI sobre Jim Morrison contenía un testimonio sobre el concierto de Miami; el nombre del informador no aparecía.

El 23 de marzo, en el Orange Bowl de Miami, se celebró una «Concentración por la decencia», un evento cuya finalidad era obtener el apoyo del ala conservadora de la población, «perturbada por lo que considera una afrenta a sus convicciones más profundas en materia de conveniencia social». El presidente Nixon mandó una carta de aprobación a los organizadores de la concentración. Todas las fechas sucesivas de la gira estadounidense quedaron anuladas, en una sorprendente reacción en cadena que trastornó al grupo (sólo Jim se sentiría aliviado), mientras que numerosas emisoras de radio vetaron las canciones de los Doors. También la prensa parecía estar contra la banda californiana: *Rolling Stone* publicó a toda página un cartel al estilo Far West, con la foto de la estrella del rock y la inscripción en mayúsculas «Wanted».

A finales de marzo, el FBI acusó a Morrison de haber eludido el arresto. Era una imputación injusta, porque Jim había dejado Miami tres días antes de que se formulara cualquier acusación. Un agente llevó una orden de captura a la oficina de los Doors. El 4 de abril, Jim, acompañado por su abogado Max Fink, se entregó al FBI y fue liberado tras pago de una fianza de 5.000 dólares. Comenzaba así una larga trayectoria judicial destinada a perseguir al cantante hasta el fin de sus

LOS HEREDEROS,
DE IGGY A KURT

Ian Astbury de los Cult, el mejor sosias de Jim Morrison.

Si algún músico no ha experimentado nunca la fascinación por Jim Morrison, que tire la primera piedra. Incluso muchos de los que lo han seguido su imprinting estilístico o poseído su carisma único e irrepetible, se han acercado al mundo del rock inspirados por su figura. Hay quien ha vuelto a proponer su indumentaria (los famosos pantalones de cuero negro, por ejemplo, que han llevado un montón de artistas, desde Iggy Pop hasta Axl Rose), o quien ha abordado la mezcla entre música y poesía (sobre todo, Patti Smith), o el peligroso entramado entre arte y vida (de Lemmy de los Motörhead al cantante pop de los Inxs, Michael Hutchence). Entre los que han declarado pertenecer a la «secta» morrisoniana, al menos en lo referente a una cierta actitud dark, cabe contar a Ian Curtis, David Gahan, Perry Farrell y Trent Reznor, pero prácticamente todos los rockeros de ambos lados del Atlántico nacidos a partir de 1950 han absorbido algo del cantante de los Doors. Sus actuaciones llenas de magia y sensualidad, de ritualidades

días. En verano de 1969, los Doors volvieron a actuar en directo; antes de cada concierto se vieron obligados a firmar una cláusula, según la cual, en caso de obscenidad durante el show, la actuación quedaría interrumpida y los Doors se verían obligados a renunciar a todos los beneficios de la velada.

El proceso contra Morrison comenzó en Miami el 12 de agosto de 1970. Ray Manzarek recordaba: «Era una farsa. Era absurdo. Era Kafka, Beckett y Ionesco todos juntos. Se presentaron ciento cin-

cuenta fotos como prueba, pero no había ni una sola que mostrara el pene de Jim». De hecho, Morrison, la noche del concierto, había previsto bajarse los pantalones, pero sin exponerse demasiado, para llegar al «límite legal» propuesto en *Paradise Now*: aunque el cantante llevara raramente calzoncillos blancos, en aquella ocasión se había puesto unos boxers tan anchos que había tenido que enrollarlos sobre el cinturón de los pantalones de piel. De todos modos, el proceso prosiguió, entre testimonios controvertidos e in-

oscuras y catarsis colectiva han llegado hasta el gótico y el metal, pasando por gran parte del rock clásico. Su voluntad de arremeter contra los estereotipos y los lugares comunes de la Norteamérica mojigata e hipócrita ha sido actualizada por Marilyn Manson. En cambio, la investidura oficial la ha obtenido Ian Astbury, líder de la banda Cult, elegido por Manzarek y Krieger como sustituto de Morrison en la última encarnación de la banda. Astbury comparte también la pasión morrisoniana por la cultura india y la mística de los pieles rojas. Los álbumes de los Cult están llenos de reclamos más o menos velados al chamanismo y, después de una vida consumida entre los excesos del sexo y de las drogas, también el cantante inglés parece haber encontrado la paz entre la visión cósmica de las filosofías orientales.

La última comparación necesaria es la de Morrison con Cobain, muertos ambos a los 27 años. Las experiencias que los unieron fueron muchas más de lo que cabe imaginar. Su adolescencia se caracterizó por una animadversión frente a la autoridad y la educación convencional, por una alergia hacia los estereotipos típicos de la clase media norteamericana y por una hipersensibilidad poética que ambos canalizaron en la composición. Ambos se convirtieron en héroes mediáticos, con la ayuda de su atractivo aspecto y de la voluntad de vehicular su mensaje a un gran número de personas. Vivieron mal su papel y el anhelado éxito del que luego se sintieron víctimas, conflicto que pagaron con una actitud autodestructiva que les costó la vida. Lo pagaron con su destino, que los eligió inicialmente como dioses del Olimpo para luego precipitarlos al abismo de quien no supo soportar el precio de su propia alma.

Barbara Volpi

Kurt Cobain.

terrogatorios que rozaban lo cómico, centrados en los morbosos detalles del corte de los pantalones de Morrison y las presuntas obscenidades mostradas al público de Miami.

La sentencia se pronunció el 30 de octubre de 1970. El juez Murray Goodman declaró a Morrison culpable de blasfemia manifiesta y actos obscenos en lugar público. Jim fue condenado a seis meses de trabajos forzados que debía cumplir en la cárcel de Dade County. Su abogado Max Fink presentó un recurso inmediatamente a la Corte del Distrito de los Estados Unidos y Morrison fue liberado tras pago de una fianza de 50.000 dólares. A la espera de posteriores juicios, Morrison viajó a París en marzo de 1971, con la sentencia para la el recurso todavía en suspenso. Entre sus proyectos en la capital francesa estaba la redacción de un ensayo: *Consideraciones de un americano de visita en París, procesado en Miami.*

EL POETA
QUE CAYÓ EN LA
TIERRA

por Samantha Colombo

---- ★ ----

Era un icono pop, quería ser considerado un poeta. La trayectoria artística de Jim Morrison se movía entre estos dos polos. En sus canciones, y sobre todo en su producción poética publicada en vida o bien póstumamente, confluyeron mitos griegos, maudits *franceses, vanguardias surrealistas, análisis social, provocaciones grotescas. Morrison mezclaba todos estos elementos de manera nada convencional y firmaba composiciones que exploraron los abismos de su alma, entre suavidad y exceso.*

El joven James Douglas Morrison era un talento fuera de lo común. Ciertamente, su empeño en los estudios no era constante, pero cuando la luz del interés aclaraba su mirada, era imposible que ésta se desvaneciera. A menudo, los mismos profesores del George Washington Institute de San Francisco, primeramente, y de la Florida State University, más tarde, no desdeñaban debatir con él en materia de literatura y filosofía, desentrañando una madeja constituida por pasión por toda actividad expresiva y por una formación humanística dictada más por el interés que por los programas oficiales. Un ímpetu artístico y una base cultural que contribuirían de manera indistinguible a la construcción de la futura estrella del rock, papel del que el propio Jim renegaría en los últimos años de su vida, llevándolo a un desesperado exceso en un intento de catarsis, aferrándose a su ser de poeta, más que marioneta en las manos del mito que él mismo había creado. Una figura tan fuerte que sobrevivió, como el más grande de los clásicos, a su propia muerte. Tan fuerte incluso como para usar la propia muerte como perenne renacimiento artístico.

Morrison fue un poeta, lo fue con su sensibilidad hacia quien, antes que él, había escrito versos, y luego en primera persona, con sus palabras y con una estética de la propia imagen que iba más allá del simple concepto de icono popular. Y no era

«SI MI POESÍA TIENE UNA FINALIDAD, ES LA DE LIBERAR A LAS PERSONAS DE LAS LIMITACIONES A TRAVÉS DE LAS CUALES VEN Y OYEN.»

Jim Morrison

casual que justamente la figura oscura y onírica de William Blake estuviera entre sus primeras fuentes de inspiración, incluso por el nombre de la banda que luego haría historia: aquel que exaltaba el puro poder creativo de la imaginación, situándose en contraste con los cánones artísticos oficiales del gusto neoclásico, podía revivir perfectamente en el clima de renovación de una Norteamérica que se deslizaba hacia el tumulto de la década de 1960. «El camino del exceso conduce al palacio de la sabiduría», escribió Blake, y esta parecía ser una lección nunca olvidada por Jim, casi marcada sobre su piel.

Fue el intelectual Aldous Huxley quien retomó el concepto de las puertas de la percepción que se abrían de par en par (así se titulaba esta obra suya, *Las puertas de la percepción*), mediante sus experimentos científicos a base de alucinógenos, y quien hizo reales visiones y pesadillas registradas por el poeta en sus composiciones: cuando Morrison tuvo por primera vez este volumen entre sus dedos, los años cincuenta todavía no habían acabado, pero los estudios sobre percepciones sensoriales alteradas por sustancias químicas se iban consolidando. Es más, el propio Timothy Leary, profesor de Harvard y autoridad reconocido en la materia, vinculaba las indagaciones sobre los estados alterados de conciencia al peyote mexicano, estableciendo un puente entre los Estados Unidos del boom económico y las culturas extraocciden-

tales, en las que el uso de drogas no era una simple evasión, sino un medio para alcanzar dimensiones de conciencia particulares y conseguir objetivos espirituales y religiosos más allá de la comprensión humana. El encuentro de Jim, siendo niño, con el viejo chamán moribundo, era emblemático a este respecto: en él, el joven vio la verdadera esencia de América, y no en la modernidad que somete las conciencias. En la universidad, el propio Jim intentó de todas las maneras abrir, casi hacer estallar su propia mente, leyendo y releyendo este libro, tomando apuntes diligentemente en varios cuadernos, en un delirio onírico que, posteriormente, sería la fuente primaria de las visiones musicales de los Doors. De todos modos, el nacimiento de la psicodelia todavía estaba lejos, y lo que conquistó a Morrison fue sobre todo el arte del Viejo Mundo: el caos y los extremos de las vanguardias surrealistas, las pinturas visionarias del Bosco, pero sobre todo la literatura.

Una imagen intensa que muestra al Jim Morrison de los últimos meses, mientras compone. ¿Poesías o canciones? Nadie lo sabe.

La canción

★

THE UNKNOWN SOLDIER

as hileras de lápidas inmaculadas del Arlington National Cemetery de Washington son la última y tranquila morada de John Kennedy, de las tripulaciones de Challenger y Columbia, de miles de militares estadounidenses fallecidos durante las dos Guerras Mundiales y la Guerra de Corea, así como de otras personalidades, también extranjeras, caídas durante su servicio con los Estados Unidos. También reposa aquí una víctima de la guerra de Vietnam, pero su identidad no se conoció hasta 1998 y su tumba, en un atento gesto de respeto por su historia y por la de centenares de otros como él, se consagró al Soldado Desconocido. Justamente esta imagen pareció haber afectado e inspirado a Jim. De hecho, su propio padre, George Steve Morrison, era un oficial de la Marina Militar, comprometido en primera persona en los conflictos que afrontaron los Estados Unidos, como el de Corea, a donde fue destinado cuando su hijo todavía era un niño, en 1953. Un tiempo después, en 1968, año de la publicación de «Unknown Soldier», la guerra en Vietnam alcanzaba el ápice de su crudeza: fueron los años de las matanzas entre civiles, de la intensificación de la estrategia reaccionaria de Van Thieu, así como de la explosión irrefrenable del movimiento pacifista en los Estados Unidos y en Europa. No resulta difícil observar que esta canción, que se puede asociar con

tanta facilidad al conflicto en curso, aunque con referencias más generales a la condición de degradación de la existencia humana, se convirtió en uno de los himnos simbólicos del sentimiento de protesta antimilitarista. Y, en consecuencia, fue vetada de las emisoras de radio, con la correspondiente censura de la filmación de promoción. A pesar de ello, logró situarse en el número 39 de la clasificación estadounidense, y no eran pocos los testimonios de explosión del público en los primeros compases del tema, como sucedió durante el show de Chicago del mes de mayo del mismo año, contado por Jerry Hopkins en su biografía de la banda.

Paul Rothchild, productor del álbum *Waiting for the Sun*, en el que aparece este tema, era un perfeccionista fuera de lo común: cada tema del disco se grababa al menos una veintena de veces, a fin de eliminar toda posible impureza y las innumerables imperfecciones provocadas por la inconstancia y por los frecuentes saltos de humor del cantante. La misma «Unknown Soldier» se grabó en dos partes diferentes, para un total de unas 130 repeticiones. El resultado es uno de los temas considerados más complejos, dramáticos y poéticos de toda la producción de los Doors. Su estructura es un *collage* articulado en diferentes secciones rítmicas y melódicas: la etérea obertura al órgano se debilita en una primera estrofa que describe, con pocos rasgos, la guerra vista desde lejos a través de los ojos de los medios de comunicación, en la mediocridad de la provincia («Durante el desayuno, cuando se leen las noticias / La televisión ha alimentado a los niños / No nacidos, vivos, muertos / El proyectil atraviesa el yelmo»). La sección central es la que da un vuelco brusco a la perspectiva, dejándose caer en medio de la marcha de un pelotón, con sus tambores, órdenes gritadas y sonidos metálicos de fusiles, para introducir una segunda estrofa, idéntica en los versos, pero más agitada que la primera. La conclusión se alcanza gradualmente en un clímax de victoria, no tanto por el resultado de la batalla, sino porque ha finalizado («Todo ha terminado / La guerra ha terminado / Todo ha terminado»), con un trasfondo de campanas lejanas. Un pequeño drama musical, más que una canción, y es interesante descubrir que, en sus años de escuela, Morrison realizó un ensayo de fin de curso sobre la puesta en escena de *Esperando a Godot*, de Beckett, en la que al final preveía la aparición de un hombre crucificado, inundado por su misma sangre: anticipación de lo que serían las imágenes del vídeo de la canción en cuestión. Justamente el clip, repetidamente censurado incluso después de la muerte del líder de los Doors, está contenido en *Dance on Fire*, una recopilación de extractos, filmaciones, vídeos y directos de la banda.

Originariamente en *Waiting for the Sun* (1968). Versiones alternativas: *The Doors Box Set* (1997), *Soundstage / No One Here Gets Out Alive* (2004).

Samantha Colombo

En la página anterior, los Doors rinden homenaje al soldado desconocido.

En las *Vidas* de Plutarco, el joven estudiante se vio a sí mismo proyectado en la imagen atractiva e indómita de Alejandro Magno, pintada en tonos elocuentes por el escritor platónico. Incluso en los primeros meses de 1968, Wallace Fowlie recibió un día la carta de un desconocido, que le agradecía su obra de traducción de Rimbaud, publicada un par de años antes: era un joven presuntuoso, pero preparado y seguro de sí mismo, en las dosis que sólo un intelectual experto podría permitirse. Y que, al mismo tiempo, creaba el delirio entre

> «Me interesa el cine porque en mi opinión es la forma de arte más próxima al flujo real de conciencia.»
> **JIM MORRISON**

miles de fans devotos, aunque el profesor no había oído hablar nunca de él. El propio Fowlie, años más tarde, sería el autor del ensayo *Rimbaud y Jim Morrison: el poeta como rebelde*. En efecto, en Rimbaud el joven Morrison veía la relación sublime entre la banalidad cotidiana y la exquisitez de la poesía más refinada, el elogio del desorden moral y material típico del bohemio, en una alianza que no podía dejar de fascinar magnéticamente su espíritu rebelde, pero consagrado a la perfección del arte.

Pero para conquistar la admiración de Jim todavía había universos más oscuros. El genio de Louis-Ferdinand Céline, que con la simple publicación de *Viaje al fin de la noche* había logrado escandalizar a toda una generación, era un cjem plo evidente de esta atracción por la poesía de lo oscuro. El francés se erigió en portavoz del grito

MORRISON Y RIMBAUD
UN DESORDEN COMÚN DEL ALMA

En las variadas lecturas que caracterizaron su período universitario en la UCLA, Jim Morrison descubrió y se apasionó por Arthur Rimbaud, por la extraordinaria afinidad que emergía de la lectura de sus poesías. Fue un inesperado proceso de identificación, que lo alentó a profundizar todas las obras que lograba encontrar en la surtida biblioteca de la universidad. Se trataba de un auténtico estudio que daría sus frutos poco después, cuando en algunas de sus canciones llegaría a aflorar incluso la emulación.

El período de Venice todavía era confuso y anfetamínico, pero las puertas de la percepción ya estaban listas para abrirse de par en par, y el mundo artístico era el único que podía interesar a Jim. Cine, poesías y canciones eran todavía una mezcolanza indefinida de ideas y de intereses que se acumulaban en su cabeza, pero todo empujaba hacia la misma dirección. Hacia la necesidad de entender el sentido de la existencia.

Como Rimbaud, se vio obligado a combinar su gran espiritualidad con la necesidad vulgar de supervivencia cotidiana, una mezcla de difícil coexistencia que, con frecuencia, llegaba a liberar una agresividad que se manifestaba en provocación y en una abierta actitud desacralizadora.

Con la ayuda de Dennis Jakob, que se convertiría posteriormente en el asistente de Francis Ford Coppola en *Apocalypse Now*, Morrison pensó realizar una película sobre la vida de Rimbaud, pero el proyecto no tuvo continuidad y terminó en nada, como por otra parte muchas de las ideas de aquel período. Sin embargo, Jim siguió apreciando el personaje, hasta el punto de que hablaba a menudo de él con los otros Doors citando abiertamente fragmentos de sus poesías. Analizando las biografías, se descubre que, además de una sensibilidad particular, a ambos los une una infancia caracterizada por sorprendentes rasgos comunes: ambos eran hijos de oficiales militares y a ambos los educaron de manera tan estricta como para provocar un rechazo precoz a la autoridad, que se manifestaría luego con una decidida rebelión frente al conformismo burgués. Cuando Jim Morrison sostenía que estaba interesado en todo lo que fuera revuelta y caos, no se apartaba de Rimbaud, cuando este hablaba de «sagrado desorden del alma».

El desorden, según los dos, servía para sacudir al ser humano, hacerlo salir de su condición de autómata y encontrar la fuerza perdida. La invitación a la revolución, prescindiendo de la posibilidad de hacerla realidad de verdad, que sobrevuela en *Après le déluge*, del poeta francés, se vuelve a encontrar intacta en *Jamaica*, la recopilación de poesías extraída de *Wilderness*, de Morrison. Ambos se perdieron luego en países extranjeros.

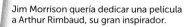
Jim Morrison quería dedicar una película a Arthur Rimbaud, su gran inspirador.

de desahogo de toda una parte de la sociedad moderna, en la denuncia sin medias tintas de una realidad demasiadas veces renegada, y logró provocar una reacción emotiva en cadena, que pasaba del desdeño al escándalo, para llegar a la denuncia. Fue sobre todo el estilo casi coloquial de Céline lo que impresionó a Morrison, fascinado, probablemente también después de la lectura de *Muerte a crédito*, por un análisis de los excesos de la naturaleza humana, pero pintados de modo descarnado y deslizándose entre los meandros más oscuros de la sociedad y de la vida misma. Por otra parte, el escritor francés se distinguió justamente por sus innovaciones lingüísticas, acompañadas por transfiguraciones fantásticas: una especie de expresionismo literario, que fue tan alabado en muchos textos de los Doors. Justamente *Viaje al fin de la noche* lo que inspiró «End of the Night», cara B de «Break

"NO ESTOY LOCO, ESTOY INTERESADO EN LA LIBERTAD"

Jim Morrison

on Through»: «Coge la autopista hasta el fin de la noche», retomando de manera nítida el título de la obra francesa, y la descarnada letanía, casi un *collage* de imágenes delirantes, que comenzaba con «Reinos de gozo, reinos de luz», reflejaba de manera impresionante el expresionismo anteriormente citado, marcando las eses para acentuar la atmósfera incorpórea. Y sin embargo, más allá de la noche, otro elemento influyó de manera ostensible la poética de Morrison, y se puede trazar fácilmente

LAS POESÍAS PÓSTUMAS
ESTÁN REUNIDAS SÓLO EN PARTE
EN *AN AMERICAN PRAYER*

El día de su vigésimo sexto cumpleaños, el 8 de diciembre de 1969, Jim Morrison se autofinanció una sesión para grabar una lectura interminable delante de sus amigos Frank y Katherine Lisciandro. La idea era dar finalmente un cariz público a sus poesías. Pero nueve meses antes se había producido el escándalo de Miami, y el eco de aquella tormenta todavía no se había apagado. No era el momento de dedicarse a proyectos extraños. Unos meses después, en marzo de 1970, Morrison cambió de opinión y planificó algunas sesiones nuevas para otras lecturas en las que dar a conocer poesías en parte ya escritas y otras todavía en borrador.

Esta vez, la idea era que los Doors lo acompañaran con su música y realizaran un álbum decididamente anómalo para la época, pero al fin y al cabo centrado en su auténtica vena compositiva. Por inconstancia o por fuerzas del destino, el proyecto no tuvo continuidad, pero algunas de aquellas poesías encontrarían vida paradójicamente después de su muerte, cuando los Doors supervivientes habrían recurrido a las recopilaciones poéticas de Jim para extrapolar una

docena de lecturas y, justamente como habría querido su líder, acompañarlas musicalmente. *An American Prayer* era, a todos los efectos, el álbum que Morrison habría querido, aunque las elecciones probablemente habrían recaído en otros textos. Pero más allá de aquel álbum había mucho por descubrir analizando las poesías de las diferentes recopilaciones, tanto en lo referente al estilo como a los contenidos. En «Radio Dark Night», por ejemplo, ya estaban presentes todos los temas de la poética morrisoniana, que luego se extenderían a las canciones con los Doors: la incapacidad de reaccionar que frena toda posible rebelión, el tema onírico o el arquetipo del agua. Desde el punto de vista estilístico, parece evidente hasta qué punto Morrison se vio influido por la poesía romántica inglesa (en «Moonshine Night» resultan evidentes las sugestiones al estilo de Wordsworth), y en «Daffodils» se llega al extremo del plagio: «Under the moon / Beneath the stars / They reel & dance».

Entre las influencias tampoco faltaba el divino Shakespeare, que aparecía en varios casos, como en «Oda a L.A., pensando en Brian Jones fallecido», en la que concurren «príncipes de Dinamarca» y «Ofelias», o en «Far Aden», una de las recopilaciones morrisonianas póstumas, en la que se inspiraba en la comedia *A vuestro gusto*. Eran las denominadas «village tapes», para usar el término con el que se harían famosas estas poesías de Morrison entre sus admiradores, un apelo a la antigua sabiduría «llegada de lejos para saludarnos desde Oriente con el sol», la llamada a los cuatro elementos que se convierte en desesperación en los gritos de auxilio de «Cassandra at the Well»: «¡Ayúdanos, ayúdanos, sálvanos, sálvanos! ¡Estamos muriendo, muchacho, haz algo, haznos salir de aquí!».

Palabras extrañas en boca de un chamán a quien parece que le han robado el poder taumatúrgico. ¿Acaso no había escrito: «Si mi poesía tiene una finalidad, es la de liberar a la gente de las limitaciones a través de las cuales ven y sienten»? «El chamán con pantalones de cuero», como lo había llamado el periodista Jerry Hopkins en un artículo célebre sobre los Doors, estaba probablemente, a su manera, pidiendo ayuda. En «As I Look Back», donde se detiene en los años pasados de su vida, Jim era bastante despiadado consigo mismo y se pintaba como un «loco», un «rebelde con una voz que parece la queja nasal de un adolescente reprimido». Corría ya el año 1971, en el período parisino, cuando se entretenía escribiendo sentado anónimamente en las mesas de los cafés de la *rive gauche*, y este hecho ya dice mucho sobre su discutida decisión de abandonar la banda en favor exclusivamente de la poesía. De hecho, Pamela Courson había declarado: «Jim es un poeta y no debería perder tiempo en un grupo de rock».

Justamente en París escribió poesías delirantes sobre su estancia en la ciudad, que se publicarían con carácter póstumo como las contenidas en *Wilderness* y *American Night*. Ahí estaba ya la premonición de su muerte, y el uso de términos bíblicos le daba un tono todavía más angustioso («Desnudos llegamos y heridos dejamos este mundo / Desnudo alimento para los gusanos ahí abajo»).

Jim Morrison, que quería ser un chamán, debía parecer justamente un loco para quien nunca hubiera osado ir más allá de las puertas de la percepción.

en *El nacimiento de la tragedia* de Nietzsche. El filósofo alemán hablaba profundamente en su obra de la distinción entre un elemento dionisíaco, fijándolo como oscuro, irracional, indefinido y ambiguo, ligado a la música y a la danza, y uno apolíneo, luminoso, solar y definido, expresado por la

> ## «La presencia y el arte de Jim han creado una onda vibrante.»
> ### MICHAEL MCCLURE

perfección de la escultura y de las artes figurativas. Sin sombra de duda, Morrison era consciente que se identificaba con el primero, a través de la construcción de su propia imagen, así como a través de sus palabras: «The Wasp (Texas Radio and the Big Beat)», elogio a la salvación del presente gracias al placer, con su verso: «Ninguna recompensa eterna nos perdonará el hecho de habernos perdido el alba», puede leerse como declaración de elección del elemento dionisíaco. Por otra parte, no debe olvidarse la frecuentación de la playa de Venice, pocos años antes lugar de encuentro de la Beat Generation, trasladada desde la Costa Este y, en la época de la universidad, segunda casa de estudiantes y artistas fascinados por algo clasificable como bohemio. Cuando Morrison declaró: «No estoy loco, me interesa la libertad», casi es obligatorio detenerse un momento y volver con la memoria a las páginas de *En la carretera*, de Jack Kerouac, exaltación de una Norteamérica lejana de las grandes metrópolis pero, sobre todo, de la construcción del individuo mediante el viaje. En cualquier caso, el estudiante Morrison no frecuentó ninguna escuela de música: «Me interesa

En la época de Venice Beach, Pamela debió ser la musa inspiradora de muchas poesías del joven Jim.

procedía de la *Ascensión y caída de la ciudad de Mahagonny*, de Bertold Brecht, musicado por Kurt Weill. A este último le correspondió el mérito, justamente gracias a esta obra, de la aproximación entre música popular y cultura académica, revolucionando el teatro musical de principios del siglo XX desde su interior. Por otra parte, el propio Lou Reed retomaría su «September Song» y Frank Sinatra incluyó en su repertorio una versión de «Mack the Knife».

Más allá de las influencias de los grandes, buscadas, captadas, absorbidas y vueltas a proponer con un gusto personalísimo por parte del líder de los Doors, destacaban en su modus operandi elementos ancestrales de la cultura humana, propuestos a despecho de las convenciones oficiales: «Reintentémonos los dioses, todos los mitos / De los Tiempos / Celebremos símbolos de viejos bosques profundos», recitaba Morrison al principio de «An American Prayer». En su pensamiento era ineludible, en primer lugar, el elemento chamánico, en una especie de

el cine porque, en mi opinión, es la forma de arte más próxima al flujo real de conciencia», declaró. Y, en efecto, las referencias al cine y las afinidades con el teatro, auténtica poesía de lo visual, no son raras en su obra. En primer lugar, aquella «Alabama Song» que los Doors solían proponer ya durante los primeros conciertos, junto con otras piezas rock y blues no originales. El tema en cuestión

creación de una nueva mitología que combinaba culturas primitivas, que se habían transmitido casi intactas durante generaciones en el curso de los siglos, con instintos e impulsos naturales, frenados en cambio por el progreso de la modernidad occidental y defraudados del elemento más alto, el espiritual. Justamente a través del chamanismo,

«Es un poeta, no debería perder tiempo en un grupo rock.»
PAMELA COURSON

emergió el interés primario de Morrison por el alma del hombre, declarado por él mismo en 1967: «Nuestra obra, nuestras interpretaciones, son un medio para la metamorfosis. Es como un ritual de purificación, en sentido alquímico. Primero tienes un período de desorden [...] al final logras discernir el dualismo de los opuestos. En este punto, ya no puedes hablar de bueno o malo, sino que serás algo por encima de estos, y puro».

Así, partiendo del interés por la más antigua de las culturas de América del Norte para llegar a la elaboración de una filosofía personal propia, temas como «When the Music's Over» y «Shaman's Blues» presentaban estos ingredientes de manera impecable. Especialmente esta última, lucía las tonalidades vívidas y extrañas, que posteriormente se considerarían típicas de Jim Morrison. Y el viejo chamán moribundo, deslumbrante en los recuerdos de Morrison, se convirtió para él en símbolo de la verdadera América, y le confirió, en consecuencia, el privilegio de sentirse depositario de una autenticidad que, en muchos y atrevidos aspectos, lo asimilaba al poeta vate de finales del

siglo XIX. El propio Densmore declararía, en la biografía escrita por Hopkins y Sugerman: «Éramos presos del chamán: el poeta inspirado. Todos nos interesábamos por esto. Buena parte de la vaga filosofía de los estudiantes del curso de cinematografía en la UCLA era que se tenía que superar la distinción entre sueño y realidad. Una de mis frases preferidas era: los sueños general realidad. [...] Habíamos creado la teoría de la Verdadera Patraña; según esta teoría nuestra, la vida no es tan estimulante ni aventurera como debería ser, por lo que se van diciendo falsedades con la finalidad de crearse imágenes. No importa si son verdaderas o no, siempre que se crean».

Como se ha dicho, con la mente llena de todas estas proyecciones, Morrison guardaba cuadernos llenos de poesías, inspiraciones, frases captadas durante las clases o por la calle. Justamente estos cuadernos serían la semilla de toda la poesía del gran artista que demostraría ser. Ante todo debe subrayarse hasta qué punto poseía un talento de amplio espectro a la hora de afrontar varias formas literarias: recorriendo su producción, de hecho, es posible toparse con baladas, canciones de amor, yuxtaposiciones estridentes de imágenes, versos filosóficos, ataques políticos

«Éramos presos del chamán: el poeta inspirado.»
JOHN DENSMORE

y la tradicional métrica rhythm and blues. Estas eran las formas que asumía su exploración del alma humana, un viaje infinito con los pies en el suelo y los ojos semicerrados, mientras la mente vagaba con la ayuda de los alucinógenos y de cualquier otra sustancia capaz de alterar las percepciones sensoriales.

A nivel estilístico, la expresividad de Morrison llegó demasiado tarde para situarse en la libertad léxica de la Beat Generation, de la que aprendió de todos modos una notable lección. La mezcla de confusión, literalidad, mitología y metafísica se orientaba temáticamente hacia la lección simbolista y decadente, fundiendo alteraciones de la realidad derivadas del uso de las drogas con un estilo rico en patrones rítmicos, aprendido directamente de la música. De todos modos, sus obras no eran didácticas, a pesar de que en ellas prevaleciera la consciencia de la superioridad de quien escribía.

En 1969 vieron la luz oficialmente las dos primeras recopilaciones de poesías, surgidas de los apuntes tomados durante toda su vida. Ambas eran ediciones privadas de un centenar de copias cada una. La primera recopilación, *The Lords: Notes on Vision*, se imprimió en papel pergamino de color crema, en páginas de 22 x 28 cm, encuadernadas con una cubierta azul saboya y una banda roja, sobre la que destacaba el título en lámina de oro. La segunda, *The New Creatures*, tenía un aspecto decididamente más humilde: apenas 42 páginas en formato estándar, impresas sobre papel amarillo pajizo y encuadernadas en cartón marrón similar al de los cuadernos escolares, en contraste con el habitual título en lámina de oro. Ambas estaban firmadas por James Douglas Morrison y, mientras que la primera obra estaba compuesta por observaciones de estilo rimbaudiano sobre la estética del cine (de hecho eran los apuntes de cinematografía de la UCLA), la segunda comprendía poesías más recientes. *The Lords* se concibió en base a un lenguaje metafórico y suspendido entre lo onírico y lo fantástico, para recorrer la historia del cine en una alternancia de versos libres y prosa. Según el autor, los orígenes del séptimo arte no debían atribuirse, como aseguraba el pensamiento oficial, a los hermanos Lumière, sino a un tiempo perdido más allá de la memoria del hombre, que encontraba raíces atávicas en la magia. Tras una lectura más visceral, las palabras de Morrison desvelaban un examen de las estructuras sociales modernas, según él condicionadas por miedos y vínculos de fuerzas desiguales, donde la mayoría, llamada ovejas, era comandada por los señores, los Lords del mismo título. Esta concepción de la vida social puede vincularse con un momento en particular del escándalo de Miami, cuando el líder gritaba, dirigiéndose a su público: «¡Sois todos un puñado de jodidos esclavos!»; no era un delirio, sino que retomaba su teoría. De hecho, sostenía que *The Lords* «habla de la impotencia que la gente experimenta frente a la realidad de la vida».

En las más recientes composiciones de *The New Creatures*, dedicadas a la «novia cósmica» Pamela Sue Courson, sexo, dolor y muerte se enredaban de manera inextricable, dando vida a imágenes surrealistas: cobraban vida criminales, actos obscenos, terremotos, fantasmas, bailes sobre huesos hechos añicos, todo ello en un grotesco y sulfúreo mundo quimérico, en el que la presencia de Lovecraft y el Bosco era muy palpable. También eran frecuentes las referencias a animales: no faltaban lagartos, serpientes, águilas, salamandras, gusanos, ratas y perros selváticos. Era asimismo emblemático el cierre del volumen, donde una poesía sin título describía las consecuencias de un Apocalipsis no cristiano, en un viaje en medio de un páramo desolado.

De manera menos barroca que en *The Lords*, pero no por ello menos intensa por sus metáforas y retorcida en sus visiones, Jim exponía las heridas abiertas en su alma, trabajadas y proyectadas en una interpretación más universal del dolor y de la posibilidad de catarsis final. Este libro se suele asociar también al anterior, si bien no se presentaba de entrada como un tratado orgánico de un argumento, sino más bien como una composición de pensamientos destinados a evocar imágenes tanto con el poder de la palabra como con el propio sueño.

También en 1969 cobró vida otra obra poética. Los Doors, tras pasar recientemente por el escándalo de Miami y en dificultades a causa de las diferentes actuaciones anuladas, celebraron dos conciertos en Los Angeles. Antes de cada actuación, su cantante repartió copias de una composición impresionista suya sobre la reciente desaparición del guitarrista de los Rolling Stones, músico apreciado a ambos lados del océano por su gusto y su apertura mental en relación con el arte: *Oda a L.A. pensando en Brian Jones, fallecido*. En esta obra, los juegos de palabras joycianos velaban la contemplación casi obsesi-

«ESTOY CONVENCIDO DE QUE EN SU GENERACIÓN NO HUBO UN MEJOR POETA QUE JIM. NADIE DIBUJÓ UNA PARÁBOLA TAN BREVE E INTENSA.»

Michael McClure

DOORS PARA LEER

La literatura relativa a la vida y las obras de Jim Morrison y de los Doors es casi infinita. Ensayos, artículos, tesis universitarias, biografías, basura y algún que otro tipo de exploración literaria son frecuentes en su bibliografía, mientras que las ediciones críticas, traducciones de poesías y de textos de canciones son incontables.

De aquí nadie sale vivo, de Jerry Hopkins y Daniel Sugerman, sigue siendo, además de un *best seller*, la biblia irrenunciable para los fans, aficionados a la música y simples curiosos, porque narra el mito y las anécdotas y linda, frecuente y felizmente, en una exposición de la cultura contemporánea de la vida de la banda: «La pre-

sencia y el arte de Jim crearon una onda vibrante, y él fue una estatua luminosa cantora, iluminada por los reflectores y amplificada por el sistema de sonido», sostiene en el postfacio el poeta beat Michael McClure.

Shaw Greg es el autor de *Jim Morrison & los Doors: On the Road*: partiendo de la tesis de que el escenario era el reino de la banda californiana, de su magia y de sus escándalos, Greg analiza la fuerza de esta experiencia en directo, explorando los fundamentos que llevaron a escribir páginas enteras de la historia del rock. Y sin embargo, Jim Morrison –como sostuvo varias veces él mismo– era un poeta antes de ser una estrella del rock, y una mirada a

sus obras literarias sigue siendo obligatoria: *Tormenta eléctrica: poesías y escritos perdidos* recoge versos, aforismos, ideas para canciones y breves esbozos de algunos guiones de sus películas.

Poesías apócrifas, editado por Jacques Rochard, reúne los textos que, según el autor, el Rey Lagarto le habría hecho llegar el 22 de enero de 1986. Después de varias dudas acerca de la paternidad de los versos de *Gemidos de la consciencia*, *Ruidos de la memoria* y *Palabras de polvo*, todo ello fue declarado, hace unos quince años, un clamoroso ejemplo de falsificación, perpetrada por otra parte por el mismo autor de *¡Vivo!*, un (falso) testimonio sobre un período que el propio Rochard pasó con el artista no-desaparecido.

Desierto y *Noche americana*, por su parte, son antologías de las ideas apenas esbozadas y de los versos terminados por el poeta, que construyen una auténtica indagación en el ser más íntimo del artista.

Tras tomar consciencia del valor histórico y literario de la

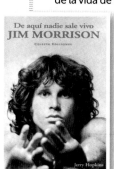

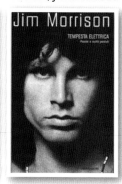

poesía de Morrison, la misma cultura académica concibió numerosos estudios dignos de atención. Tony Magistrale, por ejemplo, en el *Journal of Popular Culture*, publicó un largo artículo titulado *Wild Child: Jim Morrison's Poetric Journeys*, en el que se perdía en un atento análisis del estilo y de los arquetipos presentes en la producción del artista. También es imposible olvidar a Fowley Wallace, reconocido ya personalmente por un joven Morrison por sus estudios sobre Rimbaud. Fue él, después de la desaparición del mito, quien escribió *Rimbaud y Jim Morrison: el poeta como rebelde*, una especie de homenaje póstumo, pero sobre todo una preciosa visión erudita de las obras de ambos malditos, una frente a la otra. Si la muerte de Morrison es tan leyenda como su vida y sus escritos, hay un volumen en particular que se refiere a aquélla: *Jim Morrison: vida, muerte, leyenda*, de Stephen Davis, una biografía de corte novelesco, que subraya la voluntad de rebelión frente al conformismo y

el espíritu de guía en que el líder de los Doors se supo convertir, para sus propios colegas, sus amigos y los miles de desconocidos entre el público, convirtiéndose en mito día a día. John Demonico, por su parte, en *Los días del caos: el dossier del FBI sobre Jim Morrison*, se concentraba en otra línea. el punto de partida eran los documentos relativos al cantante de los Doors, pero el recorrido se relacionaba con la miríada de operaciones oscuras llevadas a cabo por el gobierno estadounidense entre las décadas de 1960 y 1970 para controlar los movimientos estudiantiles y para las libertades civiles, incluyendo la simbología subversiva de las estrellas del rock y los motivos de la peligrosidad de ésta en relación con el sistema.

Samantha Colombo

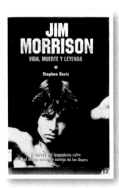
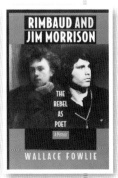

va de la muerte, retomando el tema tan querido de la ciudad de Los Angeles: «Sueño / Con el cloro / Loco testimonio / Sofocado / El trampolín, la zambullida / La piscina». Un año más tarde, la prestigiosa editorial Simon & Schuster publicó ambas recopilaciones en una versión de bolsillo conjunta, confiando en la sugerencia del poeta beat Michael McClure, amigo y admirador de Morrison desde que, en el apartamento londinense del compositor, leyó y quedó encantado con los versos de *The New Creatures*: «Estoy convencido —revelaba McClure— que en su generación no ha habido mejor poeta que Jim. Pocas veces aparece una figura como él, que arrastra tras de sí a un público, probablemente Maiakovsky en la Rusia de los años veinte y treinta, pero ninguno de ellos ha dibujado una parábola tan breve e intensa». A propósito de esta capacidad de hechizar y conquistar, Morrison hizo suya una particular estética de la performance, derivada del conocimiento del «teatro de la crueldad» de Antonin Artaud, mediante el cual se intentaba impaclar con continuos impulsos irracionales tanto al público (o víctima), como a quien lo representa (o verdugos). De forma todavía más profunda, Jim quedó fascinado por las performances del Living Theatre: cada aparición de Morrison en el escenario era un happening continuo e irrepetible, centrado en el valor de la palabra y de una gestualidad que se convertía casi en coréutica. Así, si el gusto estético de Morrison se inclina por la alianza entre los juegos metafóricos y evocadores de palabras, el poder cautivador de su voz y la fisicidad hechizante de su presencia física no podía dejar de fundamentarse también con lecturas, sin lograr pese a ello publicarlas en disco, cuando todavía vivía. *An American Prayer* se publicó póstumamente en 1978: la voz de Jim recitaba sus versos, acompañado por el trasfondo sonoro de los Doors, y el álbum obtuvo una nominación a los Grammy en la categoría de prosa.

En nuestros días, las poesías inéditas, recopiladas y sistematizadas en el curso de los últimos años, se publicaron en *Desierto* (espléndidamente dedicado a Pam con los versos «Creo que una vez era / Creo que éramos / Tu suero mi licor / Mi seda tu esplendor») y *Noche americana* y ambos revelaban nuevas perspectivas y nuevas profundizaciones en relación con la figura y los abismos del alma del poeta.

En diversas ocasiones Morrison leía sus versos y los recopiló en *Noche americana*: los versos los publicó él mismo y los distribuyó entre sus amigos más estrechos. La misma operación la realizó para *Tape Noon*, antología de esbozos revisados, cincelados y perfeccionados, para luego reunirlos en un mismo cuaderno. En cambio hizo otras tres obras en estrecho contacto con la música. Ante

todo, *La celebración del lagarto*, compuesta para la escena rock y que comprende canciones, efectos sonoros, incluso algunas intervenciones del público, aunque limitadas y guiadas. Analizando las fuentes, Morrison comenzó a organizarla en 1965 y siguió modificándola durante años, al menos tres. En la cubierta de *Waiting for the Sun* aparece una versión impresa, y las imágenes descarnadas, macabras y evocadoras recuerdan, en algunos aspectos, las de *The New Creatures*: «Entra en el cerebro como en una madriguera / Muy por detrás del reino de la pena / Allí en el fondo donde cada lluvia es lejana».

> ## «En este mundo en el que nos han echado como a un perro sin el hueso, como a un actor sin trabajo: somos jinetes en la tormenta.»
>
> ### THE DOORS,
> ### *RIDERS ON THE STORM*

En realidad, *Celebration of the Lizard*, título original, habría tenido que aparecer justamente en el tercer álbum de los Doors y ocupar toda una cara, pero fue descartada en el último segundo, y ello dejó mucho espacio vacío en el disco. Se

tuvo que esperar hasta 1970 para ver la luz, y acabaría apareciendo en *Absolutely Live*.

Otro trabajo de índole teatral fue *The Soft Parade*, composición alternada de partes cantadas y habladas, embellecida en algunos puntos por elementos de improvisación, introducidos a discreción por el propio Jim. En el homónimo álbum se incluyó una versión. Las grabaciones de *The Village Reading* se produjeron por su parte en el Village Records de Los Angeles, el 8 de diciembre de 1970, y es posible trazar el origen de cada composición hojeando los cuadernos de Morrison, algunos de los cuales se remontaban incluso a seis años antes. Se prepararon y publicaron algunas poesías en el disco *An American Prayer*, aparecido póstumamente en 1978 (en el disco se incluía la primera mitad de la poesía homónima). En la misma línea, *El autoestopista: un idilio americano*, combinaba diálogo y acción escénica, base de una escenografía cinematográfica que habría tenido al mismo autor como protagonista. Se rodaron y montaron muchas escenas bajo la sigla *Hwy*, proyecto al que Morrison se dedicó en el período de calma forzada después del escándalo de Miami. El mismo autoestopista, símbolo de soledad y perenne movimiento, aparecía dibujado en la parte trasera del cuaderno del *Diario parisino*, un cuaderno entero para una sola poesía de tonos rabiosos y vehementes, que recogía los últimos versos del poeta. Y en la recopilación de poesías no faltaban canciones que no encontraron ubicación, apuntes y pensamientos reunidos en las melodías de los versos. Este es el caso, por ejemplo, de «Woman in the Window», una canción concebida sobre una melodía de Bach («Cabalgamos por la pradera / Yo y mi ángel, solos / Intentad detenernos / Vamos hacia el amor»). Finalmente, no deben olvidarse versos de *Far Arden* (inspirada en la comedia de Shakespeare *Como gustéis*), *Jamaica*, *Agua seca* y *Si miro atrás*; esta última contenía los versos de *Historia del rock*, fresco minimalista de las visiones de los años en la UCLA y de los veranos transcurridos en la el paseo marítimo de Venice. «James Douglas Morrison – Kata ton Daimona eaytoi»: «Al espíritu divino dentro de sí», en griego antiguo; «Provocó a los propios demonios», en griego moderno. Así rezaba su lápida, destinada a perdurar como uno de los lugares de oración y peregrinaje más venerados del rock, situada a poca distancia de las tumbas de Marcel Proust, Frédéric Chopin y Oscar Wilde. Justo de este último, Morrison parecía haberse inspirado en el aforismo: «Estar borrachos es un buen disfraz», remontándose en cierto modo a la teoría wildeana según la cual llevar una máscara es la mejor manera de profesar la verdad. La máscara de Jim Morrison fue la esencia misma de la estrella del rock, velo y efusión al mismo tiempo de un alma ultrarreceptiva y destrozada, de una personalidad forzada a debatirse entre los polos extremos de la suavidad y el exceso. Sobre todo, la máscara de Morrison reveló palabras liberadas en un flujo de conciencia sin diafragmas, y fundidas en una alianza sin distinciones entre visiones oníricas, fisicidad primordial y elegancia de la poesía.

PARÍS,
EL ÚLTIMO SOBRESALTO

por *Roberto Caselli*

———————————— ★ ————————————

¿París fue realmente el pretexto para abandonar a los Doors y dedicarse finalmente a la poesía? Si el precio a pagar a la fama era tan duro, ¿por qué Jim telefoneó a su mánager para decirle que tenía grandes ideas para un nuevo disco? ¿Por qué han ido emergiendo verdades tan diferentes sobre su muerte? ¿Se trata de mera especulación para obtener un poco de publicidad, o realmente se quiso esconder algo incómodo? ¿Cuánto hay de verdad acerca de la partida de heroína «White China» que habría acabado con Jim?

El sentido de tragedia tan evocado en vida se cumplió definitivamente en París la noche del 2 al 3 de julio de 1971. Jim Morrison fue encontrado muerto en la bañera del apartamento de la Rue Beautreillis 17, que habían puesto a su disposición unos meses antes unos amigos de su compañera Pamela Courson.

Un final anunciado, que con tan sólo veintisiete años ponía la palabra fin a una parábola de excesos, locuras y exhibicionismos que habían caracterizado los seis largos años con los Doors, en los que había intentado quemar etapas para ir más allá del límite. Pero el alcohol, las drogas y el sexo desmesurados no habían logrado surtir el efecto letal: la muerte, tan a menudo evocada como «liberación de ese gran dolor que es la vida», lo ha-

bía respetado hasta entonces. Jim estaba cansado de su condición de estrella de rock, el éxito le había dado dinero, mujeres y visibilidad, pero la carcoma del inexplicable misterio de la existencia seguía royéndole el cerebro e impidiéndole cualquier acercamiento a la serenidad. Se dice que había pensado retirarse de la música y regresar a su primer amor, el de la escritura y de la poesía, y que por ello había elegido abandonar los Estados Unidos en favor de la vieja Europa. Un baño en la fascinación del viejo continente que le debía sentar bien, habría podido ser el movimiento adecuado para introducirlo en un contexto cultural diferente, seguramente más culto y de mayor grosor que el que había frecuentado en California.

El billete de avión tenía como destino París, como no podía ser de otro modo. ¿A dónde podría haber ido si no a la ciudad de la *rive gauche*, de Rimbaud y de Baudelaire, de los existencialistas y de la absenta? Por otra parte, desde hacía bastante tiempo Pamela pedía con insistencia a Jim que se reuniera con ella en París. No era tan sólo el brillo de la *ville lumière* lo que interesaba a Courson; de hecho, parece ser que la novia de Morrison tenía en la capital francesa a una persona que le interesaba, quizás un amante, el conde Jean de Breteuil, famoso por pasar heroína a todas las bandas de rock inglesas y estadounidenses que hacían etapa en París, y a quien Pamela veía esporádicamente desde hacía más de un año. El conde había heredado de su familia propiedades en Marruecos, de donde se hacía llegar —al parecer mediante la embajada marroquí en París— toda la droga que quería. En

Jersey y camisa: Jim parece un universitario con su novia.

aquella época Jean de Breteuil era novio de Marianne Faithfull, que posteriormente lo recordaría con cierto disgusto: «Era un muchacho horrible, aquel tipo de persona que parece salir de debajo de una piedra. De alguna manera me encontré con él... todo eran drogas y sexo». Pero al conde no le importaba ir con otras mujeres.

En cualquier caso, más allá de la fascinación que Pamela reconocía en el conde («un francés auténtico»), le interesaba frecuentarlo sobre todo porque también ella era heroinómana y su cercanía le garantizaba una dosis cada vez que la deseaba.

Además de reunirse con Pamela, que había volado a París el 14 de febrero anterior y había reservado una suite en el exclusivo Hotel George V, Jim Morrison había podido coincidir con su viejo amigo, compañero de universidad, Alain Ronay, con el que muchas veces había fantaseado acerca de la vida en Francia, el lugar en el que había nacido y vivido antes de naturalizarse estadounidense. Por otra parte, Jim conocía ya París, un año antes ya había podido apreciar la ausencia de prejuicios y la posibilidad de pasar desapercibido en público, cuando había visitado la ciudad con su amiga, la directora Agnès Varda, que regularmente viajaba entre la capital francesa y los Estados Unidos. Ahora que los problemas relacionados con el proceso de Miami parecían finalmente resueltos, Jim tenía realmente ganas de desconectar. El único problema eran

> **«BEBER ES COMO TIRAR UN DADO. SALES DE NOCHE PARA BEBER Y NO SABES DÓNDE ESTARÁS A LA MAÑANA SIGUIENTE. PUEDE IR BIEN O PUEDE ACABAR MAL.»**
>
> *Jim Morrison*

las tareas de mezcla de *L.A. Woman*, el nuevo álbum de los Doors, que estaba prácticamente listo, pero necesitaba todavía unos últimos retoques. En realidad, Jim no se ocupaba de la mezcla de sus discos desde hacía ya tiempo, y fue justamente por este motivo que Ray Manzarek le aconsejó que se fuera, asegurándole que ya se encargaría él, junto a Krieger y Densmore, de definir los últimos detalles. Ray, que era realmente un amigo, estaba muy preocupado por el estado de Jim, sabía que había pasado un mal período con Pamela y, ahora que las cosas parecían haberse ajustado, quería que el cantante se serenara y recobrara confianza. Un lugar alejado de Los Angeles le serviría para volver a adquirir estabilidad. Ray sabía a la perfección hasta qué punto era pesado el papel que Morrison se veía obligado a ejercer en la banda, y ciertamente no quería que aquellas frases relativas a su abandono del grupo que Jim había soltado en un momento de desconfianza pudieran tener continuidad, con la consiguiente recaída dramática sobre toda la banda. Las despedidas fueron informales, para todos estaba claro que Jim volvería a su puesto después de aquel período de vacaciones; sólo el escenógrafo Frank Lisciandro, que en 1969 había firmado junto a Jim la película *Hwy*, sostenía que Morrison estaba realmente convencido de terminar con la experiencia de los Doors, y que tenía intención de dejar los Estados Unidos para siempre. «Sus com-

Pam y Jim, unidos en la vida y en la muerte.

promisos discográficos terminarían con la publicación de *L.A. Woman*, y también habíamos cerrado nuestra casa de producción cinematográfica, no había nada que lo retuviera en Los Angeles, Jim se estaba yendo para siempre», aseguraba Lisciandro.

Después de la muerte de Jim, los libros que se escribieron sobre él y las entrevistas que concedió cualquier persona que lo hubiera conocido proliferaron: dijeron de todo, y también su contrario, y de esta manera la confusión alcanzó niveles de tal paroxismo que todavía resultó más difícil discernir la realidad de las cosas. En cualquier caso, Jim Morrison llegó a París el 11 de marzo de 1971 y, tras una breve estancia en el George V se trasladó con Pamela a un apartamento más íntimo en la Rue Beautreillis, que puso a su disposición la modelo Elisabeth Larivière, una joven sin prejuicios que no tenía ningún problema para volver de vez en cuando con sus amigos a aquella casa, incluso sin avisar, como sucedió cuando Jim y Pamela volvieron de un largo viaje en coche, que los llevó a España y luego hasta Casablanca y Marrakech. Poco importaba, los dos se trasladaron al Hôtel des Beaux-Arts hasta que el apartamento quedó libre de nuevo. Jim, que había llegado a París en condiciones físicas muy precarias a causa del consumo exagerado del alcohol, a causa del cual estaba débil e hinchado, pareció mejorar rápidamente; por otra parte, había abandonado aquel aspecto desaliñado y empezó a cultivar un *look* casual, casi de colegial de vacaciones, que le volvía a dar la fascinación de otra época. Tras la estela de los escritores compatriotas suyos que en la década de 1920 se habían reunido en París, le gustaba frecuentar los cafés y observar la ciudad mientras tomaba algún apunte en su cuaderno, daba largos paseos tras los pasos de sus poetas preferidos y no dejó de visitar lo que quedaba del Hashish Club el lugar de encuentro preferido de Baudelaire y sus compañeros. Efectuaba largas visitas al Louvre y le encantaba la Place des Vosges, donde escribió, con el fantasma de Victor Hugo asistiéndole, buena parte de sus poesías parisinas (Hugo vivió en el número 6 de aquella plaza). Pamela dijo que en aquel período Jim estaba encontrando de nuevo interés en la vida, se sentía cerca de él aunque sin abandonar la vieja propensión a la heroína y a la promiscuidad sexual con el conde de Breteuil. En realidad, Morrison nunca había dejado de beber y de fumar desmesuradamente, y la cosa pasó a ser particularmente preocupante cuando empezó a escupir sangre. Aceptó que Pamela lo acompañara a un médico, pero no cambió su estilo de vida.

Tras volver de Marruecos, Jim volvió a sus cosas raras, dictadas una vez más por los vapores del alcohol. En una ocasión quiso hacer de equilibrista sobre la barandilla del balcón, pero perdió el equilibrio y fue a estrellarse sobre el capó de un coche aparcado debajo. Tuvo suerte, se levantó y, como si no hubiera sucedido nada, se puso a andar para buscar otro lugar donde poder ir a beber. Pamela, que había corrido a la ventana a causa del estruendo, no quería creer lo que veía.

En el mes de mayo decidieron efectuar un viaje de diez días a Córcega que, también en este caso, estuvo lleno de contratiempos debidos a la nula sobriedad de Jim. El más molesto se produjo en Marsella, cuando perdió o le robaron la cartera con todos los documentos necesarios para embarcar para Ajaccio: se vieron obligados a volver a París para obtener los duplicados, y perdieron un montón de tiempo. El retorno a casa, después de unas vacaciones caracterizadas por el mal tiempo, pareció, extrañamente, que marcaba

> «CREO QUE LA MUERTE ES AMIGA DEL HOMBRE, PORQUE PONE FIN A ESE GRAN DOLOR QUE ES LA VIDA.»
>
> *Jim Morrison*

una pausa a sus locuras: en aquel período, Jim logró concentrarse y escribir y componer poesías que luego se publicarían en las recopilaciones *Wilderness* y *The American Night*. En el mes de junio, la salud de Morrison comenzó a vacilar y a sufrir las consecuencias de los terribles excesos: se volvió a presentar la presencia de sangre en el exudado, y fue necesario recurrir una vez más al médico, que en esta ocasión le prohibió terminantemente el alcohol y el tabaco. Parecía que Morrison se mostraba sensato y, a parte de un par de borracheras épicas en el Rock'n'roll Circus, se concentró en la escritura, con la ayuda de la rubia canadiense Robin Wertle, a la que había contratado como secretaria. Entretanto surgió el ansiado *L.A. Woman*, que obtuvo un aplauso inmediato por parte de la crítica estadounidense. En una llamada telefónica transcontinental a Densmore, Jim se mostró entusiasta y declaró su impaciencia por volver a ponerse manos a la obra. Estaba hablando en serio, porque inmediatamente después llamó también a su mánager Bill Siddons y le dijo que tenía en mente la trama del nuevo trabajo y que tenía ganas de ponerse ya a escribir canciones. El entusiasmo por el éxito de *L.A. Woman* pareció calmar su locura alcohólica, y se concedió alguna salida mundana. Dejó que Pamela se lo pasara bien en su círculo de heroinómanos y se dejó ver en compañía de Rory Flynn (hija del actor Errol Flynn), amiga de la época de Los

La canción

★

WHEN THE MUSIC'S OVER

Como había sucedido con «The End», que cerraba de manera magnífica el primer álbum, también «When the Music's Over» constituía el capítulo final del disco siguiente, *Strange Days*. Parecía que los Doors querían concluir sus trabajos con piezas larguísimas, que pudieran dejar amplios espacios a la creatividad y a la improvisación, sobre los que injertar la histriónica interpretación de Morrison. Ciertamente, era una manera de dilatar lo más posible la presencia sonora del disco, pero no era difícil comprender que, en ambos casos, lo que impulsaba a Jim era tocar uno de sus temas preferidos: la muerte. El tema que emergía era la partida final: de un lado el fin de todo como liberación de las dificultades de la vida, del otro casi un exorcismo para acabar con las canalladas creadas por la codicia del hombre y encender una nueva

luz sobre una realidad más sensible a las necesidades del ser humano y del aspecto ecológico del que forma parte. Cuando la música termina —cantaba Morrison— es el momento de encender la luz, de eliminar todos los fantasmas que nos han guiado en la oscuridad de nuestra consciencia. Es el momento de pensar con una nueva perspectiva, que ya no sea la del sufrimiento, para luego disfrutar de un más allá injustificado.

«Anulad mi inscripción a la Resurrección / Enviad mis credenciales a la Cárcel / Tengo amigos allí dentro», reza el texto. Este verso tiene un significado político fuerte, porque quien está encerrado en la cárcel representa a quien ha entendido el juego del poder y ha transgredido sus leyes, hechas a propósito para crear y mantener la sumisión. El texto prosigue para concentrarse luego en la necesidad que tiene el hombre de disfrutar de la vida, de poder contentarse y ser feliz. Los versos siguientes de la canción los sugirió a Morrison un viaje a Nueva York, cuando pasaba en coche por Time Square y vio un cartel con una imagen publicitaria de una película porno: *El grito de la mariposa*. De ahí nació la estrofa: «Antes de que me hunda en el gran sueño / Quiero /sentir / Quiero escuchar / El grito de la mariposa / Vuelve, niña, vuelve entre mis brazos / Nos estamos cansando de dar vueltas / De esperar dando vueltas mirando el suelo», versos que anunciarían los más potentes, finales, en los que declaraba: «Oigo un sonido delicado con tu oído en el suelo / Queremos el mundo y lo queremos / Ahora», donde el «ahora» se grita de manera salvaje, como necesidad de un bien primario absolutamente indispensable.

La parte más ecológica de la canción comienza luego, cuando Jim hace referencia al aprovechamiento sin criterio de la Tiierra: «¿Qué han hecho a la Tiierra? / ¿Qué han hecho a nuestra querida hermana? / ¿La han agredido, saqueado y violado?».

Cuando los Doors grabaron por primera vez el tema en estudio, tuvieron que prescindir de la presencia de Morrison que, sin siquiera avisar, no se presentó a la sesión. Para aquella ocasión fue Manzarek quien puso la voz, a la espera de que Jim se volviera a presentar abstemio para grabar su parte, cosa que se produjo al día siguiente. La versión que terminó en el disco, desde el punto de vista musical, fue fruto de lo que se produjo sin Jim, mientras que la pista vocal de Morrison se introdujo luego a la perfección, sin fallo alguno, a pesar de la longitud de la pieza. En particular, en el intermedio tranquilo de la canción, Morrison cantó con gran desenvoltura sobre la parte de bajo tocada por Ray, los arpegios de guitarra de Robby y la batería de John, que ralentizaba en el punto justo. Con sus once minutos de duración, «When the Music's Over» constituye la tercera canción más larga de los Doors después de «The Celebration of the Lizard» y «The End».

Se puede encontrar una versión particularmente interesante en vivo, en *Absolutely Live*, de 1970.

Cuando la música termina / Apaga las luces / Porque la música es nuestra amiga especial / Baila sobre el fuego como es debido / La música es nuestra única amiga / Hasta el final

Anulad mi inscripción a la Resurrección / Enviad mis credenciales a la Cárcel / Tengo amigos allí dentro

La cara en el espejo no se detendrá / La chica en la ventana no caería

Una fiesta de amigos / «Vivo» gritó / Esperándome / Fuera

Antes de que me hunda en el gran sueño / Quiero sentir / Quiero escuchar / El grito de la mariposa

Vuelve niña, vuelve entre mis brazos (Nos estamos cansando de dar vueltas) / De esperar dando vueltas mirando al suelo

Siento un sonido muy delicado muy cerca y al mismo tiempo muy lejos / Delicado, muy claro / Llega ahora, llega ahora

¿Qué han hecho con la Tierra? / ¿Qué han hecho a nuestra querida hermana? / Agredida, saqueada, violada y mordida / Acuchillada por el lado del alba / Encerrada por vallas y arrojada

Siento un sonido delicado con tu oído en el suelo / Nosotros queremos el mundo y lo queremos / Ahora / ¿Ahora? / ¡Ahora!

Noche persa, Niña / Mira la luz, Niña

¡Sálvanos! / ¡Jesús! ¡Sálvanos!

Así, cuando la música ha terminado / Apaga las luces / Sí, la música es nuestra amiga especial / Baila sobre el fuego como es debido / La música es nuestra única amiga / Hasta el final.

Roberto Caselli

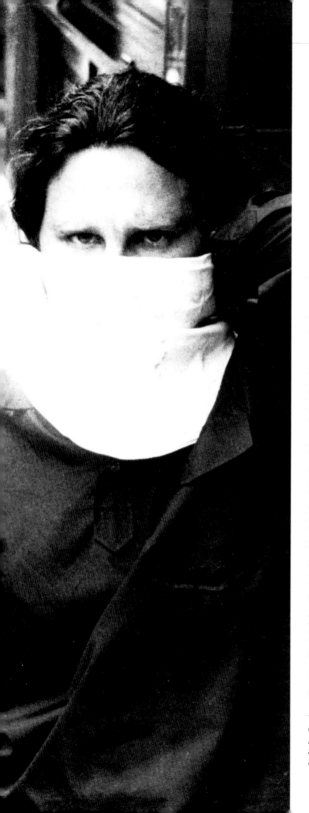

Angeles y que luego desembarcó en París para trabajar como modelo.

———◆———

Jim intentaba disfrutar de las maravillas parisinas, pero el destino había decidido ya que su vida embocaba sus últimos compases. Los primeros días de julo se caracterizaron por un calor insoportable, sin una pizca de viento y con la humedad a tope. En estas condiciones atmosféricas, también París no tenía otra opción que rendirse al ocio. Desde hacía un par de semanas, Jim daba vueltas a la idea de desintoxicarse, lo había probado ya varias veces, pero no lo había logrado, es más, paradójicamente, se había emborrachado todavía más. Con aquel calor era difícil concentrarse en algo, intentar acabar con el alcohol era prácticamente imposible. El hecho de estar encerrado en casa o en un bar no ayudaba, y además la depresión siempre estaba ahí, al acecho: cuando le faltaba el trago que deseaba con tanta fuerza y no podía tenerlo, el organismo reaccionaba de la manera menos pensada. Lo sabían bien Pamela y su amigo Alain, presente con mucha frecuencia, y por esta razón no lo dejaban solo, intentaban distraerlo. Aquella noche, Jim y Pamela se fueron a cenar a un restaurante cercano a casa y al cabo de poco tiempo, como sucedía ya a menudo, se desencadenó la pelea habitual. Los tonos de la discusión atrajeron la atención de algunos estudiantes sentados allí cerca, que reconocieron a Jim y, quizás con poco tacto, se le acercaron. Visiblemente molesto, Jim se levantó y

Otra imagen de mayo de 1971 en la Avenue George V. A pesar de la actitud graciosa de Jim, la mirada revela el abismo de desesperación que llevaría al cantante/poeta a su fin.

El exterior de la casa donde vivieron Jim y Pamela en París, en la Rue Beautreillis.

salió del restaurante; Pamela lo siguió mosqueada después de pagar la cuenta.

El día siguiente resultó crucial, pero también el más claro, con diferencia. Las versiones respecto a lo que hizo Morrison divergen, a menudo de manera espectacular. Lo que narró Alain Ronay, en una entrevista concedida veinte años después de la muerte de su amigo, justamente en relación

«Uno de los motivos por los que me gusta París es porque se encuentra en medio de Europa. No es como L.A., tan alejada de todo.»

JIM MORRISON

con la tarde del 2 de julio, resultaba en cualquier caso bastante convincente. «Jim —dijo Alain— tosía continuamente, no tenía ganas de hablar y llevaba la faz de la muerte retratada en el rostro». Comieron juntos y luego Jim tuvo la idea fija de telegrafiar a su editor, porque quería convencerlo para que usara, para la cubierta de la nueva edición de bolsillo de *The Lords and the New Creatures*, una fotografía más reciente que la que había elegido anteriormente. Quería que su imagen lo retratara con la barba descuidada, en una especie de prolongación desordenada de sus cabellos. Una discusión inútil, porque la oficina de correos estaba cerrada a causa de una huelga. Aquella tarde, Alain tenía una cita con Agnès Varda, pero Jim no tenía ningún deseo de quedarse solo, y había llegado al punto de rogar a su

amigo que se quedara con él. Alain lo acompañó hasta las seis y media de la tarde, luego lo convenció para que lo acompañara a la estación de metro. Jim se sentó en una mesita de un bar cercano y miró cómo el amigo bajaba las escaleras por última vez: una señal con la mano y ya no se vieron nunca más.

A partir de este momento existen al menos tres versiones que pretenden ser ciertas: la primera es la oficial de Pamela, que sostuvo que había cenado con Jim y que habían pasado el resto de la velada con él en el cine, viendo *Death Valley*; la segunda versión es la de Alain, que dio por seguro que Jim fue la cine solo a ver una película de Robert Mitchum; la última versión es la del propietario del Rock'n'roll Circus, Sam Bernett, que siempre ha sostenido que Jim pasó por su local a

Más parecido a un mendigo que a una estrella del rock. A esto se había reducido Jim Morrison poco antes de viajar a París.

última hora, había esperado a los camellos y luego se había inyectado una dosis letal de heroína casi pura en el baño de su local. Bernett dijo que había visto personalmente a Morrison en el suelo, sin vida, con espuma en la boca, y que luego los mismos camellos que le habían proporcionado la droga se lo habían llevado.

La versión acreditada como oficial fue, naturalmente, la de Pamela Courson, que explicó a la policía que una vez volvieron del cine, antes de irse a dormir, pasaron un rato mirando películas de unas vacaciones suyas y luego, hacia las dos, se durmieron escuchando los discos de los Doors. Aproximadamente una hora más tarde, Pamela se despertó sobresaltada por la respiración jadeante de Jim, que parecía un estertor. Era evidente que estaba mal, y lo vio levantarse para ir al baño. Dijo que continuamente lo sacudían violentos ataques de vómito mezclados con sangre. Pamela quería llamar en seguida a un médico, pero Jim se lo impidió, diciéndole que comenzaba a sentirse mejor; es más, invitó a su novia a que volviera a la cama, mientras él intentaría relajarse tomándose un baño caliente. Cuando Pamela se dio cuenta más tarde de que Jim no estaba a su lado en la cama, fue a ver qué había sucedido y lo encontró muerto en la bañera.

Según declaraciones posteriores de Danny Sugerman, que había estado en el círculo de los Doors desde muy temprana edad y que tuvo una relación con Pamela después de la muerte de Jim, y de Diane Gardiner, que compartió su casa con la propia Pamela después de que ésta volviera a los Estados Unidos, resultaba que Courson había soltado otra versión de los hechos, más detallada y sobre todo sin velos. Explicó que aquella noche Jim estaba muy nervioso, sentía dolores en el pecho y en el estómago que lo preocupaban, no lograba siquiera superarlos con el viejo método del alcohol, que por el contrario parecía surtir el efecto opuesto. No era capaz de concentrarse y no lograba escribir nada. Pamela iba a su aire, entretenida en su juego preferido de hacerse rayas de heroína. Morrison, que no había soportado nunca que su mujer tomara heroína se enfadó y le conminó a que lo tirara todo.

Pamela intentó calmarlo y con el fin de no tirar la droga le dijo que no se trataba de heroína, sino de cocaína, y de este modo se pusieron los dos a esnifar. Completamente aturdida por el efecto de la droga, Pamela se durmió hacia las tres, Jim, que estaba a su lado, respiraba cansinamente, agonizaba. Ante aquel ruido espantoso, Pam se despertó e intentó desesperadamente devolver a Jim a la conciencia: comenzó a sacudirlo, a abofetearlo para intentar hacerlo salir de aquella especie de torpor mortal.

Logró obtener algún resultado, de modo que Jim encontró fuerzas para ir solo al baño, pero ella también estaba mal y volvió a hundirse en un sueño agitado. Entretanto, del baño también llegaban ruidos preocupantes: Jim tenía conatos tremendos de vómito que hicieron despertar a Pam, que en aquel punto corrió de nuevo en auxilio de su compañero. Lo que vio fue tremendo: Jim estaba tendido en la bañera en una mezcla de agua y grumos de sangre, pero estaba despierto y a pesar de aquella macabra situación parecía que volvía a tener colores en la cara. Tuvo la fuerza para tranquilizarla e invitarla a que se volviera a la cama. La chica, completamente aturdida por

> «No quiero morir durmiendo, o bien de viejo o de sobredosis. Quiero saber qué se siente. Quiero probar la muerte, escucharla, olerla. La muerte es una cosa que te pasa una sola vez: no me la quiero perder.»
> **JIM MORRISON**

la heroína, obedeció y se volvió a dormir, de nuevo vencida por el cansancio. Cuando, hacia las seis de la mañana, Pam se despertó, se dio cuenta de que Jim no estaba a su lado; intentó entonces ir hasta el baño para ver qué había sucedido, pero la puerta estaba cerrada por dentro y Jim no respondía a sus continuos golpes y gritos. Presa del pánico no encontró nada mejor que telefonear a su amigo Jean de Breteuil, el cual, al cabo de poco, llegó para ayudarla. El conde hundió la

Las últimas fotos de Jim Morrison todavía en vida. En la foto superior, junto a Pam y Jim, su amigo Alain Ronay.

puerta y se encontró frente al cuerpo de Jim Morrison en la bañera, sin vida, con dos grandes equimosis en el tórax y un río de sangre que salía de su nariz. Posteriormente, Pamela declaró: «Tenía una expresión serena. Si no hubiera habido tanta sangre...»

Pero mientras esperaba al conde, la joven estaba aterrorizada, quería pedir una ambulancia, pero sabía que no tenía suficiente dominio del francés, y telefoneó entonces a Alain, pidiéndole desesperadamente que lo hiciera él, porque Jim se estaba muriendo.

Alain llamó a urgencias y luego pasó a buscar a Agnès Varda, con la que se dirigió a la Rue Beautreillis. Cuando llegaron ya estaba la policía y un doctor, Alain no se vio con ánimos de entrar en el baño donde yacía su amigo muerto, pero tuvo el acierto de sugerir a Pamela que no revelara la exacta identidad de Jim por temor a que el hecho fuera del dominio público de inmediato.

Declararon a la policía que se trataba de Douglas James Morrison, un poeta estadounidense. Antes del médico de la ambulancia, pues, había llegado otro, quizás tras llamada del conde, o tal vez incluso amigo de Pamela; el caso es que el forense elaboró apresuradamente su parte médico de parada cardíaca basándose en las declaraciones de la propia Pamela, que le describió los dolores en el pecho y en el estómago y le habló de su exagerada dependencia del alcohol.

Extrañamente no se produjo ningún examen post mortem, aunque la policía dispuso que el cuerpo tenía que permanecer en el apartamento a la espera de posteriores decisiones legales. El enorme calor de aquellos días aceleraba la descomposición del cuerpo de Morrison, a pesar de que se envió

El primero de los dos informes redactados por el médico que inspeccionó el cadáver de Jim Morrison.

```
RAPPORT   MEDICO-LEGAL

Je soussigné  Max VASSILLE ,médecin assermenté
Docteur en Médecine de la Faculté de  PARIS
demeurant à   Paris 31 rue du Renard
requis par Monsieur   BERRY Robert          Commissaire de Police
de  1'ARSENAL
Officier de Police Judiciaire,
agissant sur délégation de Monsieur le Procureur de la République
conformément à l'article 74 du Code de Procédure Pénale, serment préa-
lablement prêté de donner mon avis en mon honneur et conscience,
me suis présenté le  3 Juillet 1971        à  18   h
. (1)  17 rue Beautreillis escalier A 3e étage droite
afin d'examiner le corps identifié par l'enquête judiciaire comme étant
celui d u  nommé  MORRISSON  James
âgé    de 28 ans.
    J'ai constaté : que le corps ne présente en dehors de
lividités cadavériques habituelles aucune trace su
pecte de traumatisme ou de lésion quelconque.Un, p
de sang au niveau des narines.L'évolution de l'éta
de santé de Mr MORRISON telle qu'elle nous a été
raconté par un ami présent sur les lieux peut se
reconstituer ainsi,Mr MORRISON se plaignait depuis
quelques semaines de douleurs précordiales avec
dyspnée d'effort il s'agit manifestement de troubl
coronariens ,peut être aggravés par l'abus de boiss
alcoolisées.On peut concevoir qu'à l'occasion d'un
changement de température extérieure suivie d'un b
ces troubles se soient aggravés brusquement donnan
le classique infarctus du myocarde cause de mort
subit.De son examen je conclus
        que la mort a été provoquée par un arrêt
cardiaque (mort naturelle).

            Paris, le  3 Juillet 1971
```

regularmente a un dependiente de las pompas fúnebres para congelar su degradación.

Pasaron tres días durante los cuales Pamela no se movió del lado de su Jim, y luego se autorizó el funeral.

La mañana del 5 de julio, Pamela decidió al fin telefonear a Bill Siddons, el mánager de los Doors, para anunciarle lo que había sucedido. Al principio no daba información alguna, sólo le dije que necesitaba dinero, pero luego cedió a la emoción y, llorando, le dijo que Jim había muerto. Después de muchos titubeos, aceptó también la invitación de ayuda de Siddons. Bill dispuso inmediatamente el viaje a París, pero primero dio la triste noticia a Manzarek. A Ray le costaba creer que fuera cierto, porque a lo largo del tiempo Jim había jugado varias veces con su muerte, a menudo haciendo creer cosas que luego habían demostrado no ser ciertas.

En medio de un gran alboroto, Bill Siddons llegó a la Rue Beautreillis, pero el ataúd de Jim ya estaba sellado. La policía había decidido que el dictamen forense era creíble y que no se precisaba esperar más. Entretanto, la compañía Elektra acribillaba a Siddons de llamadas telefónicas porque corrían rumores incontrolados acerca de una posible muerte de Morrison. Al parecer, un disc jockey del Rock'n'roll Circus había anunciado la muerte del cantante de los Doors, justamente la noche en que se produjo la desgracia y la noticia había comenzado a pasearse por los medios de comunicación. El 9 de julio, el día del funeral de Jim, Siddons decidió finalmente publicar un co-

municado de prensa en el que se oficializaba el fallecimiento de Morrison. La ceremonia fúnebre tuvo lugar a las ocho y media de la mañana en el Père-Lachaise, donde poco antes Alain Ronay había comprado una pequeña parcela de terreno para la sepultura de Jim. No había siquiera un sacerdote, y las exequias duraron en total ocho minutos. Estaban presentes tan sólo su novia Pamela, que recitó confusamente algún fragmento de poesía, como le había pedido Jim que hiciera en caso de morir, el mánager Bill Siddons y sus amigos Alain Ronay y Agnès Varda. Los otros Doors no se movieron siquiera de Los Angeles, como tampoco intervino la familia, que ya había

A la izquierda, el certificado de sepultura emitido por el ayuntamiento de París. Como se puede ver, Jim se identifica como «Douglas Morrison». A la derecha, la tumba de Jim tal como se presentaba en los años ochenta.

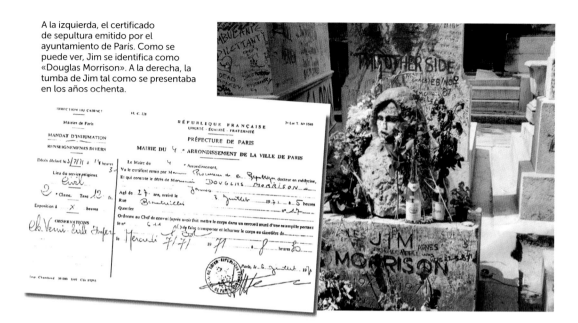

decidido cortar todos los vínculos con el hijo degenerado. Por su parte, el conde Jean de Breteuil había tenido la buena idea de irse a Marruecos junto con Marianne Faithfull, para evitar cualquier tipo de conexión personal con el suceso. Pamela volvió a Los Angeles el mismo día del funeral, junto a Bill Siddons. Hasta un año más tarde no coincidió con Ray Manzarek, en Sausalito: se abrazaron y lloraron juntos, pero ninguno de los dos tuvo fuerzas de hablar de Jim.

Acerca de la muerte de Morrison sigue habiendo varios puntos negros: las versiones contrastantes sobre cómo pasó la última noche de su vida, la velocidad con la que se decretó su desaparición por un ataque cardíaco, la sepultura que se produjo sin que ningún conocido pudiera verlo yacer en el ataúd, siguen siendo a día de hoy un miste-

rio no aclarado, un enigma que no ha dejado de desatar las hipótesis más fantasiosas, entre las cuales la que dice que Morrison sigue vivo y, finalmente libre de las presiones de la notoriedad, se pasa la vida dedicándose a la poesía. De hecho,

> «Jim dijo adiós y nada más. Estoy seguro de que quería cambiar de idea.»
>
> **JOHN DENSMORE**

el propio Jim había pensado en alimentar esta hipótesis cuando todavía estaba con vida, y había dicho a sus amigos que le habría gustado retirarse en África fingiendo una muerte falsa. De este modo podría integrarse en alguna comunidad indígena manteniendo relaciones con el viejo mundo tan sólo mediante mensajes firmados con el seudónimo Mr. Mojo Risin', un anagrama de su nombre que aparecía en el tema «L.A. Woman».

A casi cincuenta años de distancia, las dudas sobre la muerte de Morrison siguen ahí, aunque se dispone de un cuadro más amplio de todo lo que, entretanto, basándose e motivos objetivos o por pura publicidad personal, se ha ido afirmando. Vistos los testimonios de Sam Bernett y de algunos habituales (tóxicos) del Rock'n'roll Circus, se podría pensar realmente en un fallecimiento repentino por sobredosis en el baño del local. En aquel período rondaba por París una partida de heroína llamada «White China», potentísima, pura al treinta por ciento (la que se solía utilizar lo era al máximo al

> «Espero que Jim sea recordado no sólo como un cantante de rock y un poeta, sino también como un ser humano tierno. Este no es el Jim Morrison que la gente piensa, pero sí es el Jim Morrison que yo conocía.»
>
> **BILL SIDDONS**

cinco o diez por ciento), que causó varias víctimas entre los toxicómanos de la ciudad. Jim no era un heroinómano, ya l parecer tenía un auténtico pánico a pincharse, pero es posible que en un momento de depresión se abandonara a una experiencia que sólo había probado poquísimas veces en su vida, y que le resultaría fatal. Podría haber pasado perfectamente que los camellos que le habían procurado la heroína hubieran hecho el trabajo sucio, es decir, se hubieran llevado a Morrison del local, donde se habían intercambiado la mercancía, a su casa para luego depositarlo ya muerto en la bañera. Pero resultaría poco comprensible, si seguimos esta hipótesis, la actitud de Pamela, que habría podido construir una coartada inexpugnable y evitar una serie de conexiones en lo referente al uso de heroína y a su fallido auxilio a su compañero en el momento más crítico de la noche. Por este motivo se tiende a privilegiar la versión

oficial de Courson que, aunque contradictoria, cuenta con ella como protagonista en primera persona, lo cual de modo muy dramático, la humaniza. Como excusa parcial, se puede pensar que Pamela no tenía idea de lo que habría podido causar el hecho de esnifar White China a una persona como Jim, cargada ya de alcohol y de pastillas contra el asma.

Luego está la historia de la falsa muerte de Morrison, que alimenta una leyenda que tiende a florecer cada vez que una estrella del rock muere en circunstancias poco claras. Bastaría pensar en todo lo que se ha dicho a propósito de Elvis Presley para no sorprenderse ya por nada, pero la aparición de toda una literatura ha provocado frecuentes dudas. En 1980, Jerry Hopkins y Danny Sugerman, dos viejos amigos de Jim, escribieron *De aquí nadie sale vivo*, una biografía destinada a convertirse en un *best seller*, que comenzó a levantar una auténtica polvareda acerca del tema Morrison, seguida, en junio siguiente, por las declaraciones de otro amigo de Jim, Tom Baker, que desencadenaron conclusiones interminables. Como si ello no bastara, en 1986 el escritor francés Jacques Rochard publicó su versión, perfectamente sintetizada en el título: ¡Vivo! Rochard afirmaba incluso que había coincidido personalmente con Jim Morrison, quien le explicó el motivo de la escenografía de su muerte. Es más, unos años más tarde, Jim le hizo llegar al parecer un pliego de poesías apócrifas escritas después de la falsa desaparición. Estos fueron los términos de la denuncia pero nadie hizo nada: en el fondo, todo servía para amplificar el fenómeno de los Doors, y la casa discográfica no podía más que agradecerlo.

A partir de aquel trágico 3 de julio de 1971, Jim Morrison siguió viviendo paradójicamente sin envejecer: son testimonio de este hecho los centenares de miles de camisetas que lo reproducen joven, guapo y transgresor en las tiendas y puestos de todo el mundo. El mito de Jim Morrison nació y se desarrolló con los contornos indistintos de una realidad que se mezclaba con la leyenda, ingredientes indispensables para la idealización de un personaje prescindiendo de lo que este hubiera representado. La desaparición en tan temprana edad hizo el resto. Veintisiete años, una edad dramática para un rockero, una etapa terminal de un destino que se llevó a personajes como Brian Jones, Janis Joplin, Jimi Hendrix o Kurt Cobain, con sus virtudes santificadas y sus contradicciones rápidamente olvidadas.

Si la vida de Jim Morrison puede entenderse como un viaje experimental hacia territorios desconocidos que concluye con un naufragio, entonces se puede equiparar perfectamente con el estado de ánimo de un mito suyo, Arthur Rimbaud, en el momento en que compuso la última estrofa de la poesía *Le bateau ivre*:

El testamento por el que Morrison dejaba todas sus posesiones a Pamela Courson. Redactado y firmado el 12 de febrero de 1969.

Ya no puedo más, bañado por vuestra languidez, oh, olas,
Borrar el surco de los portadores de algodón,
Ni atravesar el orgullo de las banderas y las llamas,
Ni nadar bajo los ojos horribles de los embarcaderos.

Lo que sucedió después de su muerte es una crónica sórdida de quien intentó apropiarse de su herencia o de obtener al menos una parte. Pamela, que estaba completamente sin blanca, hizo todo lo posible para demostrar que era la heredera natural del patrimonio de Jim. Incluso alegó la historia de un matrimonio nunca celebrado, pero según ella válido, porque según la ley de Colorado, la unión entre un hombre y una mujer podía producirse simplemente permaneciendo juntos con relaciones sexuales continuadas. En 1967, ella y Jim, conscientes de esta posibilidad, habían pasado una noche juntos en Colorado Springs, pensando justamente que eran marido y mujer. Una declaración de este tipo quizás no habría servido mucho en un tribunal, pero cuando finalmente se leyó el testamento de Morrison, se vio que Pamela era la única heredera.

Aunque todo parecía resuelto, los problemas no se hicieron esperar: de hecho, los Doors decidieron recurrir en seguida a las vías legales para reclamar sus derechos sobre el patrimonio de Jim, necesarios para saldar algunos préstamos y anticipos cobrados por él cuando tenía que soportar las costas del juicio de Miami. Ello bastó para bloquear los procedimientos destinados a que Pamela dispusiera de la herencia de Jim. A imagen de los Doors, también el abogado Max Fink cursó una instancia para recuperar los honorarios no pagados por su trabajo desempeñado en varias ocasiones: parecía que todo el mundo hubiera dado crédito al ahora difunto Jim, y el patrimonio se iba adelgazando. En cualquier caso, Pamela decidió liquidar todas las demandas, entre otras cosas porque la suma que Jim le había dejado era importante y todavía le quedaría suficiente dinero como para vivir una vida cómoda. Además, los derechos de las ventas de los discos de los Doors seguían reportando y tenían que dividirse todavía por cuatro.

Pero el destino quiso que Pamela Courson muriera por sobredosis de heroína el 25 de abril de 1974, sin beneficiarse de todo aquello por lo que había luchado. Con ella se fueron también las últimas esperanzas de desvelar el misterio de la muerte de Jim. La herencia se redistribuyó entre los padres de Courson y los de Morrison, que sí pudieron disfrutar ampliamente de sus frutos.

Como dijo Jerry Hopkins en su libro *Vida y palabras del rey lagarto*: «Jim se habría divertido ante el hecho de que su fortuna póstuma se repartiera entre un director de instituto jubilado y un almirante en la reserva, símbolos de una autoridad por la que, cuando estaba vivo, no había tenido ni tiempo ni respeto».

En vida, hablando de la muerte, Jim había dicho: «No quiero morirme durmiendo, o de viejo, o de sobredosis. Quiero saber qué se siente. Quiero probar la muerte, escucharla, olerla. La muerte es algo que te sucede una sola vez: no me la quiero perder». Por desgracia, ni siquiera la vieja dama con la guadaña lo escuchó, y se lo llevó en condiciones tan poco lúcidas que no tuvo modo de entender qué le estaba sucediendo. Una vida consumida para comprender qué había más allá de las «puertas de la percepción» no bastó para penetrar el gran misterio y terminar de un modo diferente al de cualquier otro mortal. A la espera de la «resurrección de la carne», Jim Morrison seguirá reposando en la sexta zona, parcela número 2, tumba número 5 del Père-Lachaise, en París, en la Rue du Repos 16.

VISITA GUIADA A LOS MISTERIOS DEL
PÈRE-LACHAISE

Situado en el distrito XX, el Père-Lachaise es una de las metas más visitadas de París: aquí uno tiene la posibilidad de echar una mirada a las tumbas de personajes famosos, nacidos o naturalizados en París, gente de todo tipo, artistas, políticos, científicos y, naturalmente, personas comunes. Fue Napoleón quien propició su creación en 1804, cuando dictó la ley según la cual las sepulturas tenían que efectuarse fuera del área urbana. El motivo era simple: se quería evitar que la descomposición de los cadáveres pudiera contaminar el aire y dar lugar a posibles epidemias. En París se construyeron a continuación otros cementerios, como el de Montparnasse (1824) y el de Montmartre (1825), objeto también de turismo necrófilo.

El nombre de este primer camposanto civil derivaba del propietario de las tierras en las que se erigió, el de un sacerdote jesuita que llegó a ser confesor de Luis XIV, un tal François d'Aix de la Chaise. Su situación en una colina no gustaba particularmente a los parisinos, de modo que, para incentivar las sepulturas, la administración recurrió a una estratagema que acabó siendo acertada: decidió trasladar a aquel lugar los restos de personajes famosos como Molière y La Fontaine, e incluso de los enamorados Abelardo y Eloísa. A partir de aquel momento, sobre todo entre las familias más acomodadas, se hizo lo posible para asegurarse las parcelas necesarias y construir mausoleos monumentales. Entre los muchos personajes ilustres que descansan en el Père-Lachaise se cuentan los músicos Gioacchino Rossini, Vincenzo Bellini, Chopin, Bizet y Petrucciani, los pintores Pissarro, Delacroix, Seurat, Modigliani y Max Ernst, los escritores Proust, Apollinaire, Balzac y Oscar Wilde, por no hablar de Edith Piaf, Yves Montand, Maria Schneider y muchos otros artistas y científicos de todo tipo.

Jim Morrison fue enterrado el 5 de julio de 1971, en las conocidas condiciones de reserva que rozaron el misterio. Se dice que fue su amigo Alain Ronay quien compró el pequeño lote de tierra donde reposa Morrison, pero todavía hoy no se logra entender cómo logró hacerlo en un tiempo tan breve y conseguir un lugar que es prácticamente imposible asignar a un extranjero que, entre otras cosas, ni siquiera era famoso. Acerca de la verdadera identidad de Morrison se quiso mante-

ner la más estrecha reserva para evitar curiosidades morbosas, hasta el punto de que la primera lápida que se depositó llevaba un error en la formulación del nombre, ya que apareció como Morisson James Douglas. Se tuvo que esperar a 1973 para que finalmente se sustituyera por otra que llevaba el nombre correcto.

Desde el momento en que la noticia de la sepultura de Morrison en el Père-Lachaise se hizo oficial, su tumba se convirtió en meta fija de fans y curiosos, que dejaban como recuerdo sobre el mármol los objetos más variados de naturaleza simbólica, incluyendo el simple cigarrillo, la lata de cerveza abierta o una jeringa. Hubo quien eligió la tumba para efectuar rituales poco claros, escondiéndose en el interior del cementerio antes de que cerrara, pero muy pronto las autoridades se dieron cuenta y decidieron patrullarla, para frustrar inmediatamente veleidades de todo tipo. En los años siguientes no dejaron de señalarse numerosos actos de idolatría póstuma, que alcanzó sus puntos culminantes en el décimo y el vigésimo aniversario de su desaparición, cuando las fuerzas del orden tuvieron que dispersar con gases lacrimógenos a los fans que no querían alejarse de la tumba después de la hora de cierre e intervenir cuando un coche derribó, a las doce de la noche, las puertas del cementerio para permitir que una multitud de más de cuatrocientas personas entraran a celebrar el aniversario de Jim. Durante mucho tiempo, la tumba de Morrison presentó simplemente sus fechas de nacimiento y muerte, pero más tarde se dispuso un busto que lo representaba lo hizo más reconocible. En 1988, aquel busto siguió el mismo destino que la primera placa: lo robaron. Hasta dos años más tarde no se puso una nueva placa, que llevaba escrito en caracteres griegos: «Kata ton daimona eaytoy», frase que se presta a varias traducciones, como por ejemplo, en griego antiguo, «Contra el diablo que estaba dentro de él», mientras que en griego moderno significa algo muy cercano a «Él provocó a sus mismos demonios», que quizás concuerda más con el personaje.

Los Doors no se mostraron particularmente interesados en ir a visitar la última morada de su compañero, e hicieron su aparición durante el aniversario de la primera década de la desaparición, seguidos de una compacta multitud de admiradores. El único que se tomó la molestia de volver fue Ray Manzarek, en 2001, cuando la poca claridad que rodeaba a la muerte de Jim volvió a las primeras páginas. Hay quien propuso entonces abrir el ataúd, para poner fin a todas las hipótesis más descontroladas, pero la ley francesa prohíbe la exhumación sin permisos especiales, e incluso es necesario el beneplácito de siete cardenales franceses, cada uno con el derecho incuestionable de veto, para abrir el féretro. En vista que Morrison era ciudadano estadounidense, se habrían podido instituir las prácticas para repatriar el cuerpo, pero esta iniciativa no tenía fundamentos reales y todo apareció como una demanda grotesca. En realidad, en 1996, el ministerio de cultura francés ya había puesto la palabra fin a esta historia, decretando la imposibilidad de desplazar los restos dado que el monumento se considera de interés cultural nacional. Aunque el caso Jim Morrison se ha cerrado para siempre desde el punto de vista legal, siempre permanecerá la curiosidad de saber cómo pasó realmente sus últimas horas.

Roberto Caselli

Foto grande: la entrada al cementerio parisino. Foto pequeña: cada año miles de fans visitan la última casa de Morrison y dejan sus recuerdos.

THE GREAT BEYOND

LA BANDA EN TRÍO Y LOS DISCOS PÓSTUMOS

por Roberto Caselli

La muerte de Jim Morrison agitó el imaginario de los Doors. Manzarek, Krieger y Densmore estaban confusos, pero decidieron continuar, aunque su cabalgata se detuvo al cabo de tan sólo dos álbumes. Sin embargo, todavía quedaba espacio para recuperar material inédito, sobre todo en directo, que pudiera reverdecer antiguos fastos. También produjeron An American Prayer, en la que superpusieron la instrumentación a la voz de Jim recitando algunas poesías suyas, y lograron el milagro de hacerlo resucitar.

A casi cincuenta años de su desaparición, Jim Morrison debe considerarse todavía uno de los mitos más longevos del Olimpo del rock.

Aquel personaje tan controvertido y enroscado sobre sí mismo, al que ni siquiera la muerte supo dar paz, parece aparecer de nuevo de vez en cuando, con su aspecto desaliñado y su mirada hostil, en las referencias discográficas de alguna nueva banda o en las ineludibles conmemoraciones que todavía hoy se le tributan. Las camisetas con su cara no dejan de ondear en los puestos al salir de los conciertos de rock, y los discos de los Doors se siguen vendiendo, a pesar de que también haya fallecido el teclista Ray Manzarek y ya no haya nada en común, desde el punto de vista artístico, entre John Densmore y Robby Krieger.

No fue fácil poner orden de manera adecuada en la discografía de los Doors después de la muerte de Morrison, encontrar un acuerdo entre el resto del grupo y la casa discográfica acerca de qué se podía o no publicar, o sobre qué dejar en herencia al público de una banda que había perdido a su líder carismático.

De alguna manera, sus compañeros de viaje no lo traicionaron, es más, en algunos casos incluso lo resucitaron construyendo alrededor de su voz un nuevo acompañamiento musical. Este fue el caso de *An American Prayer*, disco publicado en 1978, cuando los Doors ya habían realizado un par de trabajos sin él (*Other Voices*, 1971, y *Full Circle*, 1972), antes de disolverse en 1973. En aquella ocasión se encontraron para musicar algunas poesías que Jim había recitado en el curso

Los Doors en 1971.

de algunos conciertos que se habían celebrado en marzo de 1969 y en diciembre de 1970. Un trabajo que no fue fácil, fue disco de platino y que en 1995 fue remasterizado con un repertorio más mesurado y algunas adiciones. La figura de Jim Morrison distaba mucho de haberse olvidado, y de esta manera se creyó conveniente seguir ordeñando la vaca hasta que ya no quedaran más gotas de leche. De 1972 hasta la actualidad, Elektra ha publicado más de veinte antologías, de las que sólo muy pocas merecen ser recordadas por alguna rareza surgida del cilindro psicodélico de los Doors. Inauguró la serie, en 1972, *Weird Scenes Inside the Golden Mine*, cuyo nombre derivaba de una cita presente en «The End». De los veintidós temas presentes, resultan de particular interés tan sólo dos caras B de los más conocidos sencillos «Love Her Madly» y «Wishful Sinful», es decir, «Who Scared You» y la versión de Willie Dixon «(You Need Meat) Don't Go No Further», que nunca se incluyeron en ningún álbum grabado en estudio por Jim y sus compañeros. Para encontrar al fin la versión completa de «The Celebration of the Lizard» en sus siete partes poéticas, hasta entonces inédita, fue preciso esperar a *Legacy: The Absolute Best*, de 2003, que incluía asimismo una bonita versión de «Gloria» de Van Morrison, además de 32 piezas más extraconocidas que no añadían nada a lo que ya se sabía.

> «YA NO SOMOS JÓVENES RABIOSOS. Y NUNCA FUIMOS GRANDES MÚSICOS. QUIZÁS LO MEJOR QUE PODEMOS HACER ES TOCAR COCKTAIL JAZZ.»
>
> *Ray Manzarek*

En este alboroto de publicaciones póstumas, hay poco más si se excluye el box de cuatro CD que apareció en 1997. En realidad, para recuperar cosas más o menos inéditas de los Doors habría bastado esta recopilación, si se hubiera añadido también «(You Need Meat) Don't Go No Further», que Elektra evitó prudentemente incluir para impedir que los coleccionistas más rigurosos lo tuvieran todo a su disposición. Pero ya se sabe, los intereses saben jugar con picardía, y Elektra no es la única que actúa con astucia en este terreno.

Material, pues, más o menos inédito, se decía, porque de hecho en gran parte, estas versiones, oficialmente nuevas, ya habían aparecido bajo forma de *bootleg*, por lo que una vez más uno tiene la impresión de que la casa discográfica había decidido poner fin al mercado ilegal, haciéndose cargo de una ordenación definitiva de lo que los Doors habían hecho a lo largo de su carrera. Una operación, en cualquier caso, apreciable, que probablemente vació el barril hasta el fondo y puso la palabra fin a las sorpresas de los archivos. El primer CD del box set se titula *Without a Safety Net*, y comienza con el live de «Five to One», interpretado en el Dinner Key Auditorium de Miami de 1969, que nos trae rápidamente a la memoria el famoso suceso que concluyó con el arresto de Morrison. Hacia el final de aquel tema, visiblemente borracho, Jim comenzó a divagar y a insultar a

La canción

★

AN AMERICAN PRAYER

*A*n American Prayer se publicó el 17 de noviembre de 1978 y representa a todos los efectos el séptimo álbum de los Doors, a pesar de que Jim Morrison ya estuviera muerto desde hacía siete años. La finalidad declarada de Manzarek, Krieger y Densmore era la de hacer revivir la poesía de su compañero, acompañada por nuevas partes instrumentales. La voz de Morrison que declama algunas de sus poesías se recuperó de viejas grabaciones de 1969 y 1970, y se superpuso a las nuevas bases musicales. Nacieron de esta manera 12 nuevas canciones, no de grandísima calidad técnica, pero sin duda de extraordinario valor para dar una idea más

de la personalidad y del pensamiento de Jim. Obviamente no hay canciones convencionales, porque Morrison ejerce un papel diferente al habitual de cantante: quizás únicamente «Roadhouse Blues» y «An American Prayer» son las dos únicas que pueden mantener la configuración del pasado, pero mientras que la versión en vivo de la primera ya la conocíamos, la segunda es la que constituye una auténtica novedad, a pesar de que sus partes vocales estén recitadas. El arreglo instrumental de los Doors resulta en este caso particularmente cuidado. Naturalmente no faltan otras piezas con interés desde el punto de vista musical, como por

An American Prayer *el homenaje de los otros Doors al Jim Morrison poeta.*

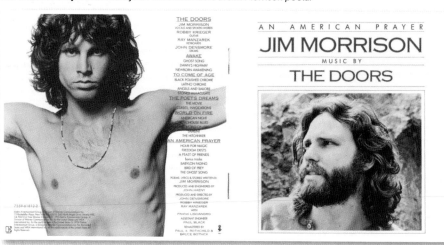

ejemplo «Stoned Immaculate», «Black Polished Chrome/Latin Chrome» y, sobre todo, «Ghost Song», bien construidas para permitir que los textos de Morrison emergieran con particular fuerza. De todos modos, el trabajo global hizo fruncir el ceño a varios profesionales del entorno. Paul Rothchild en particular consideraba rotundamente que el disco era «un trabajo poco logrado», pensando que las componentes del Morrison cantante y poeta deberían permanecer diferenciadas. También Jim lo pensaba y, mientras estaba vivo, demostró siempre estar firmemente decidido a mantener separadas ambas realidades.

Aunque en la carátula destacan mucho más la figura y el nombre de Jim Morrison en comparación con el de los Doors, es difícil no pensar en una operación astuta con finalidades comerciales. De todos modos, siempre queda la posibilidad nada desdeñable de oír una vez más la voz de Jim Morrison poeta declamando versos potentes como los de «An American Prayer».

¿Conoces la cálida progresión bajo las estrellas?
¿Sabes que existimos?
¿Has olvidado las llaves del reino?
¿Has sido generado pese a todo y estás vivo?
Reinventemos los dioses, todos los mitos de los tiempos
Celebremos símbolos desde lo profundo de los bosques más antiguos
¿Has olvidado las lecciones de la guerra antigua?
Necesitamos grandes cópulas doradas
Los padres ríen socarrones en los árboles del bosque
Nuestra madre ha muerto en el mar
Sabes que estamos aquí para que plácidos almirantes nos lleven al matadero
Y que gordos y lentos generales se están rindiendo obscenos frente a la sangre joven
Sabes que estamos gobernados por la televisión
La luna es una bestia de sangre seca
Bandas de guerrilleros están rodando números en el siguiente bloque de verde vid
Amasando escoltas para la guerra entre inocentes pastores que ya están muriendo
Oh gran creador del ser, garantízanos una hora más para realizar nuestro arte y hacer que nuestras vidas sean perfectas
Polillas y ateos son doblemente divinos y murientes
Vivimos, morimos y la muerte no es el fin
Viajamos todavía más en la pesadilla
Nuestra flor apasionada se aferra a coños y pollas de desesperación
Tenemos nuestra visión final aplaudiendo
La ingle de Colón está llena de muerte verde
(He tocado su muslo y la muerte ha sonreído)
Nos hemos reunido dentro de este viejo y loco teatro
Para propagar la vida lujuriosa y huir de la sabiduría que invade las calles
Los graneros son tomados al asalto
Las ventanas están cerradas y sólo uno entre todos
Baila y nos salva
Con la divina burla de las palabras
La música inflama el temperamento
(Cuando a los asesinos del verdadero rey se les permite que corran libres surgen mil magos en el pueblo)
¿Dónde están las fiestas
que nos habían prometido?
Dónde está el vino
El Vino Nuevo
(Muriendo en la vid)

Roberto Caselli

Jim en el concierto de Miami.

los espectadores porque se dejaban maltratar por el servicio de seguridad. Parte de aquellos improperios se pueden oír, a pesar de la imperfecta calidad de la grabación que luego se difumina en la parte más curiosa. Un buen documento histórico que define en parte la ambigüedad del personaje. El repertorio prosigue con versiones muy particulares de «Queen of the Highway» (una toma alternativa grabada en 1969 en los estudios de Elektra, en Los Angeles), una serie de demos grabadas tanto en el estudio de la casa de Bobby Krieger («Hyacinth House») como en los World Pacific Studios de Los Angeles en 1965, todavía bajo el nombre de Rick & The Ravens («My Eyes Have Seen You», «End of the Night» y «Moonlight Drive»), y otro par de directos grabados en el Spectrum de Filadelfia en 1970 («Black Train Song» y en el Aquarius Theatre de Hollywood («I Will Never Be Untrue»).

Particularmente interesante resulta «Black Train Blues», una de las piezas inéditas junto a «Whiskey Mystic and Men» y «I Will Never Be Untrue», que en realidad es un medley en el que los Doors improvisaban recorriendo con desenvoltura «People Get Ready» de Curtis Mayfield, «Away in India», «Crossroads» de Robert Johnson y «Mistery Train» de Junior Parker.

Desde el punto de vista estrictamente interpretativo, el segundo CD *Live in New York* es en muchos aspectos el que reviste el mayor interés de toda la caja: consiste en diez temas grabados en vivo durante los cuatro conciertos que los Doors celebraron en el Felt Forum, dentro del Madison Square Garden de Nueva York, el 17 y el 18 de enero de 1970. Más de setenta minutos de gran música, en la que Jim y sus compañeros propusieron, en un estado de gracia particular, varios temas que pronto entrarían en su *Morrison Hotel*, cuya aparición estaba prevista para el mes siguiente. Pero lo más destacado fueron decididamente piezas como «The Celebration of the Lizard», que un Jim Morrison muy inspirado interpretó al fin de manera completa, y «The End», cuya interpretación se dilató hasta bastante más allá de los once minutos de la grabación en

> «Dije a los otros: llamemos *Full Circle* a este álbum. Es como si cerráramos un círculo. Cerramos la experiencia de los Doors.»
> **RAY MANZAREK**

estudio. No se pueden dejar de citar algunas versiones del calibre de «Gloria», de los Them, o «Money» y «Crowling King Snake», del gran John Lee Hooker, en las que los Doors dieron realmente lo mejor de sí mismos.

El tercer CD, *The Future Ain't What It Used To Be*, presenta las otras tres demos pre Doors grabadas con el nombre de Rick & The Ravens: «Go Insane» (que luego entraría en la suite de «The Celebration of the Lizard» como «A Little Game»), «Summer's Almost Gone» y «Hello I Love You», a las que se añadieron una serie de temas pescados en diferentes apariciones televisivas y conciertos en directo de una cierta relevancia y, sobre todo, «Orange County Suite», grabada en 1970 en los estudios de Elektra de Los Angeles, nunca publicada anteriormente porque la tocaba sólo Jim al piano. Se había concebido como un regalo para Pamela Courson; para este box, se sumaron los otros tres Doors y se completó musicalmente.

También en este CD deben señalarse un par de versiones tomadas del repertorio de Muddy Waters («Rock Me») y John Lee Hooker (una vez más, «Money» esta vez grabada en directo en Vancouver).

El cuarto CD, *Band Favorites*, es poco más que un álbum de relleno, y de hecho está extrañamente conectado con los gustos personales de Manzarek, Krieger y Densmore respecto al repertorio entero de los Doors. Cada uno de ellos eligió sus cinco temas preferidos para que los quince resultantes constituyeran la lista del último CD del box.

La última recopilación que cabe señalar (a favor de los coleccionistas más fervientes, y es preciso serlo de verdad) es *Essential Rarities* de 2000, una síntesis del box al que nos acabamos de referir, que incluye «Woman Is a Devil» de Robert Johnson, por alguna razón no incluido en el cofre.

El aspecto *live* que fue ciertamente el componente más emocionante con el que los Doors lograron comunicar con su público, muestra en estas antologías sólo una pequeña parte de la expresividad excitante de Jim

LOS DOORS SIN JIM

La muerte de Jim Morrison fue un auténtico mazazo que se abatió sobre la banda y dejó una marca indeleble. Su fantasma sobrevolaría cada vez que Manzarek y sus socios atravesaran el umbral de un estudio de grabación o pensaran exhibirse en público. La alternativa a la que se enfrentaron los tres Doors supervivientes no dejaba mucho margen, y no podía más que resolverse entre la disolución y la continuación mutilada del grupo: no había caminos intermedios, eran impensable sustituir a Jim por otro cantante. De este modo, Manzarek asumió el honor de capitanear el nuevo curso que tuvo la breve vida de un par de años y se resolvió con la publicación de dos álbumes: *Other Voices* (1971) y *Full Circle* (1972). El primer trabajo realizado fue la lógica continuación de los anteriores, pero sin el carisma de su líder. Buena parte de los temas incluidos fueron escritos cuando Morrison seguía con vida, y las atmósferas que se respiraban no eran muy distantes a las ya ampliamente robadas en el pasado. En aquellas piezas se incluyeron una vez más masivas dosis de rhythm'n'blues capaces de dilatarse tanto hacia el rock'n'roll como a sonoridades más ambiguas, próximas al jazz y a la música suramericana. *Other Voices* presentaba también canciones de un cierto mérito, como «Ships with Sails», capaz de rezumar perfumes la-

tinos gracias a la presencia de Francisco Aguabella en las percusiones, perfecto complemento de los solos de teclado y guitarra de Manzarek y Krieger, ya de por sí bastante acertados, «I'm Horny I'm Stoned», con su sabroso estilo blues, «Hang On To Your Life» y «Tightrope Hide», evidentes homenajes al compañero desaparecido. También se desempolvó «Down in the Farm», con su perfume country, destinada a terminar en *L.A. Woman* si Jim no hubiera planteado un riguroso veto.

Por respeto al pasado o por límites creativos de la banda, la escritura de Morrison siguió siendo un punto de referencia en la formulación de los nuevos textos, pero la fecundidad de pensamiento capaz de dar un impulso existencial y permitir dar el salto de calidad ya no estaba y, por desgracia, se notaba.

Los Doors supervivientes seguían siendo en cualquier caso músicos con personalidad, y en la gira que siguió a la publicación del disco, el *Midwest & Northeast Tour*, obtuvieron un éxito más que satisfactorio. En el escenario, a su lado, se recurrió al guitarrista Bobby Ray y al bajista Jack Conrad, que contribuyeron a reforzar la rítmica y a regalar una potente revisión del viejo repertorio que seguía constituyendo una gran atracción para el público que los seguía. Ahora era Ray quien guiaba al grupo, y lo hacía a su manera, con mucha profesionalidad, pero sin la locura de su histórico líder, que los había caracterizado desde el principio. Ahora que Jim había muerto, los Doors eran otra cosa, y todo el mundo se dio cuenta de ello. Durante la gira, probablemente gracias al salvador regreso a la dimensión en directo, los Doors parecieron levantarse después del impacto recibido y

encontraron incluso energía para escribir nuevos temas y grabarlos.

Full Circle vio la luz en agosto de 1972 y, tal como habían hecho con el disco anterior, reclutaron a un buen número de músicos para darles una mano. Siguió con ellos naturalmente Jack Conrad, que parecía combinar muy bien con John Densmore a la hora de crear una rítmica compenetrada y sobre todo bien dispuesta a la hora de lanzarse hacia ciertas veleidades de impronta progresiva, también se incluyó al percusionista Chico Batera, y sobre todo a tres vocalistas, Venetta Fields, Clydie King y Melissa MacKay, que contribuyeron a dar un poco de color a aquellas piezas. En *Full Circle* se observó un repentino placer a la hora de revisitar la dimensión psicodélica abandonada desde hacía tiempo, y ello pareció imprimir nueva fuerza a las nuevas músicas. «Verdilac» y «The Mosquito» fueron de algún modo el emblema de este retorno: los músicos se encontraron en perfecta sintonía y lograron dar lo mejor de sí mismos. Pero no se debe pensar que se trate de un álbum totalmente psicodélico, ya que entre otros temas destacados deben señalarse «Hardwood Floor», de cariz honky tonk, «Good Rockin'» (estupenda versión de Roy Brown) y «The Pecking King and the New York Queen», que eran auténticos rock'n'roll.

Un trabajo decididamente fresco que parecía tomar distancias finalmente respecto a la dependencia con el verso poético de Morrison, pero que reveló de manera paradójica la incapacidad de prolongar su creatividad más allá de aquel límite.

Full Circle fue el acto de cierre de la historia de los Doors: nunca hubo un título más profético.

Roberto Caselli

Morrison en el escenario. Para obviar esta laguna evidente, Manzarek, Krieger y Densmore fundaron en 2000 la Bright Midnight Records, con la finalidad declarada de ir divulgando a lo largo del tiempo todo lo que estaba disponible, en términos de conciertos y entrevistas, de la larga y apasionante trayectoria de los Doors.

Desde entonces hasta hoy ya se han publicado una veintena de conciertos (los últimos en colaboración con Rhino Records), que sólo pueden obtenerse *on line*.

UNA HERENCIA
DISPUTADA

por Fabio Rapizza

---— ★ ——---

Por un lado, Ray Manzarek y Robby Krieger, por el otro, John Densmore. Los primeros tocaron las canciones de los Doors con Ian Astbury de los Cult en lugar de Jim Morrison. El segundo les puso palos en las ruedas cada vez que le fue posible. Los primeros querían ceder el uso de las canciones del grupo a anuncios publicitarios a cambio de dinero. El segundo afirmaba que el espíritu de los Doors no debía venderse. Y de este modo, la herencia del grupo de «Light My Fire» en el siglo XXI se ha visto disputada, dividida por la mitad, destrozada.

Marzo de 1971. No era la primera vez que los Doors eran sólo tres. Había sucedido ya docenas de veces. Habían comenzado numerosos conciertos sin Jim Morrison, que llegaba luego al escenario de manera imprevista, a tiempo para atacar la siguiente canción. También aquella noche de agosto de 1966, cuando fueron despedidos del Whisky a Go Go de Los Angeles, lo fueron a buscar a su habitación de motel en mitad de la noche, entre un set y el otro del concierto. Lo encontraron completamente ciego de ácido, pero iluminado: había comprendido el auténtico significado de los versos de «The End».

Y sin embargo, esta vez la situación parecía diferente: Morrison había dicho que quería apartarse durante unos meses. Ellos se sintieron aliviados. Jim se fue a París para descansar, para encontrarse a sí mismo, para escribir poesías; Ray Manzarek pensó: «Escribiría sus poesías y se rejuvenecería. Sería la nueva generación de Hemingway, F. Scott Fitzgerald, Henry Miller: americanos en París. Pensé: es perfecto, vete del rock'n'roll, huye de las groupies, huye de los sicofantes, huye de los llamados amigos, que no hacen más que arrastrarte a los bares».

Entretanto, en los Estados Unidos salió *L.A. Woman*, el mejor disco desde los tiempos de *Strange Days*. Habría escrito piezas nuevas, recogido nuevas ideas, esperando su retorno. En cambio, una mañana de julio, llegó la fatal llamada telefónica de Bill Siddons desde París. El mánager de la banda hablaba de un certificado de muerte ya firmado, de un ataúd sellado, Pamela trastornada y desesperada, un túmulo de tierra en el cementerio de Père-Lachaise. Ray, Robby y John no se lo querían creer. En el fondo, ¿cuántas veces Jim había sido dado por muerto y había

vuelto? ¿Cuántas veces había caído del escenario y se había vuelto a levantar? ¿Cuántas veces se había estrellado en coche y no había pasado nada? ¿Cuántas veces parecía haber desaparecido y volvía a presentarse saliendo de la nada? No podía estar bajo tierra: Jimbo era indestructible. Todo eran patrañas. Si no hay cadáver no hay delito.

Los Doors ahora eran tres. Ciertamente, ya había sucedido. En Amsterdam, en 1968, actuaron sin él. Eran fantásticos y apasionantes, el público estaba entusiasmado. Al día siguiente, en el periódico, había una foto de John Densmore en primer plano. Ningún cantante, nada de Jim Morrison. Jim los dejaba solos a menudo. En los conciertos se presentaba justo antes de subir al escenario. Siempre eran tres durante las pruebas de sonido.

> «Durante un largo período éramos nosotros tres contra Jim. Cuando él se fue, comenzamos a pelearnos entre nosotros.»
> **ROBBY KRIEGER**

A Jim le gustaba desaparecer sin dejar rastro. Después de la gira por Europa, en 1968, Los Doors volvieron a Los Angeles sin él, que se quedó en Londres con Pamela cerca de un mes. Durante una de estas largas ausencias, los tres compañeros tomaron una decisión importante: conceder los derechos de «Light My Fire» al anuncio del automóvil Buick, un utilitario de cuatro cilindros. De hecho, la canción ya se había comercializado, y en aquellos tiempos la idea pareció revolucionaria. Y además, los ingresos eran sustanciosos. A su regreso, Jim Morrison perdió el control de los nervios. Estaba furioso porque los Doors se habían vendido a la publicidad, habían sido engañados por el sistema, habían cedido frente a una atractiva oferta de dinero. Pero sobre todo estaba amargado y decepcionado, porque sus amigos habían tomado una decisión sin él. Se sentía traicionado. No lo habían consultado antes de tomar una decisión importante. Habían infligido un pacto fundamental. Por primera vez en su historia, los Doors no habían actuado al unísono. Hasta aquel momento, lo habían dividido todo equitativamente: los ingresos y los gastos, los éxitos y las vergüenzas, los créditos de las canciones y los derechos de autor. Habían sido algo único, una sola mente. Morrison estaba fuera de sí, y les amenazó con una causa legal. De hecho no habría finalmente ninguna canción de los Doors para un anuncio de televisión: Buick renunció a una campaña publicitaria apoyada por una canción rock'n'roll.

Después de la disolución de los Doors, Robby Krieger publicó un par de discos en solitario y dos como Robby Krieger Organization (*Live*, de 1995, y *Cinematix*, de 2000)

Robby Krieger resumió así el destino de los Doors después de la desaparición de Jim: «Durante un largo período de tiempo habíamos sido los tres contra Jim. Una vez se fue, comenzamos a pelear entre nosotros».

Aunque era incontrolable, irascible, inaguantable e incontenible, Jim Morrison era el alma de los Doors. El presupuesto de su músi-

ca eran sus palabras, su poesía, su carisma. Su presencia daba vida al proyecto, su linfa poética alimentaba y justificaba toda intervención instrumental. Morrison eligió la capital francesa como última meta. Inconscientemente atraído por un instinto oscuro, fue a París para morir. Cuando se liberó de su carera y abandonó su vida mortal, a la edad de 27 años, los Doors se quedaron descolocados. Todavía incrédulos, se reunieron en la sala de ensayos y continuaron tocando. Decidieron seguir adelante sin buscar sustitutos; cantaba Ray Manzarek, dejando el lugar de Jim en *stand by*. Grabaron dos discos, se mantuvieron activos, tocaron en directo, volvieron a Europa para una breve gira. Mantuvieron un nivel instrumental digno de su fama. Cuando se encontraron tocando en una sala de ensayos, en la vieja oficina de los Doors, alimentaban silenciosamente la esperanza de que, de repente, Jim se presentase a la puerta —sonriendo con la sonrisa infantil que tenía cuando estaba tra-

John Densmore dio vida al proyecto Tribaljazz con el saxofonista Art Ellis, en el que mezclaba música jazz y sonidos tribales del mundo.

mando algo– y se pusiera de nuevo a tocar con ellos. En su interior esperaban uno de sus famosos golpes de efecto. Pero pasaron los meses y no cambió nada. Seguían siendo tres. En el último concierto, en septiembre de 1972, en el Hollywood Bowl de Los Angeles, Ray introdujo «Light My Fire» con estas palabras: «Cuando comenzamos éramos cuatro, pero hemos perdido a uno por el camino, no sé si lo sabéis. Ha tenido un pequeño y desafortunado accidente, y ahora no está aquí. ¡Pero volverá! Volverá la próxima vez que toquemos en el Bowl. Y queremos intentar hacerlo, tanto si él está por aquí, en alguna parte, como si no. Lo haremos por nuestro Jimbo. ¡OK, Jim, prepárate! Sé que estás por aquí, muchacho, así que estate preparado porque ahora llega».

Después de aquella actuación, los tres supervivientes emprendieron caminos diferentes, aunque se encontraron esporádicamente. En aquel trance, Robby, John y Ray, libres de compromisos y conciertos, al volver a sus casas, se dieron cuenta de que Jim Morrison estaba realmente muerto y no volvería. Todos eran jóvenes, todavía, estaban en su plenitud; la fulminante carrera con los Doors sólo había durado seis años, pero había sido una experiencia destinada a perturbar toda su existencia. Durante el resto de sus vidas se verían obligados a mirar hacia atrás, continuamente, pensando una y otra vez en aquel período que fue el meollo de su carrera. Y

> **LOS DOORS DEL SIGLO XXI HABRÍAN GUSTADO A JIM. LES GUSTARÍA PORQUE ES UN POETA, Y UN POETA DIRÍA: LEED FUERTE MIS PALABRAS.»**
>
> *Ray Manzarek*

cada vez sentirían la amargura de una situación que no podía renacer y la nostalgia de un sitio vacío que no se podía colmar: el que había dejado Jim Morrison, enterrado en un cementerio de París.

Los tres Doors se dedicaron a proyectos personales. Densmore estaba fascinado por el teatro, Krieger grabó algún trabajo de inspiración jazz. Manzarek publicó dos álbumes como solista (el primero y más conocido es *The Golden Scarab*) y fundó una banda llamada Nite City. John Densmore recordaba en sus memorias: «Lo vi tocar con los Nite City en el Whisky, e hirieron mis sentimientos. ¿Acaso Ray pensaba sustituirnos por aquellos? Tocaron un par de canciones e Iggy Pop (que llevaba una camiseta con la cara de Jim Morrison delante) cantó «Light My Fire». Ray me hizo una señal para que subiera al escenario, pero salí del local. El cantante (cuyo nombre no recuerdo) se pavoneaba sobre el escenario como si fuera Dios, pero no había sudado para obtener aquel puesto. Quería decir a Ray que aquel tío no era más que la caricatura de Jim».

Los tres supervivientes se encontraron en el estudio de grabación seis años después de la muerte de Morrison, para acompañar las cintas de poesía grabadas por Jim y dar vida a *An American Prayer* (1978), el décimo álbum firmado por Jim

Los Nite City en la formación de *Golden Days Diamond Nights*.

Morrison & The Doors. Hicieron una gira promocional para apoyar la publicación del disco: improvisaron un concierto en París, el 8 de diciembre de 1978 (el día del trigésimo quinto aniversario de Morrison). Al día siguiente se dirigieron juntos al Père-Lachaise para visitar la tumba de su cantante. Volvieron a hacerlo el 3 de julio de 1981, en el décimo aniversario de su desaparición. Durante los años siguientes los Doors trabajaron juntos en las publicaciones póstumas del material de audio y vídeo: la recopilación de videoclips *Dance on Fire* (1985), el vídeo del concierto en el Hollywood Bowl (1987), la antología de temas en directo *The Doors in Concert* (1991) y el documental en vídeo *The Soft Parade* (1991). Entretanto, la aparición de la controvertida película *The Doors* (1991), rodada por Oliver Stone, reclamó la atención del público hacia el grupo de Los Angeles. La esperada reunión de los tres veteranos del rock se produjo con ocasión de la ceremonia de entrada en el Rock'n'roll Hall of Fame, el 12 de enero de 1993, en el Waldorf-Astoria Hotel de Nueva York. Los Doors ejecutaron tres temas para celebrar el acontecimiento («Roadhouse Blues», «Break on Through» y «Light My Fire»), con un fantástico Eddie Vedder (cantante de los Pearl Jam) a la voz.

En 1995, los tres Doors aparecieron juntos en el videoclip de «The Ghost Song», sencillo extraído de la nueva versión en CD de *An American Prayer*. En las imágenes se veía a los tres músicos tocando en el estudio de grabación, en una amplia sala con alfombras, velas e incienso; la presencia de Jim se evocaba a través de la danza de un chamán indio, la proyección de algunas imágenes y secuencias de vídeo procedentes de *Hwy*, y primeros planos y sobreimpresiones con las palabras de sus versos.

En 1997, Ray, Robby y John estaban juntos de nuevo en estudio,

Densmore explicó la relación de amor y odio con Jim y refería que, en el momento de la partida del cantante hacia París, la situación en el grupo había llegado a un punto extremo en el que apenas se soportaban.

En 1998, Manzarek expuso su versión de los hechos en las páginas de *Light My Fire: mi vida con Jim Morrison*. No había duda que, entre los tres Doors, Ray era el que estaba más vinculado a Jim: de hecho, fue él quien lo descubrió como

> **«Densmore se proclama heredero legítimo del estatuto anárquico de Jim Morrison, como artista con conciencia, reivindicando que nunca se ha vendido.»**
>
> **STEPHEN DAVIS**

para preparar juntos *The Doors Box Set*, una caja llena de material inédito y rarezas muy valiosas que contentaron hasta a los fans más exigentes. A pesar de que los tres músicos dieron una imagen de compañerismo, unidos en la memoria del cantante y en la voluntad de su continuidad espiritual, comenzaron a perfilarse algunas disputas entre los Doors. En 1990 John Densmore publicó su autobiografía, *Riders on the Storm: My Life with Jim Morrison and the Doors*, un libro que en los Estados Unidos se convirtió en *best seller* y que el batería presentó en las escuelas, leyendo algunos capítulos y acompañándose con percusión. El relato era original y lleno de confidencias, por primera vez la historia humana y personal del grupo aparecía descrita desde un punto de vista interior a la banda, es decir, directamente desde el asiento de la batería de los Doors. En una narración sincera y a menudo sarcástica –alejada de los tonos celebrativos de las demás biografías–

LAS TRES VIDAS DE
RAY MANZAREK

Después de la muerte de Jim Morrison, Ray Manzarek prosiguió su recorrido artístico en diferentes campos: musical, cinematográfico, literario. En el ámbito musical, publicó varios álbumes como solista, con un éxito discreto. Produjo cuatro álbumes del grupo X, banda fundamental del punk de Los Angeles de la década de 1980. Una colaboración que enriqueció la carrera artística fue la que realizó con el pianista y compositor estadounidense Philip Glass (también de Chicago, dos años más joven que Manzarek), considerado uno de los padres fundadores de la escuela minimalista. Gracias a la producción de Kurt Munkacsi y Philip Glass, en 1983 se publicó la versión de Manzarek de los *Carmina Burana*, los cantos goliárdicos medievales procedentes de la abadía de Benediktbeuren, textos redescubiertos a principios del siglo XX por el compositor alemán Carl Orff, que efectuó su transcripción en música. Atraído por la potencia espiritual de la obra, el teclista decidió arreglar los cantos según un marco con-

temporáneo, con una pizca de electrónica, intentando crear imágenes encantadas, sublimar el éxtasis expresado en los versos con un placer más intenso por la vida, algo similar a las pasiones y al hedonismo de los poetas errantes del pasado. Ray volvió a su primer amor, el cine, dirigiendo su primera película, *Love Her Madly*, un largometraje de noventa minutos que habla de amor, obsesión y homicidio. «Está ambientado en un campus de una universidad, más en concreto en un instituto de arte en California. Tres tipos están enamorados de la misma chica. El homicidio se produce al comenzar la película. No sabemos quién la ha matado. Luego volvemos un día atrás, tenemos que explorar la relación entre estas cuatro personas. Están locamente enamorados de esta chica y al final descubrimos que uno de ellos es el asesino y otro la víctima. Es un thriller al estilo de Hitchcock.» En los años ochenta, Ray supervisó y dirigió la edición del material en vídeo de los Doors, firmando la dirección de algunos videoclips (por ejemplo «L.A. Woman» y «Gloria»).

Otra dirección explorada por Manzarek fue la literaria. Publicó la autobiografía *Light My Fire* y la novela *The Poet in Exile*. Se trata sustancialmente de un trabajo de ficción, de imaginación, aunque hay evidentes semejanzas entre el personaje principal, Roy, y Manzarek, y entre Jordan, el poeta, y Morrison. La historia comienza cuando el autor recibe unas cartas extrañas de un personaje misterioso que firma The Poet. Las

Ray Manzarek en concierto en Milán en 2012.

cartas proceden de una isla perdida del océano Índico. Roy viaja hacia esta isla para dar crédito a sus suposiciones. Aquí encuentra al *alter ego* de Morrison, el Poeta, que le cuenta la puesta en escena de su falsa muerte y el renacimiento del espíritu alcanzado gracias a la meditación. Ahora está felizmente casado, es padre de dos niños y vive lejos de la vida autodestructiva que llevaba en Norteamérica. A partir de los escritos de Manzarek se intuye hasta qué punto le costó creer en la desaparición del cantante y amigo. La idea de que siguiera vivo, oculto en otra parte y feliz —aunque fuera por ficción novelesca— consolaba y aliviaba a Ray, que lo amó más que cualquier otro componente de la banda. «Jim Morrison siempre estará vivo para mí. Su arte sigue en el aire. Él canta en la radio en algún lugar del planeta al menos una vez al día. En *Poet in Exile* he dado a Jim treinta años más de vida. Murió demasiado joven y de manera trágica. Yo le he devuelto su edad adulta y su iluminación. Su búsqueda del satori se ha completado en mi libro.»

La actividad literaria de Manzarek se enriqueció a lo largo de los años con otro elemento importante, la colaboración con el poeta de la Beat Generation Michael McClure, con quien realizó un álbum, *Love Lion*, de 1993, grabado en el Bottom Line de Nueva York, y con quien emprendió una gira. McClure era un buen amigo de Morrison. Al cabo de unos años se volvieron a encontrar mientras el poeta estaba leyendo una larga composición titulada *Stanzas in Turmoil*. Manzarek recordó aquella ocasión con estas palabras: «Oí un gran acorde de do mayor, los campos de trigo y de cebada». Así nació una sólida amistad entre ambos. «McClure lee sus poesías y yo toco el piano. Hago exactamente lo mismo que hice con los Doors y con Jim Morrison, salvo que no hay batería ni guitarra. Yo toco su poesía, la música adecuada para sus palabras. Tengo sus textos delante de mí mientras toco. Es un espectáculo improvisado a medias. Es como en el jazz: por una parte improviso y por otra parte sé exactamente lo que tocaré. Es como unir la poesía beat y el jazz. Es muy importante y es algo excelente. Michael es un extraordinario poeta natural místico, y se le ha definido como inspirador de Jim Morrison». También McClure tenía palabras de halago para con el teclista. «Cuando Ray toca, siento el rock, el blues, el boogie woogie, así como ciertas melodías del compositor ruso místico Alexander Scriabin. Todo lo que hago es dar a Ray las palabras: a veces se las envío mediante un cassette en el que grabo mis lecturas, otras veces le leo poesías nuevas poco antes de la prueba de sonido. Lo que surge es algo fluido, suave como el terciopelo, liso como el marfil, el granito y la carne. No es similar a nada de lo que hacemos solos. Cuando trabajamos juntos no somos solamente yo leyendo poesías y él tocando un tema al teclado, sino que damos vida a una nueva dimensión artística. Por ejemplo, cuando Ray toca la Novena de Beethoven, la cambia y la toca como si fuera un divino riff de música jazz. Hay mucha improvisación en lo que hacemos. Estamos aquí para despertar a las personas de su sueño y para luego escuchar su rugido».

Ray Manzarek murió el 20 de mayo de 2013 a consecuencia de un tumor en las vías biliares.

Giulio Nannini
Fabio Rapizzi

Una imagen del concierto/documental de la serie *Storytellers* dedicado a los Doors.

cantante y quien en sus inicios creyó en él, adivinando sus enromes potencialidades expresivas. En su libro, Manzarek se soltaba contra Densmore, describía su carácter nervioso e impulsivo y recordaba que, en vísperas de la grabación del primer álbum, Morrison quería deshacerse del batería porque no lo soportaba. Según Stephen Davis, biógrafo de Morrison, las memorias de Ray Manzarek confirman que el teclista era «un rígido ideólogo de los años sesenta con poco sentido del humor, un absurdo mito que quería difundir como el Evangelio, sus muchas obsesiones. Por su parte, Robby Krieger, que desde los tiempos de los Doors era reacio a las disputas por su carácter templado y su temperamento evanescente, se mantuvo distante de toda polémica y no publicó ningún libro.

A pesar de las tensiones y los pequeños altercados en familia, los tres Doors se reunieron en 2000 por invitación de la cadena Vh1 para realizar un

> «Un rígido ideólogo de los años sesenta, con poco sentido del humor, un absurdo mito que quería difundir, como el Evangelio, sus muchas obsesiones.»
>
> **STEPHEN DAVIS**
> **SOBRE RAY MANZAREK**

triunfal y emocionante capítulo de *Storytellers*, una especie de concierto/documental dedicado a los mitos del rock, publicado en formato DVD en

2001. Los tres músicos, maduros pero en excelente forma, se presentaron en el escenario con el instrumental original utilizado a fines de los años sesenta. Cada canción era introducida por las preguntas del público y por las anécdotas referentes a los métodos de composición, los textos y las partes instrumentales. En la voz se alternaron personalidades importantes de la escena rock contemporánea: entre otros aparecieron Travis Meeks, que emprendió con coraje la larga y comprometida letanía de «The End», Ian Astbury de los Cult, que realizó una convincente interpretación de «Alabama Song» y «Backdoor Man», y Scott Weiland, de los Stone Temple Pilots (según Densmore, el único que podía permitirse ponerse los pantalones de cuero de Jim), rugiente y agresivo en «Break on Through» y «Five to One». Scott Stapp de los Creed realizó una interpretación un poco desafinada de «Roadhouse Blues», llegando a arruinar incluso el final de «Light My Fire».

En 2002, la compañía Harley Davidson propuso a los Doors que aparecieran como cabezas de cartel para una serie de conciertos que celebraban el centenario de la fundación de la célebre compañía de motocicletas. Manzarek recordaba: Parecía una buena idea. Parecía el momento adecuado. Yo dije: "Por mí estupendo. Hagámoslo. Y cojamos a Ian. Los tres habíamos tocado juntos para un especial de Vh1 llamado *Storytellers*". La elección

> **«ES MUY SIMILAR A JIM MORRISON. EN EFECTO, DIRÍA QUE ES EL PRIMO EUROPEO DE JIM. ESTÁN HECHOS DE LA MISMA PASTA.»**
>
> *Ray Manzarek sobre Ian Astbury*

del cantante recayó, pues, en Ian Astbury, líder hasta hacía poco de los Cult, banda estadounidense que proponía un género a medio camino entre influencias dark y hard rock. Después del primer encuentro entre los Doors y el cantante en el escenario del especial de Vh1, de hecho, en más de una ocasión, Ian expresó su deseo de trabajar con la legendaria banda californiana.

Análogamente a Jim Morrison, Ian, nacido en 1962, era hijo de un oficial de la marina mercante y se había visto obligado a numerosos traslados en el curso de su infancia. Tras establecerse en Yorkshire, en 1981 fundó el grupo de los Cult, primeramente conocidos como Southern Death Cult, luego como Death Cult, con los que obtuvo un discreto éxito internacional a finales de la década de 1980. Los álbumes más apreciados de la banda son *Love* (1985), *Electric* (1987) y *Sonic Temple*, de 1989. En ese mismo año, Astbury recibió la invitación de Oliver Stone para que interpretara el papel de Jim Morrison en la película dedicada a los Doors, pero rehusó hacerlo: «Estaba demasiado implicado con los Cult, así que cuando Oliver Stone me llamó, le tuve que decir que no, sobre todo porque no tenía nada en común con la gente de Hollywood». En 1991, los Cult publicaron el álbum *Ceremony*, dedicado a la cultura de los nativos norteamericanos, cuyos bailes y ritos fascinaron al cantante (otra analogía con Morrison, que sostenía que había sido poseído en su infancia por el alma

Los Doors of the 21th Century.

de un indio muerto en un accidente de tráfico).

A Ray lo conquistó el vocalista de los Cult: «Oscuro, amenazador, céltico, cristiano, chamánico, espiritualidad india estadounidense, budismo amante de la poesía... Es muy parecido a Jim Morrison. En efecto, diría que es el primo europeo de Jim. Están hechos de la misma pasta». La opinión de Krieger también era favorable: «Al principio Ian estaba preocupado porque no quería que nadie pensara que quería imitar a Jim Morrison. Siempre había sido él mismo en el escenario, con excelentes resultados. Nunca habíamos remplazado a Jim. Ian aporta su personal interpretación de nuestra música y al mismo tiempo de él emanan unas vibraciones y un carisma muy similares a las de Jim».

La posición de John Densmore, en cambio, era totalmente contraria. Probablemente condicionado por su imposibilidad física de aguantar varias actuaciones en vivo —se decía que padecía un molesto y continuo zumbido en el oído— se declaró en desacuerdo con una operación que consideró que era exclusivamente comercial y de ninguna utilidad para la memoria de Jim Morrison. En 2002, Densmore publicó un artículo en *The Nation*, un semanario radical estadounidense, en el que insistía en su continuo y obstinado rechazo a dar el visto bueno al aprovechamiento comercial de los clásicos de la banda. «Además, Densmore se proclama heredero legítimo del estatuto anár-

«John terminará por destruir a los Doors»
RAY MANZAREK

quico de Jim Morrison como artista concienciado, reivindicado que no se ha vendido nunca» (Stephen Davis). Pese a ello, Manzarek y Krieger mostraron su intención de dar vida al proyecto, y en septiembre de 2002 se presentaron en directo como The Doors, con una formación constituida por Ian Astbury como cantante, Angelo Barbera al bajo y nada más y nada menos que Stewart Copeland (antiguo batería de los Police) en la batería. El grupo colgó el cartel de entradas agotadas en una serie de conciertos en Los Angeles. Por toda respuesta, John Densmore, los herederos de Morrison y los parientes de Pamela Courson entablaron un proceso por utilización impropia del nombre de la banda. «John terminará por destruir a los Doors», declaró Ray a la prensa. En febrero de 2003, Copeland se fracturó un brazo al caer de la bicicleta, pero pronto fue sustituido por el joven batería Ty Dennis, de modo que la gira pudo continuar. El batería de los Police, al sentirse excluido y viendo que se daba marcha atrás a los acuerdos que habían tomado, denunció a los nuevos Doors por incum-

plimiento de compromiso, ganó la causa y obtuvo una compensación económica por daños morales.

Ray y Robby siguieron su camino presentándose con un nombre a prueba de denuncias: Doors of the 21st Century (abreviado con la sigla D21C). Hicieron una gira por los Estados Unidos, a menudo frente a plateas llenas de viejos fans de los Doors y jóvenes amantes del rock clásico. En octubre de 2003, en Houston, en Texas, la nueva formación grabó el DVD *L.A. Woman Live*, con ocasión de un concierto especial en el que propusieron por primera vez en vivo todos los temas de *L.A. Woman*, último álbum en estudio de los Doors con Jim Morrison, publicado en 1971, cuando el cantante estaba ya en París. Stephen Davis escribió: «Los shows comenzaban a menudo con "Roadhouse Blues" y "When the Music's Over", hechizando al público en una especie de trance. Astbury podía ser un Jim Morrison de cuarenta y cinco años renovado, y su interpretación de los clásicos era respetuosa y precisa. En una pantalla gigante detrás de la banda se proyectaban efectos de luz psicodélicos de otros tiempos, una referencia visual a las viejas actuaciones de los Doors. El efecto general era extraordinario durante los primeros veinte minutos, luego Ray comenzaba a hablar al público de proyectos futuros, arruinando lo que hasta poco antes había sido una ilusión casi divina y una suspensión más que entusiasta de la incredulidad colectiva». En diciembre de 2003, para los conciertos de los Doors of the 21th Century en París se agotaron repetidamente las entradas. El 8 de diciembre, día en el que Jim habría cumplido sesenta años, lo visitaron en el Père-Lachaise, donde encendieron velas junto a

Robby Krieger en 2007.

decenas de fans y turistas que se habían reunido en torno a su tumba.

Los fans de los Doors se vieron obligados a tomar partido: hubo quien –como Densmore– miraba indignado la banda de Manzarek y Krieger como una sórdida operación comercial, en la que un poco convincente Astbury, que se había dejado caer en un lugar que no le tocaba, emulaba sin ninguna credibilidad los movimientos chamánicos de Morrison y desempeñaba el papel sin ninguna legitimación. Otros aficionados veían con buenos ojos el regreso al escenario de sus ídolos musicales, que de todos modos estaban en una forma excelente, para un espectáculo que rendía tributo a la memoria del cantante y por lo menos permitía ver

a los restantes Doors en directo, para quien se los hubiera perdido en el breve período de su actividad pasada. De todos modos, las disputas entre los Doors proseguían. John Densmore y los Morrison Estate (los herederos de Jim Morrison) ganaron una segunda causa contra los D21C, obligando a la banda a usar un nombre que no incluyera la palabra Doors. El nuevo nombre que adoptó la banda fue Riders on the Storm. Aparte del cambio de nombre, según los documentos legales los D21C tenían que someter todo el dinero ganado como D21C a la Doors Music Corporation para que se repartieran según el acuerdo original de 1967, que preveía que a Densmore le correspondía una cuarta parte de los beneficios de la banda. Esto es lo que quedó del noble pacto de unanimidad de los jóvenes músicos que habían coincidido en Venice, California, en 1966.

En agosto de 2005, el programa Vh1 *Classic*, en colaboración con World Productions, invitó a los Riders on the Storm a la prestigiosa serie de conciertos en directo *Decades Rock Live*, que reunía a artistas del calibre de Bonnie Raitt, Norah Jones, Ben Harper y muchos otros. El 5 de agosto, Robby, Ray y sus compañeros grabaron el directo para Vh1 en el Trump Taj Mahal de Atlantic City. La transmisión de la actuación estaba prevista como primer capítulo de la serie. Misteriosamente, el capítulo fue cancelado por la cadena, con gran pesar por parte de los fans de todo el mundo. Después de que algunos de estos contactaran con Vh1, la cadena declaró que «uno de los miembros de los Doors» no había dado su consentimiento a los permisos necesarios para la transmisión de los temas del grupo; incluso las canciones que notoriamente habían sido compuestas por Krieger fueron bloqueadas. En este punto nació espontáneamente una petición: si era cierto —como Densmore había declarado— que su finalidad no eran los beneficios sino preservar la herencia artística de los Doors, ¿por qué pretender dinero obtenido del trabajo ajeno e impedir que nuevos fans tuvieran la oportunidad de conocer a los Doors a través de iniciativas como la de Vh1?

> **«LOS FANS QUIEREN VER A JOHN TOCANDO CON NOSOTROS, PERO ÉL PARECE QUE NO QUIERE.»**
>
> *Robby Krieger*

Densmore contestó con un mensaje desde su página web: «Recientemente me he enterado de que algunos fans se han lamentado de mi negativa a dar a los Riders on the Storm los permisos que les habrían permitido publicar su concierto en el Taj Mahal de Atlantic City. Como sucede a menudo, aquí hay mucha información errónea. Dejadme aclararlo. El concierto en cuestión puede anunciarse como concierto de los Riders on the Storm durante la actuación, pero no puede ser anunciado o promovido como concierto de los Riders on the Storm. Era un concierto que había sido anunciado durante meses como show de los Doors of the 21st Century, un nombre que la banda no tiene permiso de usar. [...] El uso del nombre de los Doors para el concierto en cuestión era inapropiado por todas las razones decididas por el tribunal. Resultaría realmente curioso dar ahora el permiso para que justamente ese concierto, para el que se ha establecido que los beneficios se habrían ganado impropiamente, se convirtiera en el sujeto de un vídeo/DVD. No me opongo al hecho de que Ray y Robby canten las canciones de los Doors, o que los Riders on the Storm lo hagan y vendan DVDs de conciertos legítimos. En realidad, tanto yo como el Estate ya hemos dado nuestro consentimiento a los derechos para una futura actuación de los Riders on the Storm. Pero no se debería permitir que, como en otros conciertos que se han vendido y publicitado de manera incorrecta, este caso genere más beneficios como resultado de la apropiación indebida de un *partnership*, es decir, el nombre de The Doors. Deseo lo mejor a Ray y Robby, y espero que todos se diviertan viendo sus actuaciones. Son grandes músicos. Pero ciertamente no les permitiremos que agraven un precedente erróneo vendiendo DVDs de un concierto anterior.»

Con estos presupuestos, en el mismo 2005, John Densmore rechazó los permisos relativos a los temas de los Doors para dos DVDs: se trataba de los shows que los entonces Doors of the 21st Century habían celebrado en Japón en 2003 y en Argentina en 2004. Krieger declaró en una entrevista: «Los fans quieren ver a John tocando con nosotros, pero al parecer él no quiere. Es algo feo, porque sé que a los fans les gustaría vernos tocar a los tres juntos».

El mánager de los restantes Doors, Jeff Jampole, declaró lo siguiente: «Los Doors supervivientes fueron amigos, colegas y compañeros durante treinta y ocho años, y siempre sintieron un profundo y constante amor y respeto recíproco. Ha habido desacuerdos entre ellos sobre una cuestión aislada, pero están trabajando juntos en muchos proyectos que tenemos para llevar la música y la magia de los Doors a toda una generación de fans». Para los aficionados resultaba difícil creer en estas palabras, ahora que se encontraban divididos en dos frentes, como hijos

de un divorcio en la familia Doors. Por una parte, John Densmore, que se proclamaba continuador de la integridad artística de Morrison (ironía de la suerte: justamente él, que no era el preferido del cantante); por otra parte, Ray, el idealista y el romántico, que sostenía que «los Doors of the 21th Century habrían gustado a Jim. Le habrían gustado porque era un poeta, y un poeta diría: "Leed fuerte mis palabras". No hay nada que guste más a un poeta que tener a alguien que transmita sus palabras a un público».

> «JOHN GANARÁ CERCA DE UN MILLÓN DE DÓLARES SIN HABER HECHO NADA. DEBERÍA VENIR A TOCAR LA BATERÍA CON NOSOTROS, NO LUCHAR CONTRA NOSOTROS CADA VEZ.»
>
> *Ray Manzarek*

Después del famoso episodio de Buick, en noviembre de 1970 se decretó que todo acuerdo de carácter publicitario requiriera la aprobación por unanimidad de los componentes de la banda. Como ya se ha dicho, en 1967 se había decidido que los derechos se repartirían a partes iguales. Esta loable y utópica decisión, en estos últimos tiempos no hizo más que agriar las relaciones ya tensas entre los miembros de los Doors. Manzarek declaró: «¡John ganará cerca de un millón de dólares sin haber hecho nada! Nosotros vamos a tocar y él se cobra la cuota correspondiente. Tendría que venir a tocar la batería con nosotros, no luchar contra nosotros a cada ocasión».

En el curso de los años, incluso en los últimos tiempos, habían llegado muchas propuestas atractivas a los Doors, la última de las cuales fue la de Cadillac, que solicitó «Break on Through» como banda sonora del anuncio de su propia serie SUV, a cambio de 15 millones de dólares («Más dinero del que hayamos ganado en cualquier otra ocasión», dijo Densmore). Con absoluto disgusto de la Doors Corporation, y de los viejos compañeros de banda en particular, Densmore dijo que no. Estos eran sus motivos: «La gente ha perdido la virginidad con esta pieza, ha salido por primera vez con esta canción. Me han dicho que hay muchachos que han muerto en Vietnam oyéndola, y otros dicen que conocen a personas que no se han suicidado gracias a esta música. En el escenario, cuando tocábamos estas canciones, sentíamos algo misterioso y mágico. Este tipo de cosa no se alquila». John, hablando con un abogado de Cadillac, dijo que no podía vender una canción a una compañía que estaba contaminando el mundo.

Sin embargo, el carácter del batería siempre había sido contradictorio. Ya en la década de 1970, junto a sus compañeros, había condescendido a la utili-

Una foto reciente de John Densmore.

zación de «Riders on the Storm» para una publicidad inglesa de Pirelli, aunque luego se arrepintió amargamente: «He dado cada centavo a beneficencia. Tenía el fantasma de Jim en el oído». Aunque Densmore despreciaba a Ian Astbury porque lo consideraba «una mala imitación de Morrison», según Manzarek permitió el uso de los temas de los Doors en anuncios publicitarios, porque

«Estamos todos envejeciendo, tendremos que tocar juntos estas piezas porque, ¡ay!, el fin está cerca.»
RAY MANZAREK

ello refrescaba la memoria de la banda. «Estamos todos envejeciendo –dijo Manzarek– tendremos que tocar juntos estas piezas porque, *hey, the end is always near*». En lo referente a la situación legal, Densmore dijo que no pretendía poner palos en las ruedas a sus ex compañeros por la elección del nombre Riders on the Storm.

Robby y Ray en directo en la House of Blues, en West Hollywood.

Ray rebatió: «No importa como lo queramos llamar; siempre seremos Robby y yo tocando «Light My Fire» o «Love Me Two Times». John debería unirse a nosotros, tocar y celebrar la música. ¿Sabes qué digo siempre a los cínicos? Os gustaría volver a tocar con Jim Morrison, pero ¿sabéis algo? ¡No puedo llamarlo! Lo lamento, está muerto. Está ocupado; está en la eternidad». John declaró que estaba cansado de luchar. ¿Y qué contestó a la invitación de Manzarek? «Me gustaría tocar con los Doors, y tocar una vez más aquellas canciones. Y lo haré. Cuando Jim reviva.»

Quién sabe qué piensa realmente Jim Morrison, se encuentre donde se encuentre. Si está en África, en una isla de las Seychelles (como

> ## «Me gustaría tocar con los Doors y volver a tocar aquellas canciones. Lo haría. Y lo haré. Cuando Jim reviva.»
> ### JOHN DENSMORE

imaginaba Ray), o bien simplemente enterrado a cuatro metros y medio de profundidad en la húmeda tierra parisina. Sería hermoso

oír una opinión suya, o tener una reacción acerca de la figura de Ian Astbury, que en el escenario se mueve como un chamán y permanece suspendido al soporte del micrófono con los ojos cerrados, justamente como hacía él. Sería interesante oír su opinión acerca de las escaramuzas entre sus compañeros. La verdad es que el Rey Lagarto huyó, primero de los Estados Unidos y luego de la Tierra, dejando en herencia sus palabras, sus canciones, su mito. Se fue antes de envejecer, desapareció cuando la música todavía no había acabado, dejando a los otros el compromiso de seguir su camino... o no. En cierto sentido, Jim Morrison tuvo el privilegio de despedirse con una salida trágica y poética, como era su estilo. Abandonó la escena con un hábil golpe de efecto. Los tres Doors supervivientes, abochornados, tuvieron que cerrar un concierto truncado por la mitad. Quizás habría sido interesante ponerse en la piel de Manzarek, Densmore y Krieger, mirarlos no como parte de un mito, sino como seres humanos. Quizás de noche, mientras dormían, soñaban con estar de nuevo en Venice, en la playa, junto

a James Douglas Morrison. Al despertar se encontrarían con el pelo gris, la cara llena de arrugas y una pesada herencia artística a sus espaldas. El mito de Jim Morrison y de los Doors se ha preservado en los discos, en los vídeos y en las canciones, como en un sarcófago de ámbar. En cambio, Robby y John siguen aquí, entre nosotros, con todas sus preocupaciones, sus recuerdos, sus sentimientos y resentimientos. Ray se fue en 2013, a los 74 años, pero también él sobrevivió durante mucho tiempo a la leyenda, privado como los demás de aquella completitud artística que perdie-

ron demasiado de prisa. Privados del cuarto elemento gracias al cual, en esta vida, encontraron la unidad artística y humana de Aire, Tierra, Fuego y Agua. Una parte de ellos murió junto a Jim Morrison, en 1971.

Los Doors entraron en el nuevo milenio como seres humanos: imperfectos, doloridos y divididos. Quizás esperan reunirse con su cantante, Ray ya lo ha hecho, para volver al mito. Para tocar juntos otra vez. Para reinventar a los dioses. Para celebrar un nuevo concierto en el Auditorio de los Tiempos.

MANO A MANO CON LOS
PROTAGONISTAS

---- ★ ----

Cada uno cuenta su verdad,
entre recuerdos y contradicciones.

¿JIM MORRISON MURIÓ DE SOBREDOSIS EN EL ROCK'N'ROLL CIRCUS?

LA VERDAD SEGÚN SAM BERNETT

por Ezio Guaitamacchi y Roberto Caselli

En 2007, Sam Bernett publicó el libro *The End Jim Morrison*, en el que sostenía que el líder de los Doors no murió en la bañera de su casa en la Rue Beautreillis, sino a causa de una sobredosis de heroína en los servicios del Rock'n'roll Circus, el local parisino que el propio Bernett dirigía en aquellos tiempos. Lo hemos entrevistado para que nos cuente cómo lo había conocido y su verdad sobre las últimas horas de Jim.

1) ¿Puede hablarnos de usted?

Me llamo Sam Bernett, soy periodista, escritor y productor francés. Comencé mi carrera en el *New York Times* en los años sesenta, en Nueva York, a donde había viajado para ver el rock'n'roll de cerca, y luego volví a Francia donde comencé un largo recorrido radiofónico. Siempre he estado vinculado a la música y en particular la he programado por radio durante cuarenta años, antes de escribir libros. Comencé trabajando en una emisora llamada RTL, y luego pasé a Europe 1. He conocido a todo el mundo musical internacional de la época.

2) ¿Qué estaba haciendo en la primavera de 1971?

Gestionaba una discoteca de París, que también era una sala de espectáculos y un restaurante, llamado Rock'n'roll Circus. Un gran local en el que se encontraban los principales músicos de Europa, ingleses, alemanes, italianos, pero también norteamericanos que pasaban por París. Había muchas actuaciones en directo, un restaurante, una discoteca y un salón un poco oriental donde uno se podía relajar. En junio, en el momento en que Jim Morrison estaba llegando a Francia, yo dirigía el Rock'n'roll Circus.

3) ¿Recuerda la primera vez que vio a Jim Morrison?

Desde luego. Como le he dicho, el Rock'n'roll Circus era el punto de encuentro de todos los músicos que pasaban por París: venían Joe Cocker, Eric Clapton, los Stones y los Pink Floyd, que coincidían gustosamente con músicos franceses como Johnny Hallyday y Michel Polnareff.

Los músicos que llegaban a París sabían que allí encontrarían un ambiente muy agradable, y Morrison hizo su entrada en 1971. Nos conocimos en seguida, aunque me costó un poco identificarlo, porque estaba muy cambiado respecto a su iconografía oficial: había engordado mucho, debía pesar un centenar de kilos, tenía una barba muy larga y, en consecuencia, tuve un momento de incertidumbre, pero en seguida lo remediamos bebiendo juntos nuestra primera copa.

4) Aparte de su aspecto físico extraño, ¿qué idea se hizo de él?

Era un personaje particular, porque tenía una personalidad bastante cambiante, que dependía en parte de la sustancia ilícita que había tomado o de la cantidad de whisky que había bebido. Podía llegar muy excitado y nervioso, o bien podía ser muy cordial y simpático. Cuando estaba de buenas le gustaba estar en el bar con sus amigos, y en aquellas situaciones era adorable. Hablaba de temas muy diversos: de su trabajo, de sus pasiones, de los Estados Unidos, de Francia, que le gustaba muchísimo. Le encantaba pasear por París, salía de su domicilio en el Marais, paseaba a lo largo de las orillas del Sena, atravesaba la periferia de París o bien se detenía en la Place des Vosges a escribir apuntes en sus cuadernos con las palomas a su alrededor. Iba a visitar la casa de Victor Hugo y luego, como siempre, se detenía mucho en los cafés a beber, por lo que de noche siempre estaba más bien cansado.

5) ¿Qué relación tenía Jim Morrison con su local? ¿Se podía decir que fuera un cliente habitual?

Sí, se podía definir como un cliente habitual. Venía al menos tres o cuatro veces por semana: le gustaba el lugar, coincidía a menudo con gente y se soltaba a hablar en medio de grandes discusiones. Se hizo muy amigo de Johnny Hallyday, hablaban juntos, discutían sobre música. Fue al mismo Hallyday a quien Morrison confió por primera vez que quería dejar los Doors y que prefería escribir poesía antes que convertirse en un cantante pop. Conoció también a Michel Polnareff, y de todos modos tenía buena relación con todos los músicos con los que coincidía. Cuando no hablaba con ellos iba a escuchar los discos que programaba el disc jockey. Era un lugar en el que se encontraba cómodo, aunque de vez en cuando se enfadaba y se peleaba con alguien. Incluso llegó a enzarzarse a puñetazos. Recuerdo que una vez tuve que acompañarlo fuera del local para evitar que las cosas acabaran mal.

6) ¿Qué tipo de relación tenía con Jim Morrison? ¿Eran amigos o solo conocidos por el hecho de coincidir en el local?

Nos conocíamos bien, hablábamos a menudo, pero lo extraño era que fuera del club nunca nos vimos. Nunca fui a comer a su casa, no nos encontramos nunca en París para beber una copa juntos. Nunca tuvimos relación fuera del club, por lo que no puedo decir que fuéramos amigos.

7) ¿Qué impresión le dieron los amigos y las compañías parisinas de Morrison?

A este respecto poco puedo decir, porque Morrison venía al Rock'n'roll solo. Sólo una vez lo vi con su compañera, Pamela Courson, porque ella no solía venir al club, prefería frecuentar otros lugares donde se encontraba con sus amigos.

8) ¿Tuvo contactos alguna vez con el conde Jean de Breteuil?

Coincidí con él una vez, en el club, pero no lo conocía bien. Sabía que tenía una relación estrecha con muchos músicos como Eric Clapton, Keith Richards o el mismo Morrison. Se decía que Jean de Breteuil también fue amante de Pamela.

9) ¿Jean de Breteuil pasaba droga?

Lo que yo sé de él era que pasaba droga a muchas personas famosas, y que también abastecía de heroína a Pamela.

10) Oficialmente, en aquellos días el conde era el amante de Marianne Faithfull. ¿Vino ella alguna vez a su club?

No, yo no la vi nunca. Cuando venía a París, cosa que hacía muy a menudo porque en aquellos años era muy famosa, prefería frecuentar otro local, el Castel. No sé si entonces tenía una relación con el conde, aunque se decía que eran muy cercanos.

11) Morrison era muy amigo de Alain Ronay. ¿Lo conoció usted?

No, no llegué a conocerlo, aunque sé que era muy amigo de Jim. Alain fue uno de los primeros en intentar socorrer a Morrison en su habitación y a llamar a una ambulancia. Aunque ya estaba muerto.

12) ¿Y Agnès Varda? ¿Llegó a entrevistarla para su libro?

No conocí a Agnès. Sé que estaba muy ligada a Morrison y que a él le encantaba ir a verla y charlar con ella, pero después de la muerte de Jim nunca quiso responder a las preguntas de los periodistas sobre lo que sucedió aquella noche.

13) Volvamos a aquella noche del 2 de julio de 1971. Según su libro, aquella noche Jim Morrison estaba en su club.

Lo recuerdo muy bien: era un sábado por la noche, el club estaba más lleno que otras noches, con la multitud típica del fin de semana, y Jim llegó hacia las 2 de la mañana. Yo estaba muy ocupado, pero lo fui a saludar, hablé rápidamente con él, bebimos una copa. Observé que iba mirando a menudo la entrada, y tuve la impresión de que esperara a alguien o algo. Veía que estaba un poco tenso y sobreexcitado. Al final llegaron dos chicos, a quienes se conocía en el barrio de Saint-Germain-des-Prés como camellos. Sospecho, pues, que le dieron algo. Probablemente Jim esperaba una dosis para llevársela a Pamela, que era heroinómana. Pero en un momento dado recuerdo que miré hacia el bar y que sólo vi a los dos chicos hablando entre sí, pero Jim ya no estaba. No le di mucha importancia a la cosa, pero aquella desaparición luego revelaría algo dramático.

14) ¿Sabía quiénes eran los dos chicos que habían entrado?

No, sólo conocía su reputación, más allá del hecho de que fueran camellos no tenía ni idea de quiénes eran ni para quién trabajaban. Obviamente pensé que Jim les esperaba para comprar una dosis, pero en realidad no sé de dónde venía la droga.

15) ¿Qué sucedió luego?

Jim no volvió al bar, y yo seguí con mis tareas, hasta que la mujer que estaba en la recepción y que se encargaba de resolver los problemas de los clientes en caso de necesidad se me acercó y me dijo que un cliente esperaba desde hacía rato para entrar en el baño,

pero la puerta seguía cerrada y no lograba comunicar con la persona que se encontraba dentro. La trabajadora pensó que la persona encerrada dentro tal vez se sentía mal, así que vino a decírmelo. El local estaba organizado en varios niveles, y los baños se encontraban en el primero, así que fui yo personalmente y, como habían hecho ya otras personas, comencé a golpear para que me abrieran, intenté incluso forzar la cerradura, pero no hubo forma de entrar. Entonces decidí llamar a seguridad para que derribaran la puerta. Una vez se logró abrir al fin, vi el cuerpo de Jim Morrison tendido en el suelo. Lo primero que pensé es que se había mareado, luego vi que tenía baba blanca en torno a la boca y pensé en seguida en un síntoma de la acción de alguna droga, de hecho luego supe que había tomado White China, una heroína muy pura, una dosis letal para cualquier persona. El corazón y la circulación habían enloquecido y le habían causado la expulsión de sangre por la nariz y la baba en la boca. Lo extraño de aquella historia era que Jim era un alcohólico y tomaba sustancias alucinógenas, pero raramente había consumido heroína, es más, odiaba las jeringas y le aterraba pincharse. Por esto pensé que la dosis adquirida fuera para Pamela.

Por qué había decidido consumirla él mismo sigue siendo un misterio difícil de comprender. Podemos imaginar varios escenarios: que había bebido mucho y al estar borracho había hecho algo irracional; hay quien pensó que se trataba de un intento logrado de suicidio; también se dijo que estaba en unas condiciones tan alteradas que había tenido que tomarse algo inmediatamente para calmarse, y que no conocía la pureza de la droga que había adquirido. Lo cierto es que le resultó fatal.

En cualquier caso, apenas vi que no reaccionaba me agaché para ver si todavía respiraba. No lograba percibir ninguna señal de vida, así que pensé en llamar a un cliente habitual que sabía que era médico y al que había visto hacía un rato en el local, para ver si todavía

EL RELATO DE
SAM BERNETT
EN DOS LIBROS

Después de una vida dedicada a la música, en la que gestionó locales importantes, escribió canciones para afamados artistas franceses e incluso creó una etiqueta discográfica propia, Bernett Records, en la década de 2000, Sam Bernett se dedicó sobre todo a escribir libros, con una atención particular al período parisino de Jim Morrison. De hecho, este tema lo abordó en dos ocasiones, la primera en 2007, cuando entregó a la imprenta The End: Jim Morrison, donde cuenta su verdad sobre la muerte del líder de los Doors, y la otra, Jim Morrison Ailleurs, en 2011, en el que se dedicó de manera más amplia a la biografía del artista. El primer libro fue, naturalmente, el que causó más sensación, porque en él desvelaba que Jim murió en los baños de su local, el Rock'n'roll Circus, a causa de una sobredosis de heroína, oponiéndose de este modo a la débil versión oficial proporcionada por su novia Pamela Courson. La reconstrucción en sí no tiene ningún defecto, no hay contradicciones evidentes, pero resulta natural preguntarse por qué Bernett esperó casi cuarenta años antes de hacer pública una versión tan llamativa. En la entrevista que aparece en estas páginas explica sus razones, que siguen siendo débiles y no acaban de convencer. El libro contiene una mirada ágil y pone de relieve el momento histórico-social en que todo sucedió. El halo mítico del relato se puede captar ya desde las primeras líneas: «Había una vez, a finales del siglo pasado, un mundo fantástico poblado por gente extraña y magnífica, capaz de locuras y maleficios: hombres y mujeres que no habrían cambiado por nada en el mundo la posibilidad de embarcarse en aquel viaje tan extraordinario. En la noche del 2 al 3 de julio de 1971, los baños del Rock'n'roll Circus estaban cerrados por dentro, el disc jockey programaba una canción de Janis Joplin y Jim Morrison se había ido de la barra del bar... murió en París, pero os puedo asegurar que no se fue a la bañera de su casa».

Jim Morrison Ailleurs tiene un cariz biográfico y, en consecuencia, más amplio. Toma en consideración toda la vida del cantante de los Doors, pero una vez más se detiene con insistencia en la última noche parisina insistiendo en la necesidad de dar a conocer otra verdad: «Jim Morrison pasó los últimos tres meses de su vida en París. Murió de parada cardíaca provocada por la inhalación de una dosis potente de droga en la noche del 2 a 3 de julio de 1971, en el Rock'n'roll Circus. Su entorno prefirió "hacerle morir" en su casa, en la bañera...».

La versión de Bernett es tan sólo una de las muchas que existen sobre el último día de vida de Jim Morrison en París. Lo que sucedió realmente aquella noche sigue siendo un misterio que Jim se llevó consigo a la tumba.

Roberto Caselli

había alguna esperanza de salvarlo. Apenas llegó, el médico se dio cuenta de que estaba muerto y que, a tenor de la baba en la boca y la sangre en la nariz, debía haberse tratado de una muerte inmediata.

16) Una vez constatado el fallecimiento, ¿qué sucedió con el cuerpo de Jim?

Estaba claro que, para el médico, no se trataba de una muerte por sobredosis, sino simplemente de una parada cardíaca. Los dos chicos que le habían proporcionado la heroína, apenas se enteraron de la muerte de Jim, subieron inmediatamente al baño e intentaron minimizar lo sucedido, diciendo que ya había sucedido otras veces y que la víctima luego se había recuperado. Dijeron que era mejor llevarlo a su apartamento y que ya se encargarían ellos. Era evidente que los dos chicos tenían prisa, no querían quedarse demasiado tiempo en el lugar ante el temor de que llegara la policía, así que cargaron el cuerpo en su coche. Una vez lo llevaron a casa ya sabemos lo que pasó: ahí se montó la escena de la muerte en la bañera. Pamela, que estaba en casa, comenzó a enloquecer, intentó desesperadamente hacer desaparecer todo lo que pudiera comprometerla y pidió ayuda inmediatamente. Agnès Varda llegó al cabo de poco con Alain Ronay, pero a partir de aquel momento la verdad oficial fue otra.

Mi relación directa con Jim termina aquí. De lo que sucedió a continuación ya no dispongo de informaciones directas. Todo lo que vi lo he escrito en mi libro.

17) En los documentos oficiales se puede leer «muerte natural»...

Este es uno de los motivos por los que la muerte de Morrison sigue siendo un misterio: en cada momento de aquella noche hay cosas incomprensibles.

Estoy seguro de que vi a Jim Morrison en mi local, pero nadie ha querido aceptar nunca como buena mi versión. Es preciso no olvidar que estábamos en el mes de julio, en Francia, tiempo de vacaciones, en los que todo el mundo tenía prisa por cerrar el dosier. La anécdota del médico legal que llegó al apartamento de Jim y lo confundió por un hombre de sesenta y cinco años hasta que alguien le hizo observar que sólo tenía veintisiete da la idea de hasta qué punto se había transformado Morrison. Luego, el médico forense firmó el acto de fallecimiento en cinco minutos y dio por buena la versión de Pamela, que lo había pintado como un alcohólico. Por su parte, la policía oyó a dos o tres testimonios en un par de días y luego cerró el sumario.

Pamela fue a declarar la muerte de Jim al consulado estadounidense cuatro días más tarde, y la prensa no habló del tema durante días. Todo ello no hace más que cultivar el misterio, de modo que cuarenta y cinco años más tarde todo está todavía envuelto en la duda.

Siempre he sospechado que Agnès Varda, que llegó al apartamento sin saber todavía qué le había sucedido en concreto a Jim, fue convencida de la versión oficial por la policía. Pero a día de hoy, la muerte de Morrison, a pesar de mi testimonio, sigue siendo un misterio, con la legítima duda de que haya sido una cobertura de la verdad por parte de los órganos oficiales. Por otra parte, el mánager, Bill Siddons, que llegó en seguida de los Estados Unidos, no logró ver el cuerpo descubierto de Jim en el ataúd. Todo sucedió de manera extremadamente rápida y también el entierro tuvo lugar en menos de diez minutos, con sólo cuatro personas en el séquito. No había nada normal.

18) ¿Por qué hemos tenido que esperar a la salida de su libro para contar con su versión? ¿Por qué hemos tenido que esperar casi cuarenta años?

Porque a cada aniversario de su muerte lo inundaban las llamadas telefónicas de los periodistas de todo el mundo que me pedían mi versión acerca de la desaparición de Jim. Pensé que si escribía todo lo que sabía respecto de aquella noche todo el mundo podría leerlo y hacerse una idea alternativa de lo sucedido.

19) ¿Alguien le ha pedido alguna vez que olvide lo que sucedió aquella noche? ¿Ha tenido alguna presión al respecto?

No exactamente en estos términos. Aquella noche, la dirección del Rock'n'roll Circus aceptó de buen grado que los camellos se llevaran el cuerpo de Jim. Pensaron que era una molestia menos. Yo estaba en contra y pedí que se llamara a la policía para verificar la situación y ver si realmente estaba muerto, pero no era el propietario del club, sólo era el mánager, y mis superiores decidieron que Jim tenía que salir del club. No sufrí presiones, pero no se hizo lo que yo había pedido.

20) ¿Quién más vio el cuerpo de Jim Morrison en los aseos del Circus?

Lo vio mucha gente. En el momento en que se derribó la puerta sólo éramos dos o tres personas presentes: yo, el guardia de seguridad y la joven que me había avisado, pero en muy poco tiempo, apenas corrió la voz por el local, llegó mucha gente a curiosear. Todos se empujaban para mirar, por lo que hubo decenas y decenas de personas que vieron a Morrison tanto cuando estaba tumbado en el suelo de los aseos como cuando los camellos lo transportaron fuera. Sin duda todavía debe haber en París varias personas entre sesenta y setenta años que estaban en el Circus aquella noche y vieron lo que sucedió a Jim Morrison.

21) En los últimos años han salido muchos libros sobre Jim Morrison, cada uno con su verdad. ¿Qué le parecen?

Lo que siempre me ha asombrado es que los directores que se han ocupado de aquella parte de la vida de Morrison o los autores de sus biografías no hayan tenido nunca dos minutos para llamarme por teléfono y preguntarme mi punto de vista. El último director de cine que ha venido a París para filmar los últimos días de la vida de Morrison, al que he escrito y telefoneado varias veces, tampoco me ha contestado nunca. Además, les había enviado mi libro esperando que, al menos por simple deontología profesional, suscitara algún interés, pero no ha servido de nada. Nadie ha querido escucharme. Todos los medios de comunicación que han narrado el caso Morrison han creído conveniente atenerse a la versión oficial, excluyendo cualquier otro punto de vista.

22) Desde hace más de cuarenta y cinco años la gente sigue peregrinando a la tumba de Jim Morrison. En el Père-Lachaise se pueden ver incluso jóvenes que no habían nacido cuando Morrison murió. ¿Es posible que el misterio de su muerte haya contribuido a crear una fascinación especial?

Sin duda. Más allá del valor de la música y de los textos de los Doors, este misterio contribuye a hacer todavía vivo al personaje. Todas las carreras extraordinarias a menudo han sido de breve duración, basta pensar en Brian Jones, Janis Joplin, James Dean, Marilyn Monroe, cuyas muertes dejaron amplios interrogantes sobre cómo sucedieron realmente. Justamente estas dudas permiten crear el mito para las jóvenes generaciones. En el momento de la caída del muro de Berlín, los jóvenes del este europeo se abalanzaron en masa para ver la tumba de Jim. Para ellos se trataba probablemente de un símbolo de libertad y de poesía, por lo que creo que el misterio sigue alimentando el mito, y que el de Jim Morrison está destinado, como el de otros predecesores suyos, a perdurar en el tiempo.

LOS ITINERARIOS PARISINOS DE
JIM MORRISON

A su llegada a París, en febrero de 1971, Morrison se alojó con Pamela en el Hôtel George V, cerca de los Campos Elíseos, pero pronto encontró un alojamiento en la Rue Beautreillis 17, en el Marais, el viejo barrio judío de la ciudad. Allí pasó todo su breve período parisino si se excluye una breve estancia en el Hôtel Beaux Arts, en el número 13 de la calle homónima, un hotel que hoy ha cambiado de nombre y se llama simplemente L'Hôtel, en el que ocupó la misma habitación donde murió Oscar Wilde.

Se pasaba el día paseando por las calles vecinas, en particular las que llevan a la Place des Vosges, una plaza poco francesa desde el punto de vista arquitectónico, pero fascinante, y en cuyo número 6 había vivido Victor Hugo. La Rue Saint Antoine, desde siempre lugar de paseo parisino, fascinó también a Jim, que se sentaba a menudo en las mesas al aire libre de sus muchos cafés.

Allí podía beber y fumar en paz, mirar a la gente pasar y tomar apuntes para nuevas poesías. Desde aquella calle bastaba embocar una de las muchas calles particulares para llegar directamente al Sena, pasar el Pont de Sully y coger el Boulevard Saint Germain, una larga avenida que lleva directamente al Barrio Latino y luego al Rock'n'roll Circus (Rue de la Seine 57), en pleno St. Germain des Prés, que solía visitar. Durante aquel trayecto también se detenía a veces en la Île-Saint-Louis, en el Quai d'Anjou, en cuyo número 17 se encontraba el Hôtel de Lauzun, punto de referencia de Charles Baudelaire, uno de sus poetas preferidos. Desde la Rue Beautreillis también era muy cómodo dirigirse a los muchos museos de la ciudad, donde Jim se pasó tardes enteras observando las obras maestras expuesta. París era una verdadera atracción para Morrison: cada lugar era un rincón de historia y de cultura que le parecía casi irreal. Visitó todo lo que había por ver y naturalmente también llegó a Montmartre, donde escribió una poesía sentado en las escalinatas de la basílica del Sacre-Coeur, y en Montparnasse, donde en los años veinte vivieron James Joyce y muchos escritores estadounidenses, como Ernest Hemingway y Scott Fitzgerald, que habían elegido París como lugar para una especie de exilio voluntario.

En realidad pasó mucho tiempo en los cafés y restaurantes del barrio del Marais, en el que vivía. Frecuentaba el restaurante Le Beautreillis, delante de su casa, donde podía comer de manera rigurosamente francesa, pero a menudo iba al Deux Magots, en St. Germain des Prés, completamente decorado en estilo Art Déco, y al cercano Café de Flore, que al parecer era el preferido de Pamela. La vida parisina de Jim Morrison concluyó de manera dramática ni siquiera cinco meses después de su llegada. Sus restos fueron enterrados en el Père-Lachaise, curiosamente no lejos de donde reposa Oscar Wilde, que había vivido en la misma habitación de hotel que él mismo.

Roberto Caselli

¿QUIÉN ERA REALMENTE JIM MORRISON?
PALABRA DE BILL SIDDONS

por Ezio Guaitamacchi y Roberto Caselli

Esta entrevista efectuada por Ezio Guaitamacchi a Bill Siddons en marzo de 2011 se publica aquí por primera vez íntegramente, mostrando un perfil de Jim Morrison desconocido, pero integrado por un largo conocimiento personal. Como explica en la entrevista, Siddons se unió a los Doors cuando era muy joven e hizo carrera hasta convertirse en su mánager. Sobre la muerte de Jim prefiere atenerse a los hechos oficiales y frenar la fantasía que han prodigado muchos autores de libros.

1) ¿Recuerdas la primera vez que viste a Jim Morrison?

Conocí a Jim Morrison el primer día que trabajé para ellos. Mi mejor amigo Rick iba a la escuela con el mejor amigo de Robby Krieger, así que cuando conocí a Robby él me presentó al resto de la banda. Mi amigo ayudaba a veces a los Doors a transportar su equipo, pero a mí no me interesaba mucho porque por entonces iba a la escuela y quería seguir yendo para entender qué haría con mi futuro y, sobre todo, para alejarme al máximo de Vietnam. Un día mi madre me dijo que Rick había llamado para decirme que los Doors tenían una plaza libre en un camión para ir a San Francisco, y que si quería sumarme para echar una mano con todo pagado. Yo no sabía qué hacer porque al día siguiente tenía clase, pero fue mi madre quien me convenció, tirando de ironía: «¿Quieres decir que quieres perderte un viaje a San Francisco para ir a la escuela?» Entendí en seguida que era mejor aprovechar la ocasión y llamé a Rick, y al día siguiente nos fuimos. El lugar en el que acampamos en Frisco estaba en la segunda planta de un edificio, y para llegar era preciso subir ochenta escalones. Comencé a subir los amplificadores, que eran muy pesados, y la banda se dio cuenta de mi esfuerzo y me propuso que trabajara con ellos durante el verano que estaba llegando. Necesitaban a alguien que hiciera de asistente durante toda la gira de verano, pero yo no tenía ninguna experiencia en aquel sentido y se lo dije con mucha honestidad. Robby apreció el gesto y me dijo que no me preocupara, que me lo explicaría todo y que en cualquier caso necesitaban a alguien que se ocupara de todo el material, así que acepté. Aquel fue mi primer día de trabajo con los Doors. Jim estaba allí, estaba tranquilo, y cuando por la noche actuó con los demás en un local me quedé totalmente extasiado. No conocía todavía su música, y en concreto nunca había visto a nadie moverse como Jim en el escenario. Fue una experiencia extraordinaria y completamente diferente. Aquello fue el inicio de todo.

2) ¿Cómo pasaste de asistente a mánager?

Fue una casualidad. No sucedió porque tuviera cualidades particulares; los chicos habían entendido que tenía muchas ganas y que haría cualquier cosa que fuera necesaria, así que me acogieron con gusto. Lograba resolver siempre las dificultades que se presentaban: cuando había algún problema en el escenario, a pesar de que no entendía de electricidad, siempre encontraba la manera de resolver la cuestión para cuando comenzara el concierto. En definitiva, siempre lograba que lo que me habían pedido estuviera resuelto. Una vez, Jim se peleó violentamente con su mánager porque éste quería que dejara de beber: se liaron a puñetazos y Jim no quiso ya tener que tratar con él, por lo que me propuso a mí. Yo era completamente profano en la materia: conducía la camioneta, descargaba los amplificadores, me ocupaba del sonido y de las luces, pero no tenía ni idea de lo que tenía que hacer un mánager. Los chicos me dijeron que no tenía más que contestar al teléfono y reunirme con ellos una vez a la semana para planificar la agenda. Esta vez también acepté, pero necesité un par de años para entender realmente en qué consistía aquel trabajo que luego debía desempeñar durante toda la vida.

3) Has dicho que Jim te parecía una persona tranquila, pero que luego se lió a puñetazos con su mánager. ¿Cómo era en su vida privada?

Jim era al mismo tiempo una persona cálida y amable. Le gustaba retar a las personas para que mostraran su verdadera personalidad. Era gracioso, pero los provocaba hasta que reaccionaban con pasión y entonces se reía y decía: «¡Bien! He podido obtener algo verdadero de ti».

Estaba intrigado por los otros. Se pasaba el día con personas que ni siquiera te puedes imaginar. Una vez vino al estudio con el jefe de policía de Los Angeles y un gran actor de entonces, cuyo nombre no recuerdo, sin pensar en todas las sustancias ilegales que estaban perfectamente a la vista. El productor estaba súper incómodo, pero el policía no mostró interés alguno en indagar, sólo le interesaba la música. Jim estaba intrigado por todos: era una esponja, intentaba absorber de todo el mundo.

4) Cada grupo tiene sus dinámicas, ¿cuáles eran las dinámicas internas de los Doors?

Eran muy fluidas y modificables. Ray era una especie de Maquiavelo, era el que quería que las cosas salieran como quería él. Robby, en cambio, era un tipo relajado, en absoluto posesivo, capaz de asombrar por su simplicidad: un día vino al estudio un músico para conocerlo, y cuando le preguntó en qué pensaba mientras elaboraba su música, Robby contestó con la máxima tranquilidad que pensaba en su acuario. John era el más lineal, y quería que las cosas fueran tal como se había planificado. Se enfadaba muchísimo con Jim cuando creaba problemas con sus retrasos o con el alcohol. Se fue un par de veces de la banda, pero luego siempre logré volverle hacer entrar en razón. Cada cual tenía una personalidad diferente, incluso a la hora de tocar. Los Doors eran una de las pocas bandas en las que nadie podía ser reemplazado: nadie tocaba la guitarra como Robby; Ray era como Bach, con una disposición muy estructurada, John era un batería de jazz y Jim una persona diferente cada día. En vivo eran algo increíble: Jim daba el tempo, el resto de la banda seguía su inspiración: si él aceleraba, ellos aceleraban, si él ralentizaba, también la banda ralentizaba. No había rigidez o esquemas fijos, pero Jim era realmente el deus ex machina: era él quien arrastraba a los otros Doors. Recuerdo que cuando grabaron su primera demo y Jim no lograba cantar todavía como quería, tampoco la banda lograba funcionar como era debido. Luego estaba el bajista que habían elegido como músico de sesión, que entraba siempre con un compás de retraso. Si Jim se convirtió en el vocalista que luego fue, se debió en gran parte al productor Paul Rothchild, que se esforzó realmente mucho para que mejorara.

5) ¿Jim era un poeta?

Quizás no era el mejor cantante de la historia, pero ciertamente era el mejor intérprete. Sí, era un poeta. Cuando subía al escenario sufría una transformación. La misión de Jim era la de empujar a su público hacia una especie de catarsis, llevarlo más allá del muro de la percepción. Intentaba crear performances cada vez distintas, seguía la inspiración del momento y se dejaba arrastrar por su misma exhibición. No era así en la vida de cada día, no era un loco poseído como uno podía pensar viéndolo moverse en el escenario. Su mentalidad era más la de un artista de jazz que de un intérprete de rock.

Jim llevaba a sus espaldas un gran equipaje, porque era un artista y, en consecuencia, intentaba explorar continuamente. Cada noche el público esperaba algo nuevo de él, le pedía a propósito que hiciera algo increíble. Se había instaurado una relación terrible entre él y quien lo seguía, y Jim ya no aguantaba esta presión. Quería moverse como le sugería la inspiración del momento, no quería tener a nadie que le dijera lo que tenía que hacer. Además, la casa discográfica presionaba con todas sus necesidades promocionales: los encuentros de la mañana con la prensa cada vez eran más cansinos, comprendía que incluso la discográfica intentaba controlarlo, procuraba que fuera cada vez más fiable, pero Jim era la persona menos controlable que pudieras imaginar. Ciertamente, con él era posible hablar, se podía intentar orientarlo, pero en el fondo quería evitar vivir como una estrella del rock, no tenía este espíritu aunque se vistiera de cuero y le gustara ser observado. En mi vida he conocido a muchos grandes artistas, y he entendido que se dividen en dos grandes categorías: los que quieren ser estrellas a toda costa y los que sólo quieren ser grandes. Jim quería ser un poeta y llevar su música lo más adelante que pudiera. Cuando estaban preparando L.A. Woman, los Doors se instalaron en un local vacío, más bien amplio, que se encontraba en el sótano de mi edificio. Lo había equipado para que pudieran escribir tranquilamente y ensayar sus nuevas canciones. Estuvieron allí durante meses, y cuando finalmente tuvieron a punto todo el material se lo mostraron a Paul Rothchild, el productor, que se quedó muy impresionado por el trabajo que habían hecho. Estaba conven-

cido de que disponía de un gran material, así que comenzó a planificar las grabaciones en un estudio profesional. Pero los Doors dijeron que preferían grabarlo en el mismo espacio en el que lo habían creado, y Paul se opuso en seguida: estaba convencido de que necesitaban un estudio muy equipado, capaz de solucionar cada pequeño detalle, en este sentido era realmente una cabeza cuadrada. Hicieron un par de intentos en los Sunset Studios, pero como estaba previsto, los Doors no se sintieron cómodos e insistieron en grabarlo en el local en el que habían ensayado. Nació una discusión tirando a dura que terminó degenerando: Paul se mostró poco maleable y dijo que si querían grabarlo realmente allí tendrían que encontrar a otro productor. Jim no se dobló y dijo que así lo harían. De este modo terminó su relación con Rothchild.

Alquilé una máquina de dieciséis pistas, la puse sobre una gran mesa que había en la habitación y los Doors grabaron toda la noche. Yo estaba en la parte sobreelevada, ellos debajo: sin duda no había el máximo de aislamiento, pero podía funcionar. Así nació L.A. Woman. Escuchando el disco se tiene realmente una sensación muy diferente a la que se obtiene oyendo Morrison Hotel, los músicos están tan cómodos que dan la impresión de encontrarse en su casa. Se había realizado con el espíritu justo y el sonido no era en absoluto prefabricado. Aunque creo que Morrison Hotel era un gran álbum, se sentía que había sido planificado, mientras que L.A. Woman era intencionadamente imperfecto.

Inmediatamente después de la grabación dijo que viajaría a París, quería entrar en contacto con una cultura diferente y tener la posibilidad de escribir. Soñaba con pasear por la calle sin que lo reconocieran y lo detuvieran continuamente los fans. Quería volver a vivir como un ser humano común y corriente, no ser considerado un objeto. Nosotros le dijimos que nos parecía perfecto, pero él añadió que pensaba terminar con la música, ya no quería ser cantante de los Doors. Nos quedamos todos cortados, pero al mismo tiempo pensamos que era uno de sus habituales faroles, y que más tarde cambiaría de idea. La partida hacia París era en gran medida para deshacerse de la figura de estrella del rock, para transformarse en escritor.

8) ¿Quién era Pamela Courson y de qué modo influyó también en la escritura de Morrison?

En principio Pamela era su musa. No era la clásica groupie que hacía cualquier cosa que Jim le pidiera. No estaba con él porque fuera el líder de los Doors, ella venía del Orange County y tenía su personalidad. Con Jim instauró una relación difícil, que de todos modos fue la más estable de su vida. Cuando Jim murió y la encontré en París, Pamela estaba verdaderamente desesperada. En la charla que tuvimos dijo que el secreto que le había permitido permanecer junto a Jim durante cinco años fue el de haber sabido decirle que no. Era la única persona que podía permitirse contradecir a Jim sin que éste la abandonara. No interfería en sus elecciones y no le decía qué tenía o no tenía que hacer, pero había marcado un límite, más allá del cual no aceptaba interferencias. Después de esto, en más de una ocasión fue Jim quien tiró la toalla, pero él siempre fue tras ella.

9) ¿Cómo te enteraste de la muerte de Jim?

Fue uno de los momentos más absurdos de mi vida. Mi primera mujer Cherry era una especie de sensitiva, percibía las cosas incluso antes de que alguien las dijera. Un día sonó el teléfono a las cuatro y media de la madrugada y, soñoliento, cogí el teléfono para contestar, pero incluso antes de que me diera cuenta con quien estaba hablando, Cherry me dijo que Jim había muerto. Era Clive Selwood, el director de nuestra casa discográfica en Gran Bretaña, que me dijo que había

periodistas franceses que lo atosigaban a preguntas acerca de la muerte de Jim, y se preguntaba si yo sabía algo. Llamé inmediatamente a Jim a París, pero nadie respondió. Seguí llamando cada media hora durante ocho horas, y finalmente contestó Pamela. Al inicio estuvo evasiva, pero yo le dije que no la estaba llamando como mánager de los Doors, sino como amigo, y si Jim realmente había muerto me gustaría poderla ayudar. Entonces comenzó a llorar: «OK –me dijo– necesito que me ayudes». Me precipité al aeropuerto y subí al primer avión para París.

10) ¿Por qué no te acompañaron los otros miembros de la banda?

Creo que había más de un motivo. Cuando Jim se fue a París se había creado mucha tensión entre ellos. Morrison dijo que ya no volvería a Los Angeles porque finalmente comenzaría una nueva vida y se dedicaría sólo a la poesía: lo dijo muy sencillamente, pero ello significaba el fin de los Doors, lo cual no era poco. Por otra parte, creo que al principio Ray y los demás estaban convencidos de que se trataba de una broma macabra montada por Jim a la que no había que hacer mucho caso. Finalmente, Pamela me dijo por teléfono que no quería que se creara demasiado ruido en torno a la muerte de Jim, por lo que no les pedí que me acompañaran.

11) ¿Estabas en su funeral?

Sí. Cuando llegué a París y me dirigí a casa de Jim, no me atreví a verlo muerto. Por entonces yo era un chaval de veintitrés años, muy sensible, y por ello no tuve el coraje de verlo sin vida. Cuando volví al apartamento el ataúd ya estaba sellado. En el funeral sólo había pocas personas, muy cercanas: Pamela, una buena amiga de Jim con su compañero Alain Ronay, otra persona que trabajaba como asistente con Jim, y no recuerdo más. Apenas terminado el entierro, Pamela y yo cogimos un avión y volvimos a los Estados Unidos.

12) ¿Qué pasó aquella noche?

Según el médico que redactó el informe oficial, Jim murió a causa de un ataque al corazón. Y yo creo en esta versión, no veo motivo para dudar de ella.

13) Según Jerry Hopkins, autor del *best seller* *Nadie saldrá vivo de aquí*, escrito en colaboración con Danny Sugerman, un testimonio tardío de este último indicaría que las cosas no fueron exactamente así.

Todo esto es realmente divertido. Ninguna de estas personas estaba ahí la noche del 2 de julio de 1971. Ninguno de ellos puede saber cómo pasó todo. Son declaraciones que efectúan treinta años más tarde, cuando ya nadie es capaz de desmentir lo que se ha escrito en el libro.

ENTREVISTA A ROBBY KRIEGER

por *Luca Garrò*

Pocas bandas en la historia de la música supieron impactar en el imaginario colectivo como los Doors. De todos modos, sería demasiado banal (y reductivo) buscar las razones de este éxito en la mera figura de su líder, Jim Morrison: si de hecho era Jimbo el que catalizaba la atención pública, antes y todavía más después de su desaparición, también es verdad que a mediados de la década de 1960 (la del Peace and Love, para entendernos), nadie tocaba como la banda de Los Angeles y, sobre todo, nadie podía permitirse ciertos textos. Textos que no siempre eran fruto de los delirios poéticos del Rey Lagarto, sino que muy a menudo llevaban la firma del guitarrista Robby Krieger. Muchos fans de las últimas hornadas ni siquiera saben que los tres sencillos que vendieron más en la historia de la banda, «Light My Fire», «Love Me Two Times» y «Touch Me» se debieron justamente a la mente del guitarrista, que con su *background* flamenco contribuyó de manera decisiva al inconfundible sonido de la banda. Krieger nunca fue una persona de muchas palabras, prefería dejar este cometido a su amigo Ray Manzarek, portavoz histórico del grupo y, a menudo, la persona que alimentó con picardía los innumerables mitos nacidos en torno a la figura de Morrison. Con ocasión del cuadragésimo aniversario de la muerte de Morrison, celebrado con una serie de conciertos justamente en compañía de su amigo Ray, el músico nos permitió escuchar sus recuerdos, algunos de los cuales realmente sorprendentes...

La formación con la que os hemos visto en los últimos años es ya la clásica con Phil Chen al bajo y Ty Dennis a la batería, con la novedad de Dave Brock en la voz. Al cabo de los años, después de Ian Astbury, habéis cambiado muy a menudo: imagino que es una de las cosas más difíciles en el mundo...
Como puedes imaginar, cada vez es como volver al día en que nos dimos cuenta que nada sería ya como antes. No tanto por las piezas en sí mismas, sino por quién las cantaba, lógicamente. Pero Dave es un cantante simplemente excepcional. Quizás en Europa se conoce menos, es el cantante de los Wild Child, creo que es la banda de versiones de los Doors más grande que yo haya visto en mi vida. Son de Los Angeles, lo cual facilita mucho las cosas, y también nuestros fans lo adoran.

Sí, y te voy a explicar también por qué la seguimos promoviendo de esta manera. El documental de Tom ha justicia finalmente a la figura de Jim, algo que sólo nosotros y quienes estaban a nuestro lado en aquel período conocían. De ahí ha surgido un retrato sincero, muy fiel a la realidad, tanto para lo bueno como para lo malo. Desde hacía tiempo sabíamos que existía el material en vídeo, pero no nos habíamos preocupado por ello. Creo que la elección de Johnny Depp como narrador también ha sido la mejor posible: ha logrado penetrar por completo en el modo que la película requería, y a menudo causa escalofríos. También te diré que, probablemente, sobre Oliver Stone fuimos mal interpretados: la película está muy bien, a mi parecer es una de las mejores películas sobre rock que se han rodado, pero no refiere hechos que sucedieran realmente, e incluso los que sí se produjeron están completamente desfigurados. Hay mucha diferencia entre decir esto y decir que una película da asco. Ciertamente, la película no traducía una imagen positiva de Jim, sino más bien fantasiosa y, muy a menudo, excesiva y denigratoria. Ello no impide que Val Kilmer ofreciera una excelente interpretación. En resumen, *When You're Strange* se atiene a hechos reales, mientras que *The Doors* es una buena película de fantasía, vagamente inspirada en un grupo que existió de verdad.

Bueno, pienso que tocar en un grupo cuyo cantante fuera Jim Morrison no requiere muchas explicaciones.

En aquella época éramos jóvenes, cada uno con su propio carácter y sus aspiraciones. Y con su propio ego, digamos. El hecho de vivir desde dentro cada cosa no podía permitirme ver las cosas tal como eran. La cuestión es que Jim era el centro de todo, cada cosa giraba a su alrededor, y todo funcionaba si él decidía que funcionaría. Para lo bueno y para lo malo, pienso que compartir todo aquello con él ha sido la mayor suerte de mi existencia.

Sí, cierto, después de *Waiting for the Sun* comenzaron los primeros problemas porque el alcohol comenzó a dominar el carácter de Jim, así como su capacidad de concentración, pero también sus actuaciones en directo. Tienes que entender que teníamos que convivir con una persona capaz de beber como pocos en L.A. y que, ya sobrio, toleraba mal la rigidez y las imposiciones. Era una persona de una inteligencia y de una sensibilidad superiores, pero el alcohol lo convertía en otro hombre, alguien totalmente imprevisible para todos. Pienso que su dependencia del alcohol fue la verdadera causa del final de su vida y, de rebote, de la propia banda.

No lo echo de menos cuando subo al escenario, lo echo de menos cada día de mi vida. Terriblemente.

Si lo que quieres decir es que si nos habíamos disuelto, te diré que se trata de una grandísima mentira. La verdad es que acabábamos de grabar *L.A. Woman* y estábamos muy satisfechos con el resultado final. Como te he dicho, a menudo Jim era ingobernable, y durante las sesiones era capaz de beber hasta treinta cervezas en un mismo día. Así que puedes entender que, en cualquier caso, el nivel de tensión fue altísimo durante todo el período de grabación de aquel disco. Pero ciertamente no éramos un ex grupo. En aquel punto él decidió que había llegado el momento de tomarse una pausa, de recuperarse a sí mismo y, sobre todo, de escribir poesías, que de hecho era su mayor aspiración a nivel artístico. Nadie puede decir cómo habría acabado, la verdad es que es estupendo hoy ver sus libros en la sección de poesía y no entre los libros musicales.

¿Y entonces por qué no fuisteis a su funeral? Según Siddons, fue por este mismo motivo.
¿Pero alguien puede decir de verdad que, aunque nos hubiéramos disuelto, no habríamos ido al funeral de Jim? Menuda broma. Hay cosas que son excesivas, a quién se le ocurre meter en el mismo plano la muerte de un amigo con cosas tan fútiles. Son leyendas que siguen alimentando el mito y que a menudo me hacen cabrear de verdad.

¿Y entonces por qué no fuisteis?
Porque no fuimos capaces de hacerlo, ¡no hubo tiempo! Honestamente, al principio nadie de nosotros se creía aquello, y por ello Bill se fue inmediatamente a París para asegurarse. Y por el mismo motivo fue el único que asistió a la ceremonia, excluyendo a Pamela. Como quizás sabrás, las cosas se hicieron tan deprisa que Bill ni siquiera logró ver el cadáver, figúrate cómo podríamos haberlo hecho nosotros para llegar a tiempo y despedirnos de él. Es algo que me ha condicionado durante mucho tiempo, que me ha hecho sentir una mierda durante años.

Grabasteis dos álbumes sin él: *Other Voices* y *Full Circle*. ¿Te has preguntado por qué no tuvieron éxito? Creo que son dos álbumes más que dignos.
Gracias, yo también lo he creído siempre, tanto hoy como cuando los grabamos. En cualquier caso, no es difícil entender por qué no vendieron como nos esperábamos: porque sin Jim Morrison toda la historia ya no tenía sentido. Jim Morrison lo era todo. Es cierto que musicalmente quizás no contribuyó de manera tan evidente, pero no podíamos prescindir de él, era una locura completa. Y el público lo entendió mucho antes que nosotros. De hecho, si el primer álbum se vio como una especie de homenaje, el segundo lo escucharon de verdad muy pocos. Quizás con toda justicia, si tengo que ser plenamente honesto.

¿Es verdad que en un cierto momento estuvisteis tentados de llamar a Paul Rodgers para sustituir a Morrison, cuando este todavía vivía?
Sí, estábamos pasando serias dificultades porque Jim había desaparecido desde hacía días, no lográbamos entrar en contacto con él y pensamos en la eventualidad de encontrar un nuevo cantante. Nos vino a la cabeza Paul Rodgers, nos parecía adecuado, con su voz tan blues. No logramos contactar con él de inmediato y, cuando Jim volvió, nos olvidamos de todo. No te oculto que lo volvimos a pensar después de su muerte, pero al final no se hizo nada. Por un momento llegamos a pensar en Paul McCartney, que estaba libre tras la disolución de los Beatles, y en Iggy Pop.

¿Por qué no tocasteis en Woodstock?
Sustancialmente porque no nos interesaba. Nuestro escenario ideal era en un lugar cerrado y de menor aforo. Nos gustaban mucho más los pequeños locales de Nueva York que los grandes auditorios, porque los encontrábamos más adecuados para nuestro espectáculo, para nuestra idea de música y representación. Jim escenificaba una especie de rito, que funcionaba

mejor en situaciones de intimidad. Por otra parte, estábamos inmersos en pleno verano del amor, por decirlo de algún modo. Además, ahora que pienso, quizás ni siquiera nos llamaron (*ríe*).

Habéis declarado que grabasteis *Strange Days* iluminados por la audición de *Sgt. Pepper*, que conocisteis antes de su publicación. Ciertamente, vuestros textos eran algo diferentes a los de los Fab Four.
(*Ríe*) Como muchos de nosotros, en la época nos fascinaron los Beatles, sobre todo los más experimentales. A nivel musical lo encontrábamos muy excitante. Es verdad que nuestra visión de la sociedad era un poco más pesimista, por usar un eufemismo. Quizás nuestros textos eran algo menos tranquilizadores, digámoslo así. No pensábamos que lo único que necesitáramos fuera el amor. Pero estamos hablando de un álbum que en muchos aspectos es muy críptico, no es ni mucho menos como los de su fase inicial, las de las canciones yeyé, para entendernos.

¿Hasta qué punto fueron importantes tus influencias folk y flamenco para el sonido de los Doors?
No creo que fueran más importantes que las clásicas de Ray, de las jazz de John o de la pasión de Jim por el blues y los grandes intérpretes, como Elvis primero y Frank Sinatra más tarde. Fue justamente aquel eclecticismo el que hizo que nuestro sonido fuera tan particular y diferente al de cualquier otro grupo de la época. Si piensas hoy en los años sesenta, nosotros seguimos siendo algo inclasificable.

¿Qué piensas de todos los mitos en torno a la muerte de Morrison? Sam Bernett (en aquella época mánager del Rock'n'roll Circus y hoy periodista) sigue sosteniendo que murió en su local y que hasta más tarde no lo transportaron al baño de su casa.
La gente sigue soltando demasiadas cosas. Yo sólo sé que si escuchara a todos los que vieron morir a Jim, al menos habría quince causas de fallecimiento diferentes.

La realidad es que, sucediera como sucediera, por desgracia acabó pasando. ¿Qué importa saber cómo? Se ha acabado perdiendo de vista que murió una persona muy joven y de enorme talento. Un amigo nuestro. Todo lo demás son especulaciones. Y si no estuviera muerto, ¿piensas de verdad que no habría dado señales de vida en cuarenta años? Venga, seamos serios...

¿Qué reserva el futuro para los Doors? ¿Nuevos álbumes? ¿Material inédito? No puedo creer que músicos como vosotros, que habéis compuesto música durante casi cincuenta años, de repente lo dejéis.
Nuevos álbumes... Quién sabe. Quizás los acogería mejor que los de principios de los setenta. Sería fascinante, y a priori no lo excluyo. En lo que se refiere al material inédito, ya lo hemos incluido prácticamente todo en los remasters del cuadragésimo aniversario. Seguramente tenemos varios directos a los que podríamos recurrir, pero en este momento tenemos otras cosas en mente. A decir verdad, nunca he dejado de componer, pero ahora sólo escribo piezas instrumentales, ya no me interesan las canciones pop. Después de la gira saldrá mi nuevo disco, sin ninguna parte cantada. Y sin Ray en los teclados, con lo que me adelanto a tu próxima pregunta (*ríe*).

Y sin embargo, sé que en la época de la colaboración con Ian Astbury entraste en el estudio de grabación: en algún lado deberá existir algún testimonio de aquellas sesiones...
Sí, lo admito. Grabamos varios temas con la intención, nunca oculta, por otra parte, de publicar un álbum con aquella formación. Nos parecía perfecta. Como quizás sabrás, por desgracia en aquella época no había muy buen ambiente entre Ray y John: discutieron animadamente (y por vías legales) acerca de la utilización del nombre *The Doors*, a pesar de que inicialmente los tres estábamos de acuerdo con la decisión de seguir adelante. Se crearon tensiones tan encendidas que el clima cambió radicalmente, mandándolo todo al ga-

rete. Aquella fue también una de las causas que impulsó a Ian a volver a formar los Cult.

Has hablado de John. ¿Cómo son ahora vuestras relaciones? ¿Os volveremos a ver alguna vez en el mismo escenario como a finales de la década de 1990?
Para ser sincero, los problemas de verdad se produjeron entre él y Ray. Probablemente incluso por antiguos rencores que nunca vieron la luz. Yo siempre estuve un poco aparte de sus discusiones, nunca he tenido problemas personales con ninguno de los dos. Con el tiempo también ellos se han ido acercando, hasta el punto de que creo que en el futuro la posibilidad de vernos juntos es realmente verosímil. Por otro lado, si Keith Richards y Mick Jagger siguen tocando en el mismo escenario, creo que también lo podemos hacer nosotros (*ríe*). En aquella época, por desgracia, John estaba convencido de que Astbury no era la persona adecuada, habría preferido a alguien como Eddie Vedder.

¿Has leído su libro? ¿Qué te parece?
Claro que he leído el libro, y me ha gustado mucho. No puedo decir si es el mejor libro de los Doors que se ha escrito, entre otras cosas porque Ray está convencido de que el mejor es el suyo (*ríe*). Sí puedo decirte que si realmente quieres un libro grande y fantástico sobre el grupo, tendrás que esperar a la publicación del mío, que estoy escribiendo desde hace un par de años y que estoy a punto de terminar (*ríe*).

Si no hubieras sido el guitarrista de los Doors, ¿en qué grupo te habría gustado tocar?
No tengo dudas, en los Animals, la mayor banda de los años sesenta. Si tengo que decirte una banda más reciente, optaría por los Muse o los Killers.

¿Hay algo que lamentes?
No he sido nunca una persona melancólica o nostálgica, pero hay algo que me obsesiona desde siempre: haber infravalorado la situación de Jim cuando comenzó a beber. Las cosas degeneraron y yo habría podido hacer algo, hacer más de lo que hice. Quizás habría podido salvarlo de alguna manera, pero las cosas sucedieron de otro modo, y desde entonces vivo con este peso en la consciencia.

ENTREVISTA A JOHN DENSMORE
por Luca Garrò

El 24 de abril de 2014, cerca de la universidad italiana para extranjeros de Perugia, John Densmore, fundador y batería de los Doors, habló largo y tendido de su último libro, *The Doors – El espíritu de una época y la herencia de Jim Morrison*, y de los detalles relativos a los procesos ganados, el primero en 2004 y el segundo en 2007, que dividieron a los miembros supervivientes de la banda estadounidense en dos facciones: el teclista Ray Manzarek y el guitarrista Robby Krieger, por un lado, y el propio Densmore y la familia de Morrison por el otro.
Come on, Buick, light my fire. Estas palabras, utilizadas para un jingle que habría tenido que llevar por primera vez la música de los Doors a un anuncio comercial, marcaron de hecho la primera ruptura real entre Jim y los que hasta entonces habían sido sus

verdaderos hermanos. Corría el año 1968, y todo sucedió durante uno de los períodos en que Jim, transformándose en su alter ego Jimbo, desaparecía unos días sin dar noticias a nadie. La firma Buick ofreció setenta y cinco mil dólares para utilizar la célebre canción de los Doors, reemplazando el célebre *baby* del texto original por el nombre del coche. Los otros componentes pensaban que era una manera indolora de ganar algún dinero extra y, a fin de cuentas, el texto de la canción era obra de Krieger: para el Rey Lagarto, en cambio, no debía venderse así algo en lo que la gente había creído. Las consecuencias de un episodio que a los otros tres les había parecido sustancialmente una manera para redondear sus honorarios, fueron devastadoras y, en ciertos aspectos, indelebles: «Aquella escena me trastornó, y las secuelas de aquel litigio me marcaron durante muchísimos años –confiesa el batería–. Habíamos traicionado la confianza de Jim, habíamos tratado el texto, quizás la cosa en que creía en mayor medida, como una mercancía para venderla al mejor postor. Los Doors no terminaron en aquel momento, grabaron otros álbumes, pero una parte de nosotros se detuvo en aquel día. Jim había desaparecido desde hacía días, el alcohol estaba comenzando a dominar sus movimientos, pero incluso en aquellas condiciones demostró ser mucho más coherente que nosotros. Nunca más repetimos un error de este tipo».

En una época como la nuestra, marcada por completo por el comercio y la publicidad, la ocasión para demostrar que habían entendido el error se presentó puntualmente: treinta y cinco años después del episodio que casi acabó con la banda, la compañía Cadillac, deseosa de renovar su imagen y de acentuar el atractivo entre las nuevas generaciones, realizó una de aquellas ofertas imposibles de rechazar a los Doors supervivientes: quince millones de dólares por contar con «Break on Through» en uno de sus anuncios, como si el antiguo compañero quisiera ponerlos a

prueba desde el más allá. Por no hablar de que, más o menos en el mismo período, la ruptura entre los tres músicos había llevado a la decisión de Manzarek y Krieger de seguir adelante solos con el nombre Doors of the 21th Century. «Yo ya no soportaba la idea de que Ray y Robby siguieran con la banda como si fueran sus únicos herederos creíbles. No quería que utilizaran el nombre de Doors, tenían que ir forjando una vida artística propia, entre otras cosas porque todo el mundo los conocía. Aquello no era más que una artimaña para hacer una buena gira, algo económicamente muy rentable. Los Doors ya no existían, y además yo no estaba muerto.»

En cualquier caso, lo que hizo reflexionar más a Densmore fue la loca oferta recibida por Cadillac, que no llegó a tentarlo ni un segundo: «Sin Jim para contradecirnos, y con Ray y Robby todavía convencidos de la idoneidad del proyecto, me vi obligado a oponerme a aquella porquería. Siempre me ha gustado ganar dinero, como creo que a cualquiera que tenga un mínimo de honestidad intelectual, pero ninguno de nosotros necesitaba *aquel* dinero para vivir mejor de lo que ya vivíamos. Habíamos rechazado ya un millón de Apple, que parecía una elección incluso menos comprometida; la cifra era impresionante, y reconozco que se me cortó el aliento cuando me la comunicaron. Pero no podíamos pasar de todo de aquella manera, de otro modo, ¿qué sentido tendría seguir homenajeando en público la figura de Jim? ¿Cómo se podían hacer giras celebrando nuestra música prescindiendo de lo que uno de los cuatro pensaba sobre este tema?»

En aquella lucha romántica en defensa de la herencia artística de Morrison, Densmore no se encontró solo, sino que recibió el apoyo de varios ilustres colegas: «Muchos amigos músicos me testimoniaron su acuerdo y se declararon disponibles a aparecer en el tribunal a testimoniar en favor mío y en nombre de la herencia musical y artística de Jim. El más conmovedor y sincero fue, sin lugar a dudas, Neil Young, que me escribió una carta fantástica y me autorizó a incluirla en acta, si hubiera sido necesario. Aquello me hizo sentir mucho menos solo en un momento en el que para los fans y para la opinión pública yo era el mal, el que quería destruir a la banda y cosas de este tipo. Nadie se había planteado mínimamente la pregunta de por qué me comportaba de aquella manera, ni siquiera aquellos que decían conocer al dedillo el pensamiento o las ideas de Jim Morrison. Me impactaron en particular las palabras de Pete Townshend que, por su parte, declaró que a él le daba absolutamente igual el valor que la gente daba a sus temas, y que autorizaría su uso en cualquier momento. Como si yo diera la autorización de usar «Love Me Two Times» para la publicidad de Viagra: una locura total».

En realidad el nuevo milenio habría podido comenzar de manera totalmente diferente para la banda de Los Angeles. La transmisión de VH1 *Storytellers* había querido celebrar su mito invitándolos a tocar en el mismo escenario junto a una serie de superinvitados en la voz. La ocasión les pareció a los tres algo que habría podido dar inicio a un nuevo capítulo de su carrera, que respetara la memoria de su amigo sin hablar de sustituciones, sino de simple alternancia. Pero las cosas adoptaron un cariz totalmente inesperado. «Después de aquella hermosa velada en la que en el escenario se habían alternado junto a nosotros algunos cantantes de la nueva generación que de algún modo habían encarnado nuestro espíritu, Harley Davidson, impresionada por la fuerza que todavía teníamos, nos invitó a una fiesta conmemorativa para celebrar sus primeros cien años. La propuesta parecía seria, y todos acogimos la invitación con entusiasmo. Esperaba que aquella velada aplacaría la sed de dinero de Ray, pero un problema físico me impidió participar y me vi obligado a dejar mi puesto durante una noche a Stewart Copeland, de los Police». Lo

que John no podía imaginar en lo más mínimo era que aquel infortunio que lo mantendría fuera de juego durante unas semanas, de hecho le costó su puesto en el grupo y lo excluyó de cualquier nuevo proyecto. «Al día siguiente de la velada organizada por Harley, la amarga sorpresa: descubrí a través de la prensa que mis dos ex hermanos de sangre habían mantenido una conferencia de prensa en la que declaraban que los Doors volvían a comenzar a actuar en directo de forma continuada, con el propio Copeland a la batería e Ian Astbury, de los Cult, a la voz. Se trataba de un auténtico despido hecho en público, sin siquiera dignarse a llamarme por teléfono. Nada de Jim Morrison. Nada de John Densmore. Así que, después de todo, ya no serían los Doors, como máximo los Doors Unhinged, los Doors desquiciados, justamente el título que quise dar a mi libro. No se trataba de un capricho de un músico aburrido, simplemente se trataba de un derecho mío que me habían usurpado. Por otra parte, Stewart era un amigo, así que me sentó muy mal que decidiera aceptar aquel puesto. En cualquier caso, nunca habrían tenido que utilizar nuestro nombre, ni siquiera junto a otros adjetivos.» A Densmore no le molestaba que sus ex compañeros organizaran giras para tocar sus canciones, en absoluto, simplemente no quería que usaran aquel nombre, ni tampoco el logo original del grupo, que le pertenecía también a él de igual manera.

A pesar de su desilusión, llegó a haber un acercamiento: «Dije a los muchachos que claro que podían ir a tocar nuestros temas por ahí, no era un niño que iba a decirles que conmigo o sin mí, ni siquiera habría tenido este poder. Sólo quería un nombre nuevo, yo qué sé, un simple Robby Krieger and Ray Manzarek de los Doors habría sido perfecto, pero repito, la sigla original debía excluirse por completo: les dije que los llevaría a juicio, no me interesaba el clamor mediático. Así que decidieron cambiarlo y poner The Doors of the 21st Century, con el logo original tres veces más grande que la segunda parte, a fin de que ni siquiera se viera. Algunos viejos amigos míos me llamaron entusiasmados al ver los carteles, porque pensaban que me encontrarían allí en el escenario. Por no hablar del hecho de que utilizaron una foto descartada para la carátula de *Strange Days*, de modo que ni siquiera pudieran ser acusados de plagio. Una tomadura de pelo total, que todavía me irritó más. Por otra parte, Astbury no me convencía del todo, temía que terminara por imitar a Jim, del que siempre se había declarado un fan absoluto. Quizás habría sido mejor una personalidad diferente, con un pasado menos comprometido desde ese punto de vista.» Aunque, como él mismo admite, él y Morrison pudieran parecer los dos miembros con menos cosas en común y más distantes entre sí, su relación siempre fue particularmente intensa, a pesar de algún roce inevitable entre miembros de la banda a causa de su éxito planetario: «No parecíamos tan unidos como podía parecer en el caso de Ray, por ejemplo, pero siempre estuvimos en sintonía. Nos bastaba una mirada, igual que sobre el escenario».

En un momento dado, John se mostró abiertamente favorable a que el Rey Lagarto saliera de la banda: «Fue en el peor momento de su vida, cuando ya se había vuelto completamente ingobernable, incluso para las personas que siempre habían logrado calmarlo y llevarlo al buen camino. Nosotros tres estábamos demasiado implicados para darnos cuenta de lo que estaba sucediendo, y no podíamos ser nosotros quienes lo ayudáramos. Entre otras cosas porque él no tenía intención alguna de dejarse ayudar. En un momento dado, exasperado por sus continuas fugas y por la imposibilidad de trabajar con material nuevo, estallé y me declaré favorable a su salida del grupo. Más de una noche habíamos sacado nosotros solos el show en solitario, porque él se había ido del escenario y no había vuelto. ¿Por qué no intentarlo?»

Pero una cosa era tocar alguna noche sin él, y otra era pensar que se podía sustituir la parte dionisíaca de una banda que vivía en torno a los impulsos creativos y, a menudo, teatrales de su líder: «Cuando murió y nos vimos obligados por fuerza a prescindir de él, fue cuando nos dimos cuenta plenamente de este aspecto. Y fue muy doloroso. En aquel momento exacto me sentí terriblemente culpable por aquellos pensamientos, pero con el tiempo entendí que eran aspectos relacionados con la elaboración de un luto que me debía acompañar durante décadas».

A pesar de las procesos iniciados con sus ex compañeros de aventura y las diferentes vicisitudes, para John, formar parte de los Doors siempre fue algo tan importante como para hacerle superar el rencor acumulado en el tiempo. Posteriormente, la enfermedad de Manzarek aceleró un proceso de acercamiento que de hecho ya se estaba produciendo desde hacía meses y que, muy probablemente, los habría llevado a actuar de nuevo en el mismo escenario, acaso para la celebración de algún álbum histórico de la banda. «A fin de cuentas, lo único que quería realmente era recuperar un poco aquel espíritu que nos había permitido convertirnos en uno de los iconos de nuestra generación, defendiendo la filosofía de quien ya no podía hacerlo en primera persona. De alguna manera, la historia me ha dado la razón, pero mi finalidad no era la de decir que he logrado derrotar a dos de las personas con las que compartí cosas que nadie puede comprender sin haberlas vivido. Es verdad, he ganado cada uno de los procesos entablados con mis ex compañeros de banda, con los que en los últimos años, pese a todo, he restablecido relaciones civilizadas y de afecto sincero.

»Con el propio Ray, en los últimos meses de vida, volvimos a sentirnos los chavales que se habían conocido en Venice a mediados de los años sesenta y que, a pesar de todo, nunca se habían alejado tanto. Robby siempre había sido más diplomático con todo este asunto, mientras que Ray estaba convencido de

LOS DOORS
EN EL TRIBUNAL

"**D**entro de un garaje de Venice, California, los cuatro miembros de la banda de los Doors cerraron un pacto sin precedentes: los derechos de autor se dividirían siempre en partes iguales, y cada cual tendría idéntico poder de veto sobre las decisiones». Fue un pacto histórico altamente democrático, que rigió durante casi cuarenta años y sobrevivió incluso después de la muerte de Jim. Los tres Doors restantes mantuvieron aquel acuerdo sagrado de utopía juvenil hasta que – como dijo John Densmore– «el viejo espíritu del rock'n'roll se encontró con el del dios dinero». En The Doors – El espíritu de una época y la herencia de Jim Morrison (título original Unhinged, 2013), fue justamente Densmore quien contó cómo se agrietó aquel pacto y cómo al final, la ideología se impuso sobre el interés. La manzana de la discordia fue la «venta» de una canción de los Doors para un anuncio televisivo por parte de Manzarek y Krieger, pero también el uso de la marca Doors para la constitución de una nueva banda protagonizada por el ex Police Stewart Copeland en el lugar de John Densmore (que en aquel período tenía problemas físicos) junto a Ray, Robby e Ian Astbury de los Cult, que reemplazaba a Jim en la voz. Densmore se constituyó en parte civil junto a la familia Morrison contra los dos ex socios, convencido de que el nombre de los Doors debía salvaguardarse, y comenzó una larga lucha judicial que el libro recorre de modo detallado y preciso, evidenciando no sólo el desarrollo de las audiencias, sino sobre todo las maneras de pensar de los muchachos que habían estado más "contra todo" en los años sesenta en los Estados Unidos.

encarnar ahora el alma de los Doors. Aun siendo el eje en torno al cual giraba todo, Jim quiso de repente dividir todos los ingresos por cuatro, alejó de su entorno a todo aquel que quisiera enfrentarlo a nosotros y creía realmente, de manera pura, en aquel vínculo: ahora sé que no lo he traicionado una segunda vez, y no hay nada en el mundo que me haga sentir más orgulloso que esto. Seguiré defendiendo nuestro nombre frente a quien quiera utilizarlo de manera inapropiada, del mismo modo que no tengo intención de dejar de hacer circular nuestro material. Tal vez junto con Robby, justamente.»

Samantha Colombo, etnomusicóloga, periodista y publicista.

Luca Garrò, periodista, historiador de la música y crítico musical.

Ezio Guaitamacchi, periodista, crítico musical, autor, presentador de radio y televisión, escritor, músico, profesor y performer.

Giulio Nannini, autor y periodista.

Cristiana Paolini, traductora, editora y periodista musical.

Maurizio Principato, periodista, presentador radiofónico, asesor cultural, profesor y guionista.

Fabio Rapizza, profesor de letras, periodista y publicista. Autor de *The Doors 1967 – 2007 Le Porte sono ancora aperte* (2007).

Federico Scoppio, periodista, escritor, autor y director radiofónico.

Barbara Volpi, periodista y escritora.